Michael Bünker

Glauben im Rhythmus der Hoffnung

MICHAEL **BÜNKER**

Glauben im Rhythmus der **Hoffnung**

Herausgegeben von
Mario Fischer
Charlotte Matthias
Karl Schiefermair
Karl W. Schwarz

Tyrolia-Verlag · Innsbruck-Wien

MIX
Papier aus verantwortungsvollen Quellen
FSC® C014138
FSC
www.fsc.org

Mitglied der Verlagsgruppe „engagement“

Umschlaggestaltung und Layout: Tyrolia-Verlag, Innsbruck

Druck und Bindung: FINIDR, Tschechien
ISBN 978-3-7022-3793-6
E-Mail: buchverlag@tyrolia.at
Internet: www.tyrolia-verlag.at

INHALT

VORWORT

Dieser Sammelband verdankt sich umfassender schöpferischer theologischer Arbeit. Michael Bünker hat in den letzten Jahren als Bischof der Evangelischen Kirche A. B. in Österreich, als Generalsekretär der Gemeinschaft Evangelischer Kirchen in Europa und als gesuchter Gesprächspartner von Politik, Wissenschaft, Kunst und Ökumene eine Fülle von Themen leidenschaftlich bearbeitet und zu den unterschiedlichsten Anlässen in die Öffentlichkeit gebracht. Dieser Band vereinigt Grundsatzvorträge, Predigten, Rundfunkansprachen, Meditationen und Sachbeiträge zu einem Ganzen: Hinter allen Texten steht der Versuch, aus evangelisch geprägtem Glauben in theologisch verantworteter und allgemein verständlicher Weise auf Herausforderungen der heutigen Zeit Antworten zu geben, oder besser: zuvor die richtigen und die zutreffenden Fragen zu stellen. Denn christlicher Glaube zeichnet sich in rasch verändernden Zeiten nicht dadurch aus, dass er schon auf alles eine Antwort weiß, sondern seine kritische Funktion durch systematisches und zielgerechtes Befragen beweist. Bünkers Position ist dabei der spezifische Standort einer Diaspora- und Minderheitenkirche in Europa. Damit steht er vermeintlichen Mehrheiten, unkritisch übernommenen Meinungen und Mitläufertum von vornherein kritisch gegenüber. Seine Kraft erweist der Glaube in taktlosen Zeiten in der Gebundenheit an die Aussagen der Bibel und an den damit angeschlagenen „Rhythmus", der zwischen Tradition und Erneuerung sich oft in Synkopen unterbricht, Unbetontes betont und damit eine weitere Spannung erzeugt.

Besonders zeigt sich diese beabsichtigte Akzentverschiebung in Bünkers Beiträgen zum 500-Jahr-Jubiläum der Reformation

2017. Was „Reformation“ heute bedeuten kann, welche europäische Dimension die Reformation erreicht hat und welche Bedeutung die reformatorischen Impulse für die Zukunft haben können: diese Fragen sind im ersten Kapitel „Freiheit und Verantwortung – Reformation bewegt“ zusammengefasst.

Die aktuellen Schwierigkeiten des Begriffs „Heimat“ und die Möglichkeiten eines Europa semper reformanda werden im zweiten Kapitel unter „Heimat Europa“ ins Gespräch gebracht.

Wie kann man in diesen Zeiten christlichen Glauben verstehen und sein Leben deuten? Beispiele dazu werden aus der biblischen, theologischen und ikonographischen Tradition im dritten Kapitel genannt; Formen und Inhalte werden in „Glauben verstehen –Leben deuten“ (3. Kapitel) neu gedeutet.

„Gesellschaftliche Zwischenrufe“ (4. Kapitel) sind für Michael Bünker als evangelische Beiträge zur Gestaltung des öffentlichen Lebens immer zahlreicher und wichtiger geworden. Seien sie anlass- oder zeitbezogen: sie erweisen sich in der Verbindung von Kontextualität und ekklesiologischem Auftrag im besten Sinn als geschichtsbewusst und zeitgemäß.

Ein fixer Bestandteil in Bünkers Biographie ist seine produktive Auseinandersetzung mit Musik und Literatur. Von Johann Sebastian Bach zu den Hammerschlägen am Karfreitag, von den Goldberg-Variationen zu Johann Nestroy finden sich seine Beiträge im 5. Kapitel: „Nicht nur Schall und Rauch – Glaube klingt“.

Im Anschluss findet sich die Bibliographie Michael Bünkers, die Mario Fischer und Karl W. Schwarz zusammengestellt haben.

Die Gliederung dieser gesammelten Texte hat sich durch die Themen nahegelegt, sie ist nicht chronologisch erfolgt. Am Ende jedes Textes werden Orte und Zeiten der ursprünglich gehaltenen Vorträge angegeben. Erstveröffentlichungen werden am Ende des Buches eigens aufgelistet.

Die Herausgeberin und die Herausgeber danken dem betreuenden Verlag und den Evangelischen Kirchen A. B. und H. B. in Österreich, die mit einem namhaften Druckkostenbeitrag das Erscheinen dieses Sammelbandes ermöglicht haben.

Michael Bünker wird mit Ende August 2019 als Bischof der Evangelischen Kirche A. B. in Pension gehen. Bei seinem Abschiedsfest Ende Juni in Wien wird er noch einen kräftigen Rhythmus mit seiner Rockband vorlegen. Wie in musikalischer, so auch in theologischer und kirchenpolitischer Hinsicht wird Michael Bünker als einer gewertet werden, der Kirche, Kirchen und Gesellschaft nicht nur harmonisch begleitet und unterstützt hat, sondern der in bestimmten Themen seinen Rhythmus vorgegeben hat. Mögen die Leserinnen und Leser sich auf diesen „Rhythmus der Hoffnung“ einlassen, ihren eigenen Takt, ihre Synkopen, ihre Harmonien suchen und finden. In dem Sinne: „dass der Glaube klingt“, wünscht dies den Leserinnen und Lesern das Herausgeberkollektiv:

Mario Fischer, Charlotte Matthias, Karl Schiefermair,
Karl W. Schwarz

I.

FREIHEIT UND VERANTWORTUNG – REFORMATION BEWEGT

REFORMATION BEWEGT – AUCH ÖSTERREICH HEUTE

„Wer will, dass die Welt so bleibt, wie sie ist, will nicht, dass sie bleibt".[1] Was Erich Fried in Zeiten des Kalten Krieges und unter dem Eindruck des rasanten atomaren Wettrüstens der Supermächte schon vor Jahrzehnten geschrieben hat, kann wohl auch über den Herausforderungen von heute zu stehen kommen. Es wächst das Bewusstsein, dass es eine Transformation braucht, die einen tiefgreifenden Wandel in so gut wie allen Bereichen der Gesellschaft bedeuten wird. Die Reformation im 16. Jahrhundert war eine solche Transformation. Sie betraf zwar in erster Linie die Kirche der damaligen Zeit, hatte aber ihre Auswirkungen auf Politik, Wirtschaft, Wissenschaft, Kultur und das soziale Leben. Gemeinsam mit den Umbrüchen, die dann rund zweihundert Jahre später in der Zeit der Aufklärung erfolgten, trug sie Wesentliches zur Formierung der modernen Gesellschaft bei. Die offenkundigen Schattenseiten, wie etwa Luthers Äußerungen über die Juden oder im Bauernkrieg, liegen am Tisch und werden von den Evangelischen Kirchen heute kritisch zurückgewiesen. Gibt es Impulse des reformatorischen Aufbruchs, die heute noch – unter völlig veränderten Bedingungen – gültig sind und Wirksamkeit auch über die Kirchen hinaus entfalten können?

Zuerst ist daran zu erinnern, dass im Kern der Reformation eine neue Sicht des Menschen stand. Sie war durch theologische Einsicht begründet und besagt, dass der Mensch von Gott voraussetzungslos eine unbedingte Anerkennung erfährt. In den Worten der Reformatoren und Reformatorinnen wird das durch die sogenannten „Exklusivpartikel“ zum Ausdruck gebracht: Diese Anerkennung geschieht allein in Jesus Christus (*solus Christus*), allein durch die Gnade (*sola gratia*) und allein durch den Glauben (*sola fide*). Identität, Wert und Würde der Person gelten unabhängig von natürlicher Ausstattung, gesellschaftlicher Stellung, individuellem Vermögen und jeder – auch religiöser – Leistung. Die unantastbare Würde jedes Menschen hat das erste Wort. Seine Anerkennung darf nicht von zu erbringenden Leistungen oder anderen äußeren Faktoren (die Reformatoren hätten von den „Werken“ gesprochen) abhängig gemacht werden. Nachdem diese Anerkennung allen in gleicher Weise gilt, stellt sie aus evangelischer Sicht zugleich die theologische Begründung der allgemeinen und uneingeschränkten Geltung der Menschenrechte dar. Sie begründet die Gleichberechtigung von Mann und Frau, auch und gerade in der Kirche. Sie widerspricht jedem Rassismus, aber auch der Konstruktion eines vermeintlich homogenen „Wir“, die sich im zunehmenden Rechtspopulismus häufig mit der Rede vom „Volk“ verbindet, gegen „die anderen“.

Diese unbedingte und voraussetzungslose Anerkennung eröffnet Freiheit. Zu Recht lässt sich die Reformation auch als Freiheitsbewegung beschreiben. Georg Friedrich Wilhelm Hegel sah in der Reformation den Aufbruch zur „Religion der Freiheit“. Aber Freiheit im reformatorischen Verständnis ist ohne Verantwortung nicht denkbar. Sie ist nicht nur durch die Freiheit des anderen begrenzt, wie liberales Denken meint, sondern kommt erst in der Freiheit des anderen zur Verwirklichung ihrer selbst. Martin Luther hat das in den beiden nur auf den ersten Blick widersprüchlichen Thesen in seiner Schrift „Von der Freiheit eines Christenmenschen“ (1520) so formuliert: „Der Christenmensch ist ein freier Herr aller Dinge und niemandem untertan. Der Christenmensch ist ein dienstbarer Knecht aller Dinge und jedermann untertan". Freiheit und Verantwortung sind daher die beiden Pole, an denen sich evangelisches Leben orientiert. Sie bestimmen auch den Beitrag, den Evangelische für das Ganze der Gesellschaft leisten. Dieser Beitrag geschieht in guter reformatorischer Tradition in erster Linie durch Diakonie und Bildung, er verwirklicht sich aber auch im Engagement der Evangelischen für ein friedliches und auf gegenseitiger Anerkennung beruhendes Zusammenleben in der Vielfalt der heutigen Gesellschaft.

„Wer will, dass die Welt so bleibt, wie sie ist, will nicht, dass sie bleibt." Die christlichen Kirchen haben in der Zeit, als Erich Fried diese Worte schrieb, die Herausforderungen, vor denen die Welt steht, mit drei Begriffen gekennzeichnet: Gerechtigkeit, Frieden, Bewahrung der Schöpfung. Das waren die Leitbegriffe im sogenannten „konziliaren Prozess", unter die die Kirchen in weltweiter Verbundenheit in den letzten Jahrzehnten des 20. Jahrhunderts ihren Einsatz gestellt haben. Diese drei Begriffe markieren bis heute die Bereiche, in denen die Evangelischen Kirchen in Österreich ihren Beitrag zur Gesellschaft im Ganzen geben. Das tun sie mit ihrem klaren religiösen Profil, also auf der Grundlage der biblischen Überlieferung und orientiert an Jesus Christus. Damit führen sie zentrale Anliegen der Reformation weiter. Sie wissen, dass ihre eigene Praxis über die Glaubwürdigkeit ihrer Botschaft entscheidet. Ihren Beitrag geben die Kirchen zur öffentlichen Diskussion in der demokratischen, von Vielfalt gekennzeichneten säkularen Gesellschaft gemeinsam mit Partnern und Partnerinnen in der Zivilgesellschaft. Dies geschieht ohne Anspruch auf moralische Überlegenheit, ohne unzulässige Bevormundung oder religiös motivierte Rechthaberei, sondern aus der innersten Überzeugung, aus dem Glauben der Christinnen und Christen heraus. Jürgen Habermas formuliert es so: „Säkularisierte Bürger dürfen, soweit sie in ihrer Rolle als Staatsbürger auftreten, weder religiösen Weltbildern grundsätzlich ein Wahrheitspotential absprechen, noch den gläubigen Mitbürgern das Recht bestreiten, in religiöser Sprache Beiträge zu öffentlichen Diskussionen zu machen."[2] Die Evangelischen Kirchen in Österreich ermutigen ihre Mitglieder, Verantwortung für das Zusammenleben der Menschen wahrzunehmen, sich für die Festigung und Weiterentwicklung demokratischer Strukturen in allen Bereichen des politischen Lebens aktiv einzusetzen und dabei die politische Auseinandersetzung nicht zu scheuen.

„Wer will, dass die Welt so bleibt, wie sie ist, will nicht, dass sie bleibt." Was heißt das im Blick auf Gerechtigkeit, Frieden und die Bewahrung der Schöpfung? Dazu nur einige Stichworte:

Bewahrung der Schöpfung. Die Folgen des Klimawandels sind weltweit spürbar. Schon jetzt zwingen sie Millionen von Menschen dazu, ihre Heimat zu verlassen. Das Verständnis der Natur als Rohstofflager, das den Stärksten und Einflussreichsten zur Ausbeutung zur Verfügung steht, ist an ein Ende gekommen. Der Auftrag, die Schöpfung „zu bebauen und zu bewahren", verpflichtet zur Umkehr. Dazu gehört der rasche Ausstieg aus der Nutzung von Energie aus fossilen Brennstoffen. Die Evangelischen Kirchen haben als klimaaktiv-Partnerin erste Schritte hinsichtlich Energieeffizienz und Einsatz von erneuerbarer Energie gemacht, weitere Schritte werden folgen. Es braucht eine ökologische Reformation.

Gerechtigkeit. Auch wenn die Zahl der Menschen, die in absoluter Armut leben müssen, weltweit zurückgegangen ist, ist doch die Ungleichheit im Weltmaßstab – aber auch in Österreich – gestiegen und nimmt weiter zu. Die Mittel für Entwicklungszusammenarbeit, die Österreich aufbringt, konnten zwar gesteigert werden, liegen aber immer noch deutlich unter den 0,7 Prozent des BIP, zu denen sich auch Österreich schon vor Jahren verpflichtet hat. Die Ungleichheit hat das Maß der Verträglichkeit für den Zusammenhalt der Gesellschaft längst überschritten und wirkt sich existenziell gefährdend aus auf Alleinerziehende, Mindestrentnerinnen und -rentner und diejenigen, die auf Mindestsicherung angewiesen sind. An die Stelle von Anerkennung und Würde tritt oft die Beschämung derer, die im Schatten stehen. Es braucht eine sozialpolitische Reformation.

Frieden. Die Rüstungsausgaben nehmen weltweit, aber auch in Österreich in absoluten Zahlen zu. Gleichzeitig steigt die Gefahr von Kriegen, selbst der Einsatz von Atomwaffen ist nicht ausgeschlossen. „Krieg darf um Gottes Willen nicht sein", war der Appell der Kirchen bei der Gründung des Ökumenischen Rates im Jahr 1948. Heute sagen die Kirchen: Bereits die Herstellung von atomaren Massenvernichtungsmitteln und die Drohung mit ihrem Einsatz stellen eine Sünde dar. Statt im Sinne der Lehre vom gerechten Krieg darüber nachzudenken, unter welchen Bedingungen sich der Einsatz militärischer Gewalt ethisch legitimieren ließe, braucht es verstärkt den Einsatz für einen gerechten Frieden, also nichtmilitärischer Konfliktlösungsmittel. Es braucht eine friedenspolitische Reformation.

„Wer will, dass die Welt so bleibt, wie sie ist, will nicht, dass sie bleibt." Unserer Gesellschaft ist offensichtlich die Zukunft abhandengekommen. Für viele in den wohlhabenden Ländern des Nordens, so auch in Österreich, besteht das Maximum an Erwartung darin, dass der *Status quo* erhalten bleibt oder die Bedingungen ihres Lebens zumindest nicht eklatant schlechter werden. Eine solche Erwartungshaltung will Gegenwart in Permanenz, hat aber keine Hoffnungsbilder für die Zukunft. Diese Haltung fördert Verlustängste, Neiddebatten, Verschwörungstheorien und die Suche nach Sündenböcken. Sie geht Hand in Hand mit der demokratiebedrohenden Polarisierung zwischen „dem Volk" und „den Eliten". Solche Gegensätze wecken zwar starke Emotionen, die sich noch dazu ohne großen Aufwand in politisches Kleingeld umwechseln lassen, aber sie sind als Lösungsansätze für die Herausforderungen der Zukunft ungeeignet. Klimawandel, Digitalisierung und Migration, aber auch die Sicherung der Pflege der zunehmenden Zahl alter und oft auch an Demenz erkrankter Menschen verlangen kluge Voraussicht und mutige Schritte. Christlicher Glaube lässt sich nicht von den Sorgen für den morgigen Tag (Matthäus 6,25–34) gefangen halten, sondern setzt sich ein für ein besseres Leben in Würde für alle. Heute entscheidet sich, in welcher Welt unsere Enkel aufwachsen.

Zwischen der Scylla einer selbstgemachten Apokalypse und der Charybdis des bloß hilflosen Zuschauens wagt christlicher Glaube den Einsatz der Hoffnung aus dem Geist der Liebe. Hoffnung ist etwas anderes als Optimismus. Hoffnung bedeutet, dass jeder und jede am jeweiligen Ort mit den je eigenen Fähigkeiten einen Einsatz gibt für die Transformation der Verhältnisse. Weil das immer auch bei einem und einer selbst beginnt, ist dazu Umkehr nötig. Nicht umsonst hat die Reformation als eine Bewegung der Umkehr, der Buße, eingesetzt. Dazu braucht es mutige Menschen, die sich nicht irremachen lassen, die der Kraft der Vernunft vertrauen, die das Gespräch auch über kontroverse Inhalte einem Hassposting vorziehen, Gewissensentscheidungen achten und die eigenen Gestaltungsmöglichkeiten beherzt einbringen. Reformation heißt: Mut zur Veränderung.

Beitrag, unter dem Titel „Luther 2017" erschienen in der Tageszeitung „Die Presse" am 29. September 2017.

Anmerkungen

1 Erich Fried: Status quo (zur Zeit des Wettrüstens), in: Ders.: Lebensschatten, Berlin 1981, 93.

2 Jürgen Habermas / Joseph Ratzinger: Dialektik der Säkularisierung. Über Vernunft und Religion, Freiburg 2005, 36.

FREIHEIT UND VERANTWORTUNG

Gemeinsam gestalten die drei Evangelischen Kirchen in Österreich, die lutherische, die reformierte und die methodistische Kirche, das Jahr des Reformationsjubiläums. Zur inhaltlichen Vorbereitung des Jubiläumsjahres wurden alle Gemeinden und Einrichtungen der Kirchen befragt, welcher Aspekt des Evangelisch-Seins besonders betont werden soll. Mit großer Mehrheit wurde vorgeschlagen, dafür das Begriffspaar „Freiheit und Verantwortung" zu wählen.

Freiheit und Reformation

Nicht zufällig klingt bereits in der Überschrift der Titel einer bekannten Schrift von Martin Luther an, nämlich „Von der Freiheit eines Christenmenschen" aus dem Jahr 1520. Es ist durchaus bemerkenswert, dass die Reformation mit vielfältigen Zeugnissen der Freiheit und persönlichen, sozialen und religiösen Befreiungserfahrungen einhergeht. Einige Beispiele dafür seien im Folgenden genannt.

So beschreibt Martin Luther seine reformatorische Entdeckung als neue Geburt, als Eintritt ins Paradies, als umwerfende Befreiung. Worin bestand diese Entdeckung? Sie war das neue Verständnis der „Gerechtigkeit Gottes" von Römer 1,17. Luther hatte nämlich erkannt, dass damit nicht länger eine vom Menschen Gott geschuldete (und nie ganz zu leistende) Gerechtigkeit, sondern vielmehr eine von Gott dem sündigen Menschen in Jesus Christus zugesprochene und allein aus Gnade geschenkte Gerechtigkeit gemeint ist.

Nicht nur für Martin Luther gehört seither die theologische Entdeckung der Rechtfertigungslehre mit der Erfahrung der Befreiung zusammen. Auch die Bewegung der Bauernkriege verwendete den Begriff, ja die aufständischen Bauern beriefen sich bei der Formulierung ihrer Forderungen, wie der „Zwölf Artikel", ausdrücklich auf Luthers Freiheitsschrift, was von Luther selbst als völlig unangebrachte Vereinnahmung seiner Theologie für Aufruhr und Rebellion vehement abgelehnt wurde.

Als weitere Freiheitserfahrungen sei auf die Freiheit des Gewissens hingewiesen, auf die sich in bestimmter Weise Martin Luther vor dem Kaiser auf dem Reichstag von Worms berufen hatte, allerdings mit dem Hinweis, dass sein Gewissen an das Wort Gottes gebunden sei. So begegnet hier in der Formel „Freiheit durch (nicht trotz!) Bindung" bereits jene Ambivalenz, die für ein evangelisches Freiheitsverständnis typisch ist. Darauf wird später zurückgekommen.

Rund um seine Freiheitsschrift entstanden andere Schriften Luthers aus dem Jahr 1520, die in gewisser Weise ebenfalls um das Thema Freiheit und Befreiung kreisen. Er schreibt von der Gefangenschaft der Kirche und ihrer Befreiung durch Rückkehr zu evangeliumsgemäßer Wortverkündigung, zu stiftungsgemäßer Feier der Sakramente und zum Verzicht auf jede weltliche Macht („Von der babylonischen Gefangenschaft der Kirche"). Er schreibt in einer anderen der großen Reformationsschriften von den hohen Mauern, hinter denen sich die Gesellschaft unter einem uneinsichtigen Adel verschanzt und die es aufzubrechen gilt durch Bildung und soziale Fürsorge („An den christlichen Adel deutscher Nation").

Der kleine Rundgang zeigt, wie innig die Idee der Freiheit von Anfang an mit der Reformation verbunden ist. Diese Verbindung kann so weit gehen, dass sich die Kirchen der Reformation selbst als „Kirche der Freiheit“ definieren, ja, dass der Protestantismus sich generell als „Religion der Freiheit“ versteht. Aber wie wird Freiheit verstanden? Wie hängt sie mit der Mündigkeit zusammen?

Luther der Eleutherius

Ab dem November 1517 nannte sich Luther in seinen Briefen an einige Freunde „Eleutherius“, der Freie oder Befreite. Ab dort schreibt er seinen Familiennamen auch nicht mehr „Luder“, sondern „Luther“, wie wir es bis heute kennen. Damit drückt sich sein neues Selbstbewusstsein aus. Das ist in einer entscheidend neuen Erkenntnis an der Heiligen Schrift begründet: Die Reformation Martin Luthers entzündete sich an einem Missstand in der damaligen Kirche, nämlich dem Ablasshandel. Luther wollte weder eine neue Form des Christentums finden noch eine neue Kirche gründen. Aus diesem Grund ist es auch unzutreffend, davon zu sprechen, die evangelischen Kirchen wären im 16. Jahrhundert entstanden. Sie sind – wie die Kirche Jesu Christi insgesamt – mit der Ausschüttung des Heiligen Geistes zu Pfingsten entstanden. Aber Luther wollte die ursprüngliche christliche Botschaft, das Evangelium, das „reine“ und „unverfälschte“ Evangelium, wieder zur Geltung bringen. Nur durch den weiteren Verlauf der Auseinandersetzungen über mehrere Jahrzehnte, beginnend mit dem Bann über Luther und seine Anhänger im Jahr 1521, kam es zur Spaltung und dann auch zur Reform von Gemeinden und zur Neuorganisation des evangelischen Kirchentums.

Äußerer Auslöser war die Praxis, den Erlass von den zeitlichen Sündenstrafen, die im Fegefeuer zu durchleiden sind, durch den Kauf eines Ablassbriefes zu erwerben. Ich muss hier nicht auf die näheren historischen Hintergründe eingehen, auf Johann Tetzel und die Verwendung der so eingenommenen Gelder für den Bau des Petersdoms in Rom. Luther sah darin einen völlig unzulässigen Handel mit Gott und eine Verkehrung der Buße. 1517 verfasste er dagegen seine 95 Thesen, die zuerst auf Lateinisch, dann bald auch auf Deutsch im Druck erschienen sind und sich rasend schnell in ganz Europa verbreiteten. Die erste These lautet: „Als unser Herr und Meister Jesus Christus sagte: Tut Buße etc., wollte er, dass das ganze Leben der Gläubigen eine Buße sei."[1]

Aber dies war – wie bereits gesagt – nur der äußere Auslöser. Dahinter lag eine theologische Entdeckung Martin Luthers, die sein jahrelanges Ringen um den gnädigen Gott – das war ja Luthers zu Beginn quälende Lebensfrage: Wie kriege ich einen gnädigen Gott? – beendete. Für Luther wird der Mensch nicht durch eigene Leistung, nicht durch „Werke" gerecht. Er kann sich Gottes Zuwendung nicht verdienen und von sich aus Gottes Willen und Gesetz nicht erfüllen. Versucht er es dennoch, bleibt er – so Luther – der „Werkgerechtigkeit" verhaftet. Er will sich selbst in seinen Werken genießen und sich selbst als Götzen anbeten. Aus eigener Erfahrung wusste Luther, dass der Mensch auf dem Weg der Werkgerechtigkeit in den Teufelskreis aus Selbstzweifel und ständigem Ungenügen gerät. Er bleibt der vor einem zornigen und strafenden Gott in sich selbst verkrümmte Mensch, der *homo in se ipse incurvatus*, der Inbegriff des der Sünde verfallenen Menschen, auch und gerade wenn es ein frommer Mensch sein sollte, ein Priester, Mönch oder Bischof. Im Rückblick – in der Vorrede seiner 1545 erschienenen lateinischen Werke – berichtet Luther von seinem theologischen Durchbruch:

„Ich war von einer wundersamen Leidenschaft gepackt worden, Paulus in seinem Römerbrief kennenzulernen, aber bis dahin hatte mir nicht die Kälte meines Herzens, sondern ein einziges Wort im Wege gestanden, das im ersten Kapitel steht: ‚Die Gerechtigkeit Gottes wird in ihm (= im Evangelium) offenbart' (Röm 1,17). Ich hasste nämlich dieses Wort ‚Gerechtigkeit Gottes', das ich ... als die sogenannte formale oder aktive Gerechtigkeit zu verstehen gelernt hatte, mit der Gott gerecht ist, nach der er Sünder und Ungerechte straft. ... Endlich achtete ich in Tag und Nacht währendem Nachsinnen durch Gottes Erbarmen auf die Verbindung der Worte, nämlich: ‚Die Gerechtigkeit Gottes wird in ihm offenbart', wie geschrieben steht: ‚Der Gerechte lebt aus dem Glauben' (Hab 2,4). Da habe ich angefangen, die Gerechtigkeit Gottes als die zu begreifen, durch die der Gerechte als durch Gottes Geschenk lebt, nämlich aus Glauben; ich begriff, dass dies der Sinn ist: Offenbart wird durch das Evangelium die Gerechtigkeit Gottes, nämlich die passive, durch die uns Gott, der Barmherzige, durch den Glauben rechtfertigt. ... Nun fühlte ich mich ganz und gar neugeboren und durch offene Pforten in das Paradies selbst eingetreten."[2]

So wird aus Martin Luder der Eleutherius, Martin, der Befreite.

Traditionellerweise wird dieser reformatorische Durchbruch ins Jahr 1519 datiert und wegen des Ortes, an dem Luther zur neuen Erkenntnis gelangte, das Turmerlebnis genannt. Historiker stellen heute vieles an dieser Darstellung in Frage, unbestritten bleibt aber, dass die Reformation Martin Luthers sich einer theologischen Konzentration auf die Rechtfertigungslehre verdankt und eine Erneuerungsbewegung ist, die sich auf die an der Heiligen Schrift gewonnene theologische Erkenntnis zurückführen lässt.

Zuerst einmal folgt daraus die Einsicht, dass die Heilige Schrift die einzige Norm und Richterin aller kirchlichen Lehre ist. Dieses protestantische Schriftprinzip (*sola scriptura*) relativiert den Wert und die Bedeutung der Tradition, vor allem gilt sie nicht als Quelle der Offenbarung, und begründet die intensive Auseinandersetzung mit der Bibel. Die moderne Bibelwissenschaft bis hin zur historisch-kritischen Methode entsteht. Denn auch wenn die Bibel die einzige Norm der Lehre sein soll – sie ist die *norma normans* –, darf sie nicht im wortwörtlichen Sinne eines Biblizismus verstanden werden, sondern muss nach inhaltlichen Kriterien kritisch gelesen werden. Dieses innere Kriterium, der „Kanon im Kanon" ist für Martin Luther „das, was Christum treibet". Dazu die anderen Exklusivpartikel: das *sola gratia* – allein aus Gnade, das *sola fide* – allein durch den Glauben und – alles gleichsam zusammenfassend – das *solus Christus* – allein Jesus Christus.

Geradezu klassisch für diese beiden Aspekte sind Luthers Thesen in der Schrift „Von der Freiheit eines Christenmenschen":

„Ein Christenmensch ist ein freier Herr über alle Ding und niemand untertan. Ein Christenmensch ist ein dienstbarer Knecht aller Ding und jedermann untertan."[3] Ein Gegensatz? Eher zwei notwendige Seiten im evangelischen Freiheitsverständnis, denn der Christenmensch lebt nach Luther nicht in sich selbst, sondern in Christus (durch den Glauben, der frei macht) und im Nächsten (durch die Liebe, die bindet). So endet die Freiheitsschrift: „Siehe, das ist die rechte, göttliche, christliche Freiheit, die das Herz frei macht von allen Sünden, Gesetzen und Geboten, welche alle andere Freiheit übertrifft, wie der Himmel die Erde."[4]

Lange Zeit wurde diese Paradoxie von freiem Herrn und dienstbarem Knecht so gedeutet, dass die Freiheit eine innere, geistige, seelische Freiheit meine, die auf die Innerlichkeit des Menschen beschränkt bleiben könnte und unabhängig von den äußeren Umständen und Verhältnissen verstanden werden kann.

Von Natur ist der Mensch unfrei. Er ist gefangen in der Negation Gottes. Von Natur aus will der Mensch nicht, dass Gott Gott ist, er will selbst sein wie Gott. In der Rechtfertigung erfährt der Mensch, dass Gott ihn befreit von seiner Sünde, von seinem Unglauben. Es ist die Befreiung zu einem unbedingten Vertrauen auf Gott als tragendem Grund unseres Daseins. Der Glaubende ist auch befreit von seiner Selbstsorge. Er lebt ja gar nicht mehr in sich selbst, er geht sich eigentlich gar nichts mehr an, er ist „außer sich", weil er durch den Glauben in Christus lebt und durch die Liebe in seinem Nächsten. „Aus dem allen folgt der Satz, dass ein Christenmensch nicht sich selbst lebt, sondern in Christus und seinem Nächsten – in Christus durch den Glauben, im Nächsten durch die Liebe".[5] Die durch Christus geschenkte Freiheit äußert sich in Selbstvergessenheit. Aber nicht im Sinne der Selbstaufgabe und Selbstlosigkeit als moralischer Höchstleistung, sondern als Folge des bedingungslosen Gottvertrauens, weil wir nicht mehr um unsere Annahme und Anerkennung durch Gott besorgt sein müssen. Die Freiheit ist also bedingt, sie ist aus Gnade zugeeignet und wird durch den Glauben angeeignet. Sie ist nicht unser Besitz.

Um es an einer wichtigen Episode aus Luthers Leben deutlich zu machen: Als er vor dem Kaiser in Worms seinen Widerruf verweigerte, soll er gesagt haben: Hier stehe ich, ich kann nicht anders. Ist das jetzt ein Ausdruck von Unfreiheit oder von Freiheit?

Die evangelische Freiheit ist keine Beliebigkeit. Etwa nach dem Motto: Hier stehe ich und kann immer auch ganz anders.

Sie bindet sich selbst an die Menschen, die am Rand stehen, und an das bedrohte Leben in der Schöpfung. Es ist nicht nur eine Freiheit „von“ etwas, sondern immer auch eine Freiheit „für“ etwas. Sie begründet die Souveränität des einzelnen Menschen und wird zugleich in der gelebten Gemeinschaft konkret. Es ist eine „kommunikative“ Freiheit.

Das lässt sich schöpfungstheologisch begründen: Der Mensch heißt Mensch, weil es der Name ist, den Gott ihm gibt. Im Buch Genesis (1. Mose 5,1–2) steht: „Als Gott den Menschen schuf, machte er ihn nach dem Bilde Gottes und schuf sie als Mann und Frau und segnete sie und gab ihnen den Namen ‚Mensch‘ zur Zeit, da sie geschaffen wurden.“ Das heißt, der Mensch ist von Anfang an zu verstehen als Beziehungswesen. Der beziehungslose, nur für sich und aus sich selbst angeleitete Mensch, das ist die Leiche, formuliert deutlich Eberhard Jüngel. Das Sein des Menschen wird im Blick auf eine Beziehung erfragt: „Was ist der Mensch, dass du seiner gedenkest? Des Menschen Sohn, dass du Sorge tragest um ihn?“ (Psalm 8,5). Folgerichtig meinte Martin Luther, vom Menschen sei nur zu reden *in praedicamento relationis*, nicht *in praedicamento substantiae*.

Vier Grundbeziehungen sind es, die dieses beziehungsvolle, dieses relationale Sein von Mensch ausmachen:
Die Beziehung des Menschen zu sich selbst.
Die Beziehung des Menschen zu seinen Mitmenschen.
Die Beziehung des Menschen zu seinen Mitgeschöpfen.
Die Beziehung des Menschen zu Gott.

Ohne Berücksichtigung dieses Beziehungsgeflechts lässt sich auch die menschliche Freiheit nur unzureichend beschreiben. Sie bedeutet zwar Unabhängigkeit und Autonomie, aber sie erschöpft sich nicht darin. Daher will ich nun einige Aspekte dieses christlichen Freiheitsverständnisses kurz benennen.

Freiheit als Selbstständigkeit

Freiheit als der Leitbegriff der Moderne schließt ein, dass der Mensch die Abhängigkeiten loswird, die ihn beherrschen. Dazu zählt zuerst die Abhängigkeit von der Natur, die durch Technik erreicht werden kann. Aber wo liegen die Grenzen dieses Strebens? In einer Zeit der massiven Bedrohung und Zerstörung der natürlichen Lebensgrundlagen zeigt sich dieser Weg je länger je mehr als Sackgasse.

Der zweite Bereich der Abhängigkeit, die es um der Freiheit willen zu überwinden gilt, ist der Bereich des Sozialen und des Politischen. Schon in der Bibel begegnet der Gegensatz von Freien und Sklaven. Dies ist ein Hinweis, dass die bisherige Geschichte immer auch eine Geschichte des Herrschens und Beherrschtwerdens ist. In diesem fortwährenden Kampf gibt es Sieger und Verlierer. Sieger ist, wer sich aus dem Zustand der Unterwerfung befreit und selbst zum Herrscher wird, Macht über sein Leben und das anderer erwirbt. Die Verlierer bleiben unterworfen und ausgebeutet. Frei ist der, der nicht länger unter der Herrschaft eines anderen steht. Frei ist, wer Herr des eigenen Lebens ist. Schon die Sprache verrät, dass dieses Freiheitsverständnis patriarchal geprägt ist. Außerdem führt es ebenso in eine Sackgasse wie die Meinung, Freiheit bestehe in der Überwindung der Abhängigkeit von der Natur. Denn wenn Freiheit nicht mehr nur das Privileg weniger Herren ist, dann muss die Gesellschaft eingerichtet werden nach dem Prinzip: Die Freiheit des einen endet (erst) dort, wo die Freiheit des anderen beginnt.

Letztlich leben dann lauter voneinander isolierte Individuen unverbunden nebeneinander. Das führt heute zur größten Bedrohung von Freiheit, die noch dazu selbst im Namen von Liberalität erfolgt. Zu denken ist an eine schrankenlose liberale

Marktwirtschaft, die entgegen der verbalen Betonung der Freiheit diese selbst einschränkt und letztlich nur die Freiheit des Unternehmers und die Freiheit der Wahl zwischen den Konsumgütern gelten lässt. Es ist also aus ökologischen und sozialen Gründen notwendig, den Freiheitsbegriff um weitere Dimensionen zu ergänzen.

Freiheit als Gemeinschaft

Schon bei Luther ist die auf den ersten Blick paradoxe Formulierung einer „Freiheit durch Bindung“ begegnet. In der Tat kennt die lutherische Auffassung vom Menschen keine positive Bewertung des Freiheitsverständnisses im Sinne einer (womöglich schrankenlosen) individualistischen Autonomie. Im Gegenteil! Der *homo in se ipse incurvatus*, der „in sich selbst verkrümmte Mensch“, ist für Martin Luther der Inbegriff des gottlosen, sündigen Menschen. Der Mensch, der sich im falschen Glauben von allen Bindungen abschneidet, löst sich letztlich von Gott als der Grundlage seines Lebens. Er ist der Sünde verfallen. In diesem Verständnis von Mensch und Sünde wurzelt letztlich alle theologische Kritik an der ideologischen Überhöhung liberaler Gesellschafts- und Wirtschaftsmodelle.

Für ein christliches Menschenbild ist es klar, dass erst die überwundene Selbstbezogenheit zu wahrer Freiheit führt. Freiheit hat eine soziale Seite, erst in Liebe und Solidarität findet sie zu ihrer wahren Bestimmung. Der andere ist nicht mehr die Grenze meiner Freiheit, sondern ihre notwendige Ergänzung. Das führt zu einer Kultur der gegenseitigen Achtung und Anerkennung, die die eigene Freiheit nie nur auf das je Eigene beschränkt, sondern die eigene Freiheit erst in der Gemeinschaft mit dem Anderen verwirklicht sieht.

Freiheit als Utopie

Freiheit ist Befreiung von Herrschaft und Befreiung zur Selbstmächtigkeit. Freiheit ist notwendigerweise weiters Befreiung von der Selbstbezogenheit und Befreiung zu Liebe und Solidarität.

Nach Jürgen Moltmann wird das evangelische Freiheitsverständnis erst durch eine dritte Dimension vollständig, nämlich die Zukunftsdimension. Zu Glaube und Liebe muss die Hoffnung treten (1. Korinther 13). Freiheit – so Moltmann – ist immer auch ein Projekt, nämlich die schöpferische Initiative des Projekts Zukunft. Erst wer alles Bestehende relativiert und sich mit dem Erreichten nicht zufriedengibt und schon gar nicht abfindet, erst dem eröffnet sich Freiheit in ihrem tiefen Sinn. Freiheit ist immer mit Risiko und Wagnis verbunden. Freiheit ist kein Ruhekissen, sondern eine ständige Herausforderung. Wer sie aufnimmt, hat nicht immer Erfolg. Freiheit ist „die schöpferische Leidenschaft für das Mögliche" (Jürgen Moltmann). Diese Dimension gehört wesentlich zum christlichen Freiheitsverständnis dazu, weil erst im Projekt der Zukunft der Mensch schöpferisch am Wirken des Geistes Gottes teilnimmt.

Freiheit und Gottesverständnis

Die drei beschriebenen Dimensionen der Freiheit haben ihren Ursprung im Wirken des dreieinigen Gottes. Christliches Freiheitsverständnis ist trinitarisch begründet und wird trinitarisch entfaltet. Freiheit als Herrschaft entspricht dem Verhältnis des Menschen zu Gott, dem Herrn. Im Gehorsam gegenüber seinem Gebot erfährt der Mensch frohe Befreiung aus allen irdischen Bindungen – wie es die Theologische Erklärung der Barmer

Bekenntnissynode von 1934 sagt. In diesem ersten Aspekt verstehen sich Menschen als Diener und Dienerinnen, als Knechte und Mägde Gottes. Freiheit als Gemeinschaft wird eröffnet im Leben und Wirken Jesu von Nazareth. Er befreit und ermächtigt Menschen zu Liebe und Solidarität. Nicht länger sind Menschen Herren und Knechte, sondern alle sind eins in Christus – so beschreibt das der Apostel Paulus (Galater 3,28). Auch das Verhältnis untereinander ändert sich: Anstatt als Knechte und Mägde erkennen sich die Christinnen und Christen als Schwestern und Brüder, als Kinder des Lebens.

In der dritten Dimension der Freiheit als Zukunft realisiert sich die Beziehung zu Gott, dem schöpferischen Geist, der lebendig macht. Jetzt ist die Freiheit gefragt, die in der unmittelbaren, im Geist verwirklichten Gottesbeziehung besteht. Das ist die Beziehung der Freundschaft. Nach Knechten und Mägden des Herrn und Geschwistern des Sohnes (Kindern des Vaters) realisiert sich die Freiheit als Zukunft, indem die Menschen zu Freunden Gottes werden. In der Freundschaft verbindet sich die volle Autonomie des Individuums mit der ebenso ganzheitlichen Bindung an den Anderen. Wichtig ist, dass diese Bindung nun nicht aus irgendeinem Zwang geschieht oder auf unveränderlichen Voraussetzungen beruht (wie der Verwandtschaft). Freundschaft ist immer ein Kind der Freiheit, ja sie ist – wie es der Philosoph Hegel nannte – „die konkrete Form der Freiheit".

Freiheit und Mündigkeit

Es lässt sich leicht zeigen, wie das so beschriebene und entfaltete Verständnis von Freiheit den mündigen Menschen voraussetzt. Mündigkeit meint den „Selbststand" des Menschen, der in den letzten Fragen weder vertretbar noch austauschbar ist. Insofern korrespondiert hier die Freiheit mit der Verantwortung, zu der der Einzelne berufen ist. Nur wer zur Verantwortung bereit ist, kann beanspruchen, frei zu sein. Verantwortung aber ist ohne Mündigkeit nicht denkbar. Sklaven und Kinder sind nicht verantwortlich zu machen, erst die erwachsene Gottesbeziehung im Sinne der Freundschaft belässt dem Menschen die Freiheit zur Verantwortung.

Der „mündige Christ“ ist – wie die Freiheit auch – ein Thema der beginnenden Moderne, das seine Wurzeln aber bereits im 16. Jahrhundert hat. Friedrich Schleiermacher hat die Wendung geprägt und die Forderung der Mündigkeit des Christenmenschen mit der Forderung nach seiner Bildung verbunden. Freiheit muss erstritten werden, Mündigkeit muss sich bilden. In Glaubensdingen setzt die Unvertretbarkeit des Menschen vor Gott voraus, dass der Glaube gebildet wird. Daraus erklärt sich, dass für den Protestantismus seit der Reformation der Zusammenhang von Glaube und Bildung konstitutiv ist. Glaube ist ohne Bildung nicht denkbar.

Um die Menschen zu befähigen, in Glaubensdingen selbstständig, also mündig zu sein, hat die Reformation als Übersetzungsbewegung die Bibel in die jeweiligen Landessprachen übersetzt. So haben alle selbst die Grundlage der kirchlichen Lehre und des kirchlichen Lebens lesen, verstehen und beurteilen können. Martin Luther hat bewusst „die ganze Heilige Schrift“ verdeutscht, weil diese Grundlage nicht nur auf einer Auswahl beruhen darf. Evangelische Frömmigkeit begegnet daher überwiegend als Schrift- und Lesefrömmigkeit.

So korrespondiert für evangelisches Glaubensverständnis das Selbstverständnis eines freien Christenmenschen sehr eng mit der Bildung zum mündigen Christen und zur mündigen Christin. Es gehört aber zur protestantischen Nüchternheit und zum

Wissen um die noch ausstehende Vollendung des Reiches Gottes, dass Freiheit und Mündigkeit nicht nur als bleibende Werte gesehen werden, sondern als ständige Herausforderungen für Kirche und Gesellschaft. Wo sie bedroht sind, sind sie zu schützen, wo sie vorhanden sind, sind sie zu fördern und auszubauen.

Die Freiheit des Christenmenschen verwirklicht sich in der Bereitschaft, Verantwortung zu übernehmen. Das Evangelium soll im Leben des Menschen Gestalt gewinnen, Glaube soll gelebter Glaube sein. Die in Jesus Christus geschenkte Gemeinschaft mit Gott wandelt das Leben von Grund auf (Heiligung). Aus „fröhlichem Glauben" (Martin Luther) wendet sich der befreite Christenmensch dem Nächsten und der Welt zu.

Reformatorische Impulse beeinflussen die soziale Verantwortung der Gesellschaften und legen Grundlinien für ein sozial und ökologisch verantwortetes Wirtschaften. Evangelische Kirchen sind diakonische Kirchen, die sich der Nöte der Menschen annehmen, für soziale Gerechtigkeit eintreten und ihre Stimme für Gerechtigkeit, Frieden und die Bewahrung der Schöpfung erheben.

Unmittelbare Folge des reformatorischen Freiheitsverständnisses als Dienst am Nächsten war die Neugestaltung des sozialen Lebens in der Gesellschaft. Die Sorge um das soziale Wohl und die Bekämpfung der Armut wurden zu Aufgaben der Gesellschaft. Neben der Gründung von Schulen waren es die Einrichtung eines „gemeinen Kastens" und die Gründung diakonischer Einrichtungen, deren Errichtung anzeigte, wenn sich eine Kommune der Reformation angeschlossen hatte. Als Beispiele aus dem heutigen Österreich erinnere ich an Klagenfurt, wo 1582 mit der Errichtung eines Bürgerspitals als Fürsorge- und Sozialeinrichtung begonnen wurde, oder an Sankt Pölten, wo eindrücklich gezeigt werden kann, wie mit der Einführung der

Reformation die Stiftungen für religiöse Zwecke zurückgingen und die Bürger und Bürgerinnen stattdessen das Bürgerspital, das Krankenhaus errichteten und förderten. So hat es einen Impuls zur Herausbildung des Sozialstaates gegeben und es wird wohl kein Zufall sein, dass diese Grundaufgabe des Staates gerade in den evangelisch geprägten Ländern in Nordeuropa besonders deutlich ausgeprägt ist. Dieser neuerdings für Europa auch empirisch erhärtete „Protestantismuseffekt" führt dazu, dass eine protestantische Prägung eine signifikant positive Wirkung sowohl auf das soziale Vertrauen wie auch das zivilgesellschaftliche Engagement der Menschen hat.

Freiheit und Verantwortung

Deshalb gehören Freiheit und Verantwortung untrennbar zusammen. Streng genommen wird Freiheit im evangelischen Verständnis erst durch die Verantwortung zur Realität. Sie verwirklicht sich dort, wo sich Menschen einsetzen für Gerechtigkeit, Frieden und die Bewahrung der Schöpfung. Dies geschieht nicht aus Zwang oder unter moralischem Druck, sondern aus Dankbarkeit für die geschenkte Liebe Gottes. Der Christenmensch ist frei durch den Glauben, betont Martin Luther, und was er tut, das tut er aus freien Stücken und gerne. Deshalb engagieren sich viele Evangelische oft weit über die Grenzen ihrer Kirche hinaus für soziale Anliegen und leben die biblische Nächstenliebe. Hier ist mit besonderer Anerkennung an die vielen Ehrenamtlichen zu denken, die sich etwa für die Begleitung von Asylwerbern und Asylwerberinnen einsetzen.

Grundprinzip Verantwortlichkeit

Unter „Verantwortlichkeit" ist eine Situation bzw. ein Vorgang zu beschreiben, an dem normalerweise vier Instanzen beteiligt sind. Zuerst ist da ein Subjekt, das verantwortlich ist; sodann gibt es jemand oder etwas, vor dem Verantwortung besteht; als Drittes ist zu denken an das, wofür Verantwortung besteht, und viertens ist die Hinsicht zu bedenken, in der diese Verantwortung vor jemandem für etwas besteht. Ein Beispiel: Wer auf Bitten von Eltern die Aufgabe übernommen hat, auf deren Kinder aufzupassen, der ist vor den Eltern für die Kinder im Hinblick auf deren Sicherheit während der Betreuungszeit verantwortlich.

Verantwortung kann nur der freie Mensch übernehmen. Er antwortet auf die Fragen, die Gott ihm stellt. Ich erinnere an die drei ersten Fragen der Bibel, die Gott dem Menschen stellt. Sie umschreiben in aller Kürze die Verantwortungssituation, in der wir stehen. Die erste Frage lautet: Wo bist du, warum versteckst du dich vor mir? Die zweite Frage ist: Was hast du getan? Und die dritte: Wo ist dein Bruder?

Aber die aus der im Glauben angeeigneten Freiheit erwachsende Verantwortung geht über das Individuelle hinaus. Sie bezieht sich auch auf jene Bereiche, die jenseits unserer Entscheidungsmacht und unseres Einflusses liegen. Diese christlich verstandene Verantwortung bezieht sich auch auf das, wofür wir nichts können, auf das, was wir nicht gewählt haben, was aber zugleich unser Sein mit ausmacht und die Grundrichtung unseres Wollens bestimmen kann. Ein gereifter Verantwortungsbegriff umfasst also auch jene Entscheidungsbereiche, die nicht in unsere Hand gelegt sind und für die wir dennoch verantwortlich sind. Erst mit dieser Ausweitung des Verantwortungsbegriffs, mit gereifter Verantwortung, ist auch die Ausrede des Menschen als Sozialisationsopfer oder als Systemgefangener verhindert.

Haltungen aufgrund der Verantwortung: Solidarität, Gerechtigkeit, Nachhaltigkeit und Treue

Weil die Verantwortlichkeit nicht reduziert werden kann und tendenziell auch dort gilt, wo ich mit meinem moralischen Latein schon längst am Ende bin, ist es umso dringlicher, die konkreten Haltungen, gleichsam die Tugenden und Haltungen, die dieser umfassenden Verantwortlichkeit entspringen, zu benennen. Es sind dies Solidarität, Gerechtigkeit, Nachhaltigkeit und Treue.

Weil Verantwortlichkeit immer auch Mitverantwortlichkeit meint, Freiheit sich in Nächstenliebe konkretisiert, ist die erste Haltung, der erste Wert die Solidarität. Sie äußert sich also in der Fähigkeit, von sich selbst abzusehen und die Perspektive des anderen einzunehmen. Recht verstandene Verantwortlichkeit meint ja nicht, sich selbst und die eigenen Maßstäbe als allein gültig stehen zu lassen, sondern sich selbst immer wieder auch in Frage zu stellen. Verantworten kann nur, wer sich in Frage gestellt weiß. Ob diese Infragestellung aus der autonomen Entscheidung des Individuums erfolgt oder sich wie für glaubende Menschen der Anrede Gottes verdankt, spielt hier einmal keine Rolle. Verantwortlich ist derjenige, der nicht sich selbst, nicht die eigenen Interessen zum Maßstab erhebt, sondern der fähig ist, von sich abzusehen und für den anderen einzustehen. So wird Solidarität möglich.

Solidarität meint die Fähigkeit und Bereitschaft, sich mit anderen um eines gemeinsamen Zieles willen zusammenzuschließen sowie stellvertretend für die Belange anderer einzutreten.

Ihre Zuspitzung erfährt christlich verstandene Solidarität in der „Option für die Armen". Die biblischen Begründungen dafür muss ich hier nicht ausführen, ich setze sie einmal voraus. Dieses biblisch begründete Prinzip, das aus der katholischen Soziallehre über die lateinamerikanische Befreiungstheologie allgemein Eingang in die christliche Ethik gefunden hat, bedeutet die Wahrung des Rechtsanspruchs der Benachteiligten. „Option für die Armen" meint also keine Mildtätigkeit und beschränkt sich auch nicht bloß auf den Ausgleich eines materiellen Mangels. Sie meint das Eintreten für allgemeine Beteiligungsrechte und eine partizipative Gesellschaft.

Die zweite Haltung, der zweite Wert auf dem Grund der Verantwortlichkeit ist die Gerechtigkeit. Wer die Mitverantwortlichkeit für andere übernommen hat, also solidarisch ist, will auch, dass den anderen zukommt, was ihnen gebührt. Soziale und wirtschaftliche Ungleichheiten lassen sich rechtfertigen, aber nur solange sie den am wenigsten Begünstigten die größeren Vorteile bringen. Hier ist für den öffentlichen Bereich vor allem die angemessene Verteilung der Lebensgüter und der Lebenschancen zu nennen.

Ethisch herausfordernde Fragen sind die nach dem gerechten Lohn und die nach dem gerechten Preis. Gerechter Lohn ermöglicht ein Leben in Würde und ist Ausdruck der Anerkennung für den gesamtgesellschaftlichen Wert von Arbeit wie auch für den wirtschaftlichen Erfolg eines Unternehmens. Gerechter Lohn stellt auch die Frage nach dem Verhältnis zu den Spitzeneinkommen. Nach der Tugend des Maßes sollten sich die Spitzengehälter in einem Unternehmen vor den Geringsten rechtfertigen lassen.

Die Frage nach einem gerechten Preis stellt sich heute besonders im Blick auf die Rohstoffe und Nahrungsmittel. Die für ein

Leben in Würde gebrauchten Waren müssen auch erschwinglich sein. Eine Tauschgerechtigkeit, die soziale Gerechtigkeit einschließt, kann der Markt nicht von sich aus herstellen; er ist dafür auf Rahmenbedingungen angewiesen, die Umverteilungen zugunsten der am meisten Benachteiligten bewirken.

Als Drittes nenne ich die Nachhaltigkeit. Nachhaltigkeit meint zweierlei: Einmal den Respekt vor der Natur als vielfältiger, sich immer weiter entwickelnder Schöpfung. Ihr Daseinszweck erschöpft sich nicht in ihrer Vernutzbarkeit für die gegenwärtig lebenden Menschen. Als Zweites gehört zur Haltung der Nachhaltigkeit die Verantwortung für die kommenden Generationen. Auch sie haben ein Recht auf Ressourcen für die Befriedigung ihrer Bedürfnisse und für ihre wirtschaftliche und gesellschaftliche Entwicklung. Daher erschöpft sich Nachhaltigkeit nicht in Naturschutz, sie schließt eine soziale Verantwortung, eine tragfähige Gesellschaft und ein zukunftsfähiges Wirtschaften ein. Ethiker (Arthur Rich) haben dafür das Leitmotiv der „Lebensdienlichkeit" formuliert, sie richtet sich zugunsten der Schwächeren, insbesondere der Natur und der kommenden Generationen aus.

Und schließlich gehören zur Verantwortlichkeit die Haltung der Treue und der Wert des Vertrauens. Gerade angesichts der vielbeklagten Vertrauenskrise erscheint mir diese Haltung besonders aktuell. Treue meint nicht nur Stabilität und Verlässlichkeit, sie meint auch die andauernde Zuwendung zum anderen, die nicht von irgendwelchen Konjunkturen abhängig und damit letztlich willkürlich werden darf. Dies betrifft Verlässlichkeit, Transparenz und Ehrlichkeit und führt hin zur gegenseitigen Anerkennung und Wertschätzung der anderen.

Es war allen, die das Jahr 2017 vorbereiteten, ein Anliegen, dass es nicht nur ein relativ nüchternes Logo mit Jahreszahlen und Worten gibt, sondern auch einen künstlerischen Zugang. Daher wurde Olaf Osten gebeten, eine Serie von Bildern zum Gesamtmotto „Freiheit und Verantwortung" zu entwerfen. Olaf Osten ist 1972 in Lübeck geboren und lebt heute in Wien. Er ist seit einigen Jahren zuständig für das Gesamterscheinungsbild der Wiener Festwochen und hat für dieses große Festival auch die Plakate entworfen.

Es sind sieben Bilder geworden, die miteinander oder einzeln verwendet werden können. Sie zeigen immer zwei Personen (auch die Frau am Computer hat ein Gegenüber) in auf den ersten Blick vertrauten Situationen. Manche betonen eher die Freiheit, andere wieder die Verantwortung. Auf den ersten Blick hat keines der Bilder religiöse oder im engeren Sinn evangelische Inhalte, die an das Reformationsjubiläum denken lassen. Fragen entstehen: Was haben diese Szenen mit dem Glauben zu tun? In welchem Zusammenhang stehen sie mit der Kirche? Wie bringen sie die Inhalte des reformatorischen Aufbruchs zur Sprache? Was hat die Reformation mit dem Leben heutiger Menschen zu tun? Dem Betrachter und der Betrachterin werden keine fertigen Antworten vorgesetzt. Jeder und jede findet den eigenen Zugang und die eigenen Worte dafür. Mein Lieblingsbild ist das der Kanufahrt. Da sehe ich Großvater und Enkeltochter, die gemeinsam unterwegs sind. Wer trägt Verantwortung für wen? Wohin geht die gemeinsame Fahrt? Was ist hinter dem Horizont? Das Bild strahlt für mich ein Gottvertrauen aus, das von Generation zu Generation weitergegeben wird. Getragen von diesem Vertrauen wird Freiheit gelebt und Verantwortung wahrgenommen.

Vortrag, gehalten im katholischen Bildungshaus „Dominikanerhaus" in Steyr, einer der offiziellen Reformationsstädte Europas, am 9. Mai 2017.

Anmerkungen

1 Martin Luther: Disputatio pro declaratione virtutis indulgentiarum (1517), WA 1, 233.
2 Martin Luther: Vorrede zum 1. Bande der Gesamtausgabe seiner lateinischen Schriften (1545), WA 54, 185f., deutsch zitiert nach Volker Leppin: Martin Luther, Darmstadt 2006, 107f.
3 Martin Luther: Von der Freiheit eines Christenmenschen (1520), WA 7, 21.
4 Luther: Freiheit (1520), WA 7, 38.
5 Luther: Freiheit (1520), WA 7, 31.

IMPULSE DER REFORMATION FÜR KIRCHE UND GESELLSCHAFT HEUTE

Eine „Wiener" Vorlesung zur Reformation und ihren Impulsen und Auswirkungen bis heute ist nicht selbstverständlich und auch herausfordernd. Denn Wien spielt in der Geschichte der Reformation, also dem gesamteuropäischen Aufbruch im 16. Jahrhundert, auf den ersten Blick gar keine besondere Rolle. Wer einen Blick in das Ortsregister von neueren weit verbreiteten Darstellungen der Reformationsgeschichte wirft,[1] wird schnell sehen, dass Wien zumeist nur im Zusammenhang mit dem Vorrücken des Osmanischen Reiches oder als Residenzstadt der Habsburger genannt wird, aber nicht als Stadt der Reformation. Dabei hatte doch 1499/1500 Ulrich Zwingli hier studiert[2] und die Universität, die stark vom Humanismus geprägt war, stand für die Erneuerung von Kirche und Gesellschaft.

Die Reformation war nicht nur eine Protest- und Reformbewegung angesichts der damaligen Missstände in Kirche und Gesellschaft, sondern im Kern eine neue Bestimmung des Verhältnisses des Menschen zu Gott, zu sich selbst, zu den Mitmenschen und der Welt. In dieser Bestimmung greift die Reformation auf biblische Grundlagen zurück und hat sich von daher nicht als Gründung von etwas Neuem, sondern im Sinne der Wiederentdeckung zentraler biblischer Inhalte, nach denen sich Kirche ausrichten und die Gesellschaft verstanden werden soll, gesehen. Kein Reformator wollte die Spaltung der Christenheit im Westen herbeiführen oder gar eine neue Kirche gründen. Ihr Anliegen war die Reform im Sinne der Rückkehr zu den Grundlagen, die durch die mittelalterliche Geschichte fortschreitend verdunkelt worden waren, und ihrer aktualisierten Umsetzung unter den Bedingungen der jeweiligen Zeit. Dieses Prinzip der Erneuerung durch Rückbesinnung auf den Anspruch der Ursprünge ist in der Parole *ecclesia semper reformanda* festgehalten worden. Dass heute, im Zeitalter der Ökumene, die Erinnerung an die Reformation sogar streckenweise gemeinsam von evangelischer und katholischer Kirche gestaltet wird, ist angesichts der belasteten Geschichte Grund zu Dankbarkeit und gibt Anlass zur Zuversicht, dass das Miteinander vertieft werden kann. Diese Lerngeschichte kann auch beispielgebend für das Miteinander von Religionen insgesamt sein. Die Reformation hatte mit den spätmittelalterlichen Reformbewegungen schon wesentlich früher begonnen und kann nicht verstanden werden, ohne ihre Auswirkungen im Zeitalter der Konfessionalisierung und der Religionskriege bis hin zur Aufklärung in den Blick zu nehmen. Gleichzeitig, auch wenn Martin Luther eine herausragende Stellung zukommt, kann der umfassende Veränderungsprozess nicht auf ihn und sein Wirken in Wittenberg, das ja „am Rande der Zivilisation" gelegen war (wie er selbst bemerkte), beschränkt werden. Die Reformation hat aus vielfältigen Reformationen bestanden, sie war ein gesamteuropäischer Aufbruch von letztlich weltgeschichtlicher Bedeutung und weltweiter Auswirkung.

Aber es gibt einen expliziten Wienbezug an einer besonderen Stelle der frühen Reformationsgeschichte, auf den ich eingehen möchte. Es ist ein Brief, den Martin Luther an den Rektor der Universität Wien, Johannes Cuspinian – sein Grab befindet sich im Stephansdom –, geschrieben hat. Der kurze Brief ist deshalb wichtig, weil ihn Luther in einer dramatischen Nacht geschrieben haben muss, nämlich der Nacht von dem 17. auf den 18. April 1521. Luther war auf dem Reichstag von Worms. Kaiser Karl V. selbst hatte ihn dazu aufgrund des Drängens einiger einflussreicher Fürsten eingeladen. Das Einladungsschreiben vom 6. März 1521[3] klingt noch recht harmlos, die Rede ist nur davon, von Luther „Erkundigung" über seine Lehre und Bücher zu erhalten. Von einer Forderung des Widerrufs kein Wort. Auch die höfliche und freundliche Anrede mit „Ersamer, lieber, andechtiger" passte in den Augen vieler Zeitgenossen gar nicht auf einen von Rom am 3. Jänner 1521 gebannten Ketzer. Außerdem, das war besonders wichtig, wurde Luther für den Hin- und Rückweg freies Geleit zugesichert. So machte sich Luther in kleiner Begleitung auf den Weg. Am 17. April kam es zu seinem ersten Auftritt vor dem Reichstag. Luther wurde gefragt, ob er die Bücher, die auf einem Tisch vor ihm lagen, als seine erkenne und ob er widerrufen würde. Luther scheint überrascht, er hatte mit einer Diskussion inhaltlicher Themen gerechnet und sah sich nun gleich mit der Forderung des Widerrufs konfrontiert. Er bat um Bedenkzeit, die ihm bis zum nächsten Tag eingeräumt wurde. Er geht wieder in seine Unterkunft und beginnt, eine kleine Rede für den nächsten Tag vorzubereiten, und hat dann noch Zeit, einige Briefe zu schreiben, unter anderem – wie bereits erwähnt – den nach Wien an Johannes Cuspinian.[4] In diesem Brief bekräftigt Luther, dass er am folgenden Tag *„ne apicem quidem"*, kein Strichelchen, kein Stückchen widerrufen werde. So ist es auch gekommen. Am späten Nachmittag des 18. April – es war schon dunkel und Fackeln erhellten den völlig überfüllten Saal – stand er wieder vor dem Kaiser und begründete seine Weigerung des Widerrufs – erst auf Lateinisch, dann auf Deutsch – in einer schriftlich aufgesetzten, wohl durchdachten Rede, die als

„intellektuelles Meisterstück" bezeichnet wird.[5] Dann wurde er vom Sprecher des Kaisers gereizt aufgefordert, er solle klipp und klar sagen, ob er widerrufe oder nicht. Luther antwortete frei. Er glaube weder dem Papst noch den Konzilien, die oft geirrt hätten. Wenn er nicht aus Zeugnissen der Heiligen Schrift oder hellen, klaren Gründen überzeugt würde, bliebe sein Gewissen in Gottes Wort gefangen, „so kann und will ich nichts widerrufen, weil weder sicher noch geraten ist, etwas wider das Gewissen zu tun." Im Saal erhebt sich ein Durcheinander, fast schon ein Tumult. Nach einem in Wittenberg kurz darauf (Anfang Mai 1521?) veröffentlichten Bericht über die Ereignisse schloss Luther mit den Worten: „Ich kann nicht anderst, hie stehe ich, Gott helff mir, Amen."[6] Auch wenn es sich dabei um eine mutmaßlich sekundäre „Pathosformel" handeln dürfte,[7] hat das „Hier stehe ich, ich kann nicht anders" sich tief im kollektiven Gedächtnis eingegraben. Es ist zum festen Bestandteil der Memorialkultur geworden als ein „Symbol unerschütterlicher Bekenntnis- und Gewissenstreue".[8] Dass sich der Spruch heute sogar auf Socken findet, die als „Luthersocken" in den Souvenirläden der Luthergedenkstätten angeboten werden, mag man belächeln oder kopfschüttelnd zur Kenntnis nehmen. Das Ereignis von Worms mit dem überlieferten Ausspruch Luthers wurde zum Symbol „unbeirrbarer Überzeugungsfestigkeit", die das evangelische Selbstverständnis nachhaltig geprägt hat.

Unbeirrbare Überzeugungsfestigkeit ist ganz bestimmt kein Monopol der Reformation. Vor Kurzem war die beeindruckende Geschichte von Manuel Blanco zu lesen.[9] Manuel Blanco ist ein spanischer Feuerwehrmann, der auf den griechischen Inseln bemüht ist, ankommende und oft in Seenot geratene Boote mit Menschen auf der Flucht sicher an Land zu bringen. Die griechischen Behörden verhaften ihn und bringen ihn vor Gericht. Der

Staatsanwalt fordert eine zehnjährige Haftstrafe für den „Versuch des illegalen Transports von Menschen ohne Genehmigung, griechisches Gebiet zu betreten". Einen ähnlichen Prozess hat es 2009 in Italien gegen den deutschen Kapitän Stefan Schmidt gegeben. Manuel Blancos Prozess ist noch nicht zu Ende. Bei einer Begegnung mit Europapolitikern in Brüssel im November 2016 sagt er, er wisse, dass es Gesetze gibt, an die man sich halten muss. Aber wenn ihn sein kleiner Sohn irgendwann fragen wird, warum Europa heute Menschen ertrinken lässt, könne er ihm nicht in die Augen schauen, wenn er nicht auch auf seine „inneren Gesetze" gehört hätte.

Damit soll die Frage aufgegriffen werden, ob die Reformation Impulse für das Leben heute gegeben hat. Was Martin Luther in Worms und Manuel Blanco in Brüssel miteinander verbindet, ist die Einsicht, dass es Situationen geben kann, in denen der Widerspruch gegen alle Autoritäten – für Luther waren es Papst und Kaiser, für Manuel Blanco die geltenden Gesetze und die griechischen Gerichte – geboten ist und die Befolgung des eigenen Gewissens – für Luther ist es in der Schrift gefangen, für Manuel Blanco in der Verantwortung vor den Nachkommenden begründet – den höheren Stellenwert erhält.

Hier ist ein Zwischenstopp angebracht: Es ist zu unterscheiden, welche Folgen der Reformation von dieser gewollt waren und welche nicht, welche sich direkt auswirken konnten und welche höchstens indirekt, manchmal auch auf Umwegen, zur Wirkung gelangt sind. Zu Recht ist vor der Gefahr der Mythen- und Legendenbildung zu warnen. Unter dem Einfluss der Forschungen von Max Weber (1864–1920) und Ernst Troeltsch (1865–1923) hat etwa der bekanntlich zum Protestantismus konvertierte Egon Friedell in seiner „Kulturgeschichte der Neuzeit" ganz unbefangen als direkte Auswirkungen der Reformation auf die Moderne den Individualismus, das demokratische Moment und die Hochschätzung der Weltlichkeit genannt.[10] Nichts davon ist einfach aus der Luft gegriffen, aber der Gang der Geschichte verläuft nicht linear, es war ein komplexer Transformationsprozess, der die Entwicklung zur modernen Gesellschaft kennzeichnet, und viele der Eckpunkte liegen nicht auf der Fluchtlinie der Entwicklung, sondern neben ihr.[11] Vieles von dem, was als Impulse der Reformation angeführt wurde, hätte sich Martin Luther wie die meisten der Reformatoren und Reformatorinnen seiner Zeit bestimmt nicht vorstellen können und man kann mit guten Gründen bezweifeln, dass sie es gutgeheißen hätte. Ein Zusammenleben verschiedener Religionen etwa lag noch ganz außerhalb seiner Denk- und Vorstellungsmöglichkeiten, dazu war er viel zu sehr seinen mittelalterlichen Wurzeln verhaftet und davon überzeugt, dass es zur Monokonfessionalität politischer Einheiten keine Alternative gab. Luther war nicht „modern" und es wäre unangemessen, ihn zu einem Vorreiter der Moderne zu stilisieren. In mancher Hinsicht bleibt er fremd und befremdend, vor allem in seiner Einstellung zum Judentum und zum Islam, aber auch in der maßlosen Polemik gegen das Papsttum. Diese Einschätzung trifft mehr oder weniger auch auf die anderen Vertreter und Vertreterinnen der Reformation, aber auch des Humanismus zu. Es besteht kein Grund, die Zeit des Aufbruchs im 16. Jahrhundert zu glorifizieren oder die Beteiligten mit einem Heiligenschein zu versehen – auch wenn es da und dort geschehen ist. Dennoch sind durch die Reformation Entwicklungen in Gang gesetzt, angestoßen und beschleunigt worden, die den komplexen Transformationsprozess, der zu der modernen Welt westlicher Prägung geführt hat, wie sie sich fünfhundert Jahre später zeigt, in wesentlichen Inhalten mitbestimmt, beeinflusst und inspiriert hat.

Die Reformation war von der zentralen Einsicht bestimmt, dass der Mensch als unmittelbar vor Gott stehende Person verstanden wurde, deren Identität und Würde allein durch die Anerkennung durch Gott begründet ist. Damit wurden in theologischer Fundierung jene Ansätze der Renaissance – ich denke vor allem an den Renaissancephilosophen aus Florenz, Giovanni Pico della Mirandola (1463–1494)[12] – aufgegriffen und vertieft, in denen die Menschenwürde begründet wurde. Die Anerkennung durch Gott wird für die Reformatoren durch die sogenannten „Exklusivpartikel" gekennzeichnet, sie geschieht „allein aus Gnade", sie wird vom Menschen „allein durch den Glauben" aufgegriffen und bleibt streng konzentriert „allein auf Jesus Christus" auf der Grundlage der biblischen Schriften, die allein die verbindliche Norm vorgeben.[13] Diese Kernbotschaft der Reformation der Anerkennung des Menschen durch Gott (im theologischen Fachjargon als „Rechtfertigung" bezeichnet) hat bleibende Aktualität. Auch heute stellt sich die Frage nach der Identität und Würde des Menschen, ja vielleicht sogar in zunehmender Schärfe. Menschen geraten zunehmend unter Druck, sich selbst ständig rechtfertigen zu müssen. Die „Tribunalisierung der modernen Lebenswelt"[14] mit der Zunahme von Unbarmherzigkeit und Gnadenlosigkeit lässt neu nach einer Kultur der Barmherzigkeit, ja nach der Gnade fragen. Diese Rechtfertigung, also die Anerkennung des Menschen, erfolgt unabhängig von natürlicher Ausstattung, gesellschaftlichem Status, individuellem Vermögen und auch religiöser Leistung und begründet daher die „Freiheit eines Christenmenschen"[15], wie es Martin Luther in seiner Freiheitsschrift aus dem Jahr 1520 formuliert. Diese Freiheit verlangt nach der Selbstständigkeit des Menschen.

Zur Wahrnehmung dieser Selbstständigkeit ist Bildung zum mündigen Christsein unerlässlich. Um selbst Rechenschaft über den Glauben geben zu können, wurde die Bibel in zahlreiche europäische Sprachen übersetzt, wodurch oft erstmalig Schriftsprachen entstanden, was die Entwicklung von Dichtung und Literatur in vielen Ländern erst ermöglichte und überall nachhaltig förderte. Ebenso essenziell waren die Schulgründungen, die an jedem Ort vorgesehen waren und für alle unabhängig von Geschlecht und Herkunft galten. Das trifft auch auf das heutige Österreich zu, ich erwähne als Beispiel die Hohe Schule in Loosdorf bei Melk.[16] In der Tat lässt sich die Reformation auch als Bildungsrevolution beschreiben. Dass alle Kinder, Mädchen wie Buben, aus allen gesellschaftlichen Schichten zur Schule gehen sollen und dass dafür die Eltern, aber in erster Linie die politisch Verantwortlichen Sorge zu tragen haben, war ein oft und nachdrücklich geäußertes Anliegen der Reformation. Das Herzogtum Pfalz Zweibrücken unter seinem calvinistischen Herzog Johann I. hat 1592 als erstes Territorium weltweit die allgemeine Schulpflicht eingeführt. Heute heißt es: „Bildung entscheidet über die Zukunft der Menschheit". Das ist der Untertitel des Buches, das die beiden Demografen Wolfgang Lutz und Rainer Klingholz 2016 veröffentlicht haben.[17] Sie entwickeln darin eine Bildungsagenda für das 21. Jahrhundert und zeigen eindrücklich, wie positiv sich Bildung auf die Entwicklung von Gesellschaften, auf Inklusion und Armutsbekämpfung weltweit auswirkt. Ihre Darstellung beginnt mit einer Erinnerung an Martin Luther und die Reformation: „Mit der Reformation war der Geist aus der Flasche"[18], meinen sie und obwohl Luther ein unbeabsichtigter Wegbereiter der Moderne ist,[19] hat seine Bildungsrevolution die Welt verändert.[20]

Die aus der Anerkennung von Gott folgende Freiheit des Menschen wird in Verantwortung gelebt. In Österreich wird das Reformationsjubiläum im Jahr 2017 von drei evangelischen

Kirchen gemeinsam durchgeführt. Das sind die lutherische Kirche, die nach dem Augsburger Bekenntnis (*Confessio Augustana*, 1530) „A. B." heißt, die reformierte Kirche mit dem Kürzel „H. B." nach dem Helvetischen Bekenntnis (*Confessio helvetica posterior*, 1566) und die Evangelisch-methodistische Kirche, die ihre Entstehung im England des 18. Jahrhunderts auch als eine Langzeitwirkung der Reformation versteht. Nach einem typisch evangelischen, also basisdemokratischen Entscheidungsprozess haben die drei Kirchen für das Jubiläumsjahr das Motto „Freiheit und Verantwortung" gewählt. Luther hat das in „Von der Freiheit eines Christenmenschen" durch eine Doppelthese ausgedrückt, die nur auf den ersten Blick paradox erscheint: „Ein Christenmensch ist ein freier Herr aller Dinge und niemandem untertan. Ein Christenmensch ist ein dienstbarer Knecht aller Dinge und jedermann untertan."[21] Freiheit verwirklicht sich in der Übernahme von Verantwortung, in der Liebe zum Nächsten, die aus „fröhlichem Glauben" (Martin Luther) und Dankbarkeit folgt. Dieses reformatorische Freiheitsverständnis steht in einer produktiven Spannung zum modernen Autonomiegedanken. Es begründet eine auch kritische Einstellung zur Moderne. Vor allem schärft es den Blick für die unmenschlichen Folgen neuzeitlicher Rationalität auf den Gebieten von Ökonomie, Politik und Ökologie.[22] Gerechtigkeit, Frieden und Bewahrung der Schöpfung sind Anliegen aller christlichen Kirchen, die für die evangelische Tradition aus der reformatorischen Verbindung von Freiheit und Verantwortung folgen. Unmittelbare Folge des reformatorischen Freiheitsverständnisses als Dienst am Nächsten war die Neugestaltung des sozialen Lebens in der Gesellschaft. Die Sorge um das soziale Wohl und die Bekämpfung der Armut wurden zu Aufgaben der Gesellschaft. Neben der Gründung von Schulen waren es die Einrichtung eines „gemeinen Kastens" und die Gründung diakonischer Einrichtungen, deren Errichtung anzeigte, wenn sich eine Kommune der Reformation angeschlossen hatte. Als Beispiele aus dem heutigen Österreich erinnere ich an Klagenfurt, wo 1582 mit der Errichtung eines Bürgerspitals als Fürsorge- und Sozialeinrichtung begonnen wurde,[23] oder an Sankt Pölten, wo eindrücklich gezeigt werden kann, wie mit der Einführung der Reformation die Stiftungen für religiöse Zwecke zurückgingen und die Bürger und Bürgerinnen stattdessen das Bürgerspital, das Krankenhaus errichteten und förderten.[24] So hat es einen Impuls zur Herausbildung des Sozialstaates gegeben und es wird wohl kein Zufall sein, dass diese Grundaufgabe des Staates gerade in den evangelisch geprägten Ländern in Nordeuropa besonders deutlich ausgeprägt ist. Dieser neuerdings für Europa auch empirisch erhärtete „Protestantismuseffekt"[25] führt dazu, dass eine protestantische Prägung eine signifikant positive Wirkung sowohl auf das soziale Vertrauen wie auch das zivilgesellschaftliche Engagement der Menschen hat.

Die freiheitsbegründende Anerkennung jeder Person hatte ihre Auswirkungen auf die Herausbildung moderner Grundrechte, insbesondere der Religions- und Gewissensfreiheit. In den späteren USA geschah dies unter direkter Bezugnahme auf religiöse Grundlagen, wie etwa die *Virginia Declaration of Rights* aus dem Jahr 1776 und andere Dokumente belegen. Dafür war der calvinistische Einfluss, der mit den Puritanern und anderen aus Europa zur Flucht gezwungenen Gruppen – unter ihnen auch Katholiken, die sich in Maryland ansiedelten – in die Neue Welt gekommen war, von großer Bedeutung. In Europa hingegen mussten die Menschenrechte durch die spannungsvolle Auseinandersetzung mit der Aufklärung ohne Rückbindung an Gott[26] den Kirchen abgerungen werden, wie die Geschichte der Französischen Revolution spätestens seit dem Jahr 1792 zeigt. Dass die Forderung der Religionsfreiheit und damit ein wesentlicher Baustein der späteren allgemeinen Menschenrechte auch aus religiösen Gründen erhoben werden konnte, belegt die Geschichte der Täufer. „Die Wahrheit ist untödlich" gilt als Wahlspruch von Balthasar Hubmair, der 1528 vor dem Stubentor hier in Wien verbrannt und dessen Frau in der Donau ertränkt wurde. Aber die Täufer wurden auch durch die Evangelischen ausgegrenzt und verfolgt. Erst in der Neuen Welt fanden sie eine sichere Heimat. Auch wenn es in den Ländern Europas auf indirektem Weg erfolgte, kann doch die Ausbildung der Menschenrechte in einen Zusammenhang mit den Folgen der Reformation gesehen werden.

Eine Folge der Reformation war die durch die Konfessionalisierung vollzogene Spaltung der westeuropäischen Christenheit. Europa war genötigt, das Zusammenleben verschiedener, anfangs auch verfeindeter Kirchen zu ermöglichen, was durch die Religionskriege hindurch letztlich über das Stadium der Toleranz zu wechselseitigem Respekt und gegenseitiger Anerkennung geführt hat. Der Augsburger Religionsfrieden von 1555 war noch vom Prinzip „Frieden durch Trennung" bestimmt und sah die freie Religionswahl nur für die Landesherren vor (*„cuius regio, eius religio"*). Damit war er zwar ein wichtiger Schritt, konnte aber keine Lösung auf Dauer sein. Beeindruckend sind die Oasen der Toleranz, die es bereits im 16. Jahrhundert gegeben hat und wo man sich verpflichtete, das Miteinander verschiedener Konfessionen ohne Blutvergießen zu leben. Ich erwähne nur einige Beispiele, etwa Polen-Litauen mit der „Konföderation von Warschau" (1578) oder Irland, aber auch – uns wesentlich näher – Siebenbürgen, wo auf dem Landtag von Torda 1568 die Anerkennung der verschiedenen Bekenntnisse festgelegt wurde. Weil der Glaube „ein Geschenk Gottes" ist, sind Gewalt und Zwang ausgeschlossen,[27] was dazu führte, „dass jeglicher des Glaubens leben könne, des er wolle"[28]. Eine solche Oase der Toleranz gab es auch in unmittelbarer Nachbarschaft zu Wien im mährischen Nikolsburg/Mikulov, wo unter der Herrschaft des Leonhard von Liechtenstein aus anderen Teilen des Habsburgerreiches Verfolgte, in erster Linie die Täufer wie der schon erwähnte Balthasar Hubmair, für einige Jahre Zuflucht gefunden haben. Schon 1421 hatten die aus Wien vertriebenen Jüdinnen und Juden in Nikolsburg Zuflucht gefunden, wodurch es zu einer großen und blühenden jüdischen Gemeinde in dieser Stadt gekommen ist. Aber diese hoffnungsträchtigen Ansätze blieben vorübergehende Episoden oder Randerscheinungen, im Zentrum Europas, in Frankreich, England und auf dem Gebiet des Reiches, wurde der Gegensatz blutig ausgetragen und es dauerte nach dem Westfälischen Frieden von 1648 noch einmal mehr als hundert Jahre, ehe etwa in Preußen (Wöllner'sches Religionsedikt 1788) oder in Österreich (1781) Toleranz verwirklicht wurde. Erst die Herausbildung des religiös und weltanschaulich neutralen Verfassungsstaates bringt auf der Grundlage der allgemeinen Gültigkeit der Menschenrechte die Basis für ein Zusammenleben unterschiedlicher Wahrheitsansprüche unter den Bedingungen kultureller und religiöser Pluralität, wie sie heute für Europa kennzeichnend ist.

Eine wichtige Voraussetzung dafür ist die klare Unterscheidung von Kirche und Staat.[29] Keine politische Institution hat das Recht, auf den Glauben der Menschen zuzugreifen. Umgekehrt darf sich die Kirche nicht politischer Macht bedienen. Dies hat die lutherische Reformation an der Frage der Aufgaben der Bischöfe diskutiert, denn nicht wenige der Bischöfe des 16. Jahrhunderts waren zugleich weltliche Fürsten und der Anspruch der Kirche auf unmittelbares politisches Wirken gang und gäbe.

Dagegen hat etwa Luther seine Überzeugung von den beiden Regimenten Gottes, dem weltlichen und dem geistlichen, dem staatlichen und kirchlichen, gestellt. Beide sind in dynamischer Weise aufeinander bezogen, haben aber verschiedene Aufgaben und sind in der Wahrnehmung ihrer je eigenen Aufgaben frei. Auf den calvinistischen Einfluss sind erste Ansätze zur Gewaltenteilung zurückzuführen, wie sie Calvin und Zwingli in Genf und Zürich auf den in diesen Städten bereits vor ihnen vorhandenen vordemokratischen Strukturen entwickeln konnten. Sowohl die religiöse Überhöhung des Staates wie der politische Missbrauch von Religion sind zu verhindern. Kirchen und Religionsgemeinschaften sind nach diesem Verständnis keine direkten politischen Akteure, sie nehmen aber im Rahmen der Zivilgesellschaft an den politischen Auseinandersetzungen teil und bringen sich in diese ein. Umgekehrt lebt der moderne Verfassungsstaat eine fördernde, positive Religionsfreiheit, die im Rahmen der geltenden Gesetze auf der Grundlage der Menschenrechte und unter Beachtung des Neutralitätsgebots und des Gleichheitssatzes den Beitrag der Religionen zum Zusammenleben ermöglicht, schätzt und fördert.

Ich muss abbrechen und bin mir bewusst, dass viele Bereiche nur angedeutet wurden und manches, wie etwa die Auswirkungen auf Kunst und Kultur, gar nicht entfaltet wurden. Auch die negativen Folgen der Reformation und vor allem die Schattenseiten der Reformatoren, ich denke vor allem an Luthers Judenhass, sind bestimmt zu kurz gekommen. Meine Absicht war zu zeigen, dass im Reformationsjubiläum nicht nur ein historisches Ereignis begangen wird, das ausschließlich für die unmittelbar davon betroffenen Kirchen von Bedeutung ist, sondern die bis heute nachwirkenden Impulse des gesamteuropäischen und gesamtgesellschaftlichen Aufbruchs im 16. Jahrhundert zu bedenken sind. Können wir aus der Geschichte lernen? Wohl nicht im Sinne einer unmittelbaren Nutzanwendung im Tagesgeschäft, aber doch im Sinn einer grundlegenden Orientierung. „Ohne Kenntnis der fortwirkenden Vergangenheit bleibt die Gegenwart ein Buch mit sieben Siegeln."[30] Geschichte lässt sich verstehen – so Reinhart Koselleck[31] – als Spannungsfeld von Erfahrungsraum und Erwartungshorizont. Die Erfahrung als gegenwärtige Vergangenheit und Erwartung als vergegenwärtigte Zukunft erschließen das Verständnis der Gegenwart, dieses Buches mit seinen sieben Siegeln. Welche Erwartungen an die Zukunft können wir aus den Erfahrungen ableiten? Wo müssen wir Neuland betreten? Wofür setzen wir uns ein? Unsere Zeit ist für viele Menschen von Angst, Unsicherheit und Ohnmacht geprägt. Die Erinnerung an die Reformation kann aber Mut machen, in Zeiten des Umbruchs und der tiefgreifenden Veränderungen Autoritäten zu hinterfragen, aus der Angstgebundenheit auszubrechen, dem eigenen Gewissen und der eigenen Kraft zu vertrauen, die Verantwortung für die Mitmenschen einzumahnen und selbst zu leben, also frei und verantwortlich als Subjekte der eigenen Geschichte die Herausforderungen aufzugreifen. Kurz gesagt: Reformation macht Mut zur Veränderung.

Vortrag, gehalten im großen Festsaal des Wiener Rathauses im Rahmen der „Wiener Vorlesung", einem traditionsreichen Dialogforum der Stadt Wien, am 2. Februar 2017.

Anmerkungen

1 Vgl. Thomas Kaufmann: Erlöste und Verdammte. Eine Geschichte der Reformation, München 2016, oder Diarmaid MacCulloch: Die Reformation. 1470–1700, München 2010.

2 Vgl. Erwin Liebert: Zwingli in Wien, Wien 1984.

3 Vgl. Kaiser Karl V. an Luther, Worms, 6. März 1521, WA Briefe 2, 280.
4 Vgl. Luther an Joh. Cruspianus in Wien, Worms, 17. April 1521, WA Briefe 2, 300.
5 Vgl. Lyndal Roper: Der Mensch Martin Luther, Frankfurt am Main 2016, 237.
6 Verhandlungen mit D. Martin Luther auf dem Reichstage zu Worms (1521), WA 7, 838; dazu: Roper (wie Anm. 5), 238; Kaufmann (wie Anm. 1), 131.
7 Vgl. Kaufmann (wie Anm. 1), 131.
8 A. a. O., 131.
9 Vgl. Die Zeit, Nr. 2 vom 5. Januar 2017, 17.
10 Vgl. Egon Friedell: Kulturgeschichte der Neuzeit, Erstes Buch, München 1927, 277f.
11 Vgl. Alexander Demandt: Sternstunden der Geschichte, München 2000, 191.
12 Vgl. Pico della Mirandola: De hominis dignitate. Über die Würde des Menschen, Hamburg 1990; Richard Reschika: Von der Würde des Chamäleons – Giovanni Pico della Mirandolas Freiheitslehre, in: Ders.: Philosophische Abenteurer. Elf Profile von der Renaissance bis zur Gegenwart, Tübingen 2001, 13–40; Jörg Lauster: Die Verzauberung der Welt. Eine Kulturgeschichte des Christentums, München 2014, 258.
13 Vgl. Kirchenamt der EKD: Rechtfertigung und Freiheit. 500 Jahre Reformation 2017, Gütersloh 2014.
14 Ulrich Körtner: Reformatorische Theologie im 21. Jahrhundert, Zürich 2010, 34–37.
15 Martin Luther: Von der Freiheit eines Christenmenschen (1520), WA 7, 20–38.
16 Vgl. Helene Miklas: Die Geschichte der „Hohen Schule" zu Loosdorf 1574–1627, JGPrÖ 116, (2000/2001), 64–131.
17 Vgl. Rainer Klingholz/Wolfgang Lutz: Wer überlebt? Bildung entscheidet über die Zukunft der Menschheit, Frankfurt/Main 2016.
18 A. a. O., 47.
19 A. a. O., 37.
20 A. a. O., 48.
21 Luther (wie Anm. 15), 21.
22 Vgl. Ulrich Körtner: Reformatorische Theologie im 21. Jahrhundert, Zürich 2010, 34, 90.
23 Vgl. Alexander Hanisch-Wolfram: Dienst am Mitmenschen im Zeichen des Evangeliums – Soziale Arbeit der Kärntner Protestanten vom 16. Jahrhundert bis heute, in: Wilhelm Wadl (Hg.): Glaubwürdig bleiben. Wissenschaftlicher Begleitband zur Kärntner Landesausstellung 2011 in Fresach, Klagenfurt 2011, 423–453.
24 Vgl. Rudolf Leeb: Der Streit um den wahren Glauben, in: Herwig Wolfram (Hg.): Geschichte des Christentums in Österreich, Wien 2003, 182.

25 Richard Traunmüller: Religion und Sozialkapital. Ein doppelter Kulturvergleich, Wiesbaden 2012, 177.

26 Vgl. Hans Joas: Die Sakralität der Person. Eine neue Genealogie der Menschenrechte, Frankfurt/Main 2015.

27 Vgl. MacCulloch (wie Anm. 1), 353.

28 Karl W. Schwarz: Toleranz und Religionsfreiheit im Donau- und Karpatenraum, in: Karl W. Schwarz: Der österreichische Protestantismus im Spiegel seiner Rechtsgeschichte (Jus Ecclesiasticum 117), Tübingen 2017.

29 Vgl. Christoph Link: Reformation und frühneuzeitlicher Staat, in: Jörg Wolff (Hg.): Kultur- und rechtshistorische Wurzeln Europas, Godesberg 2006, 29–42.

30 Heinrich August Winkler: Aus der Geschichte lernen? (2004), www.zeit.de/2004/14/winkler (Zugriff: 20. 02. 2019).

31 Vgl. Reinhart Koselleck: Vergangene Zukunft. Zur Semantik geschichtlicher Zeiten, Frankfurt/Main 1995.

MARTIN LUTHER UND DER ÖFFENTLICHE DIENST

Vor 500 Jahren, am 31. Oktober 1517, veröffentlichte Martin Luther seine 95 Thesen gegen den Ablasshandel. Damit kam ein Stein ins Rollen, der zu einer gesamteuropäischen tiefgreifenden Umwälzung aller Verhältnisse führte. Diese Umwälzung wurde dann später als historische Epoche der „Reformation" gekennzeichnet und der 31. Oktober zum Reformationstag. 2017 wurde daher weltweit „500 Jahre Reformation" gefeiert und bedacht. Die mit den 95 Thesen losgetretenen Veränderungen betrafen in erster Linie kirchliche Verhältnisse, sie griffen aber bald auf alle gesellschaftlichen Bereiche über und erfassten Kunst und Kultur, Politik und Wirtschaft und das soziale Zusammenleben der Gesellschaft. Ihre Folgen sind bis heute zu spüren.

Für das persönliche Verhältnis Martin Luthers (1483–1546) zur Beamtenschaft und zum öffentlichen Dienst lassen sich zwei Beobachtungen aus seiner Biographie anführen: Sein Vater, ein aufstrebender Bergbauunternehmer, sah für seinen Sohn Martin die Beamtenlaufbahn vor. Dazu sollte er zunächst Jurist werden, um dann in den Dienst eines Fürsten treten zu können. Damit wären die Karrierevorstellungen des Vaters zur Vollendung gekommen. Aber es kam anders: Luther ging ins Kloster, wurde Priester und Mönch und arbeitete als Professor an der Universität in Wittenberg. Auch wenn also seine eigene Biographie nicht eine besondere Nähe zur Beamtenschaft nahelegen würde, führten doch die Ereignisse der Reformation zu anderen Eindrücken. Schon seit dem Beginn seines Wirkens in Wittenberg verband ihn eine vertrauensvolle Beziehung, ja eine Freundschaft mit dem Spitzenbeamten des Kurfürsten Friedrich des Weisen am Hof in Wittenberg. Das war Georg Spalatin aus Franken.

Spalatin (1484–1545) erkannte bald die besondere Begabung des Professors Luther und förderte ihn, so gut es möglich war. Über ihn lief durch Jahrzehnte die einzige Verbindung Luthers zu Friedrich dem Weisen. Persönlich kamen ja der Kurfürst und der Reformator nie zusammen, die Kommunikation lief ausschließlich über Spalatin, den Berater und Sekretär des Landesherrn. Spalatin war auch derjenige, der die Scheinentführung Luthers auf die Wartburg nach dem Reichstag von Worms inszenierte. Auch bei der Frage, wie die Veröffentlichung der 95 Thesen gegen den Ablasshandel vorzunehmen sei, sprach er ein gewichtiges Wort mit. Es sollte jeder Eindruck vermieden werde, als kämen die Thesen vom kurfürstlichen Hof oder gar auf Anweisung des Kurfürsten. Daher wurden sie geheim gehalten, bis Luther sie in einem Brief an den Erzbischof von Mainz eben am 31. Oktober 1517 veröffentlichte. Ob sie am selben Tag auch an die Türe der Schlosskirche in Wittenberg angeschlagen wurden, ist wahrscheinlich, aber heute nicht mehr sicher zu beweisen. Trotz aller Unterschiede im Charakter – Luther war ungestüm, grob und spontan, Spalatin hingegen ruhig, wohlüberlegt und vorsichtig planend – blieben die beiden in enger Freundschaft verbunden. Ein Jahr vor dem Tod Spalatins schreibt ihm Luther noch: „Du bist und bleibst mir von Herzen lieb und teuer!“

Abgesehen von diesen biographischen Beobachtungen waren es zwei zentrale Einsichten der Reformation, die zu einer neuen Beschreibung des öffentlichen Dienstes führten und die wohl auch heute noch Aktualität haben. Die erste Einsicht betraf das

Verhältnis von Staat und Kirche und die zweite das Verständnis des Berufs.

Sowohl bei Martin Luther wie auch bei Johannes Calvin – und anderen Reformatoren und Reformatorinnen – erkennen wir neue Ansätze zur Bestimmung der Beziehungen zwischen Staat und Kirche. Die für die vorreformatorische Situation selbstverständliche Verflechtung von politischen, wirtschaftlichen und religiösen Interessen wurde von Luther und Calvin heftig kritisiert und ganz grundsätzlich in Frage gestellt. Die Religion legitimierte weltliche Herrschaft und verklärte wirtschaftliche Interessen. Dem entsprachen auf der anderen Seite die wirtschaftlichen und politischen Ambitionen der damaligen Papstkirche.

Der Freiheitsgewinn des reformatorischen Aufbruchs bedeutete auch Freiheit für die Religion, aber auch Freiheit für die politische Gestaltung der Gesellschaft. Auch wenn sich die Reformatoren den modernen, religiös und weltanschaulich neutralen Verfassungsstaat noch nicht vorstellen konnten (die Reformatoren sprachen noch von „der Obrigkeit"), haben sie deutliche Impulse gesetzt, die letztlich zur Herausbildung der modernen Gesellschaft, zur Demokratisierung, zur Gewaltenteilung und zur Entwicklung der Menschenrechte beigetragen haben. Luthers Welt ist der Boden, in dem unser Europa Wurzeln fasste, sagt die dänische EU-Kommissarin Margrethe Vestager.

Johannes Calvin etwa vertrat ein sehr modern anmutendes „funktionales" Staatsverständnis. Zu den Hauptaufgaben des Staates gehören für ihn die Wahrung der Religionsfreiheit, die Sorge für das friedliche Zusammenleben der Menschen und das soziale Wohlergehen, dass – wie er selbst sagt – „unter den Menschen die Menschlichkeit bestehen bleibt".[1]

Für Luther war die Unterscheidung von den beiden Regierweisen Gottes, den Regimenten, zentral. Politik und Wirtschaft dürfen die Religion nicht dominieren, umgekehrt sind sie von allen Einflussversuchen von Seiten der Religion frei zu halten. Sie dienen dem Ganzen auf ihre eigene, der Vernunft gehorchende Weise.[2] Beide haben Grenzen, die anzuerkennen sind, beide haben eigenständige Verantwortungsbereiche, die wahrgenommen werden wollen. Die nach den Regeln der Vernunft geschehende politische Gestaltung verlangt folgerichtig nach einer professionellen und effektiven Verwaltung.

Für die Reformation waren es vor allem drei Bereiche, in denen der Staat seine Verantwortung wahrzunehmen hat. Der erste betraf Frieden und Sicherheit, der zweite die Bildung und der dritte das Sozialwesen. Der Schutz der Bevölkerung vor Krieg und Gewalt war in Zeiten des vorrückenden osmanischen Heeres (1529 erste Türkenbelagerung Wiens) und der blutigen sozialen Unruhen (die Bauernkriege 1525) von besonderer Brisanz. Dazu kam die Bildung als zentrales Anliegen der Reformation. Durch die Bibelübersetzungen in die Landessprachen und eine allgemeine Schulbildung für alle sollten alle Menschen in die Lage versetzt werden, sich selbst ein Urteil über den Glauben zu bilden und ihre Begabungen für das allgemeine Wohl der Gesellschaft einzusetzen. Daher entstanden, wo immer die Reformation Fuß fasste, Schulen für alle. Das Dritte betraf das Sozialwesen im Sinne einer wirksamen Bekämpfung der Armut. Diakonische Einrichtungen und erste Ansätze eines sozialen Sicherungssystems (der sogenannte „gemeine Kasten“) entstanden. Es ist leicht zu sehen, dass mit diesen Handlungsfeldern auch die Bereiche angegeben sind, die der öffentliche Dienst wahrnimmt.

Die zweite Säule, auf der das Verhältnis der Reformatoren zum öffentlichen Dienst ruht, ist das Berufsverständnis. Bis zur Reformation verwendete man das Wort „Beruf/Berufung“ für den geistlichen Weg, also für den Eintritt in ein Kloster. Das Klosterleben – so hat es etwa Thomas von Aquin formuliert – „ist schlichtweg besser als ein aktives Leben". Luther brach mit dieser Zweiteilung der Gesellschaft und verwendete den Begriff „Beruf" nicht mehr ausschließlich für das geistlich-kontemplative Leben im Kloster, sondern für alle Tätigkeiten. Alle haben einen „Beruf", auch die Magd, die den Hof kehrt, und der Knecht, der pflügt und ackert. Nachdem der Mensch durch keine eigene Leistung die Anerkennung Gottes verdienen kann, befreit dieses neue Verständnis von Arbeit im Sinne des Berufs von einem unmenschlichen Leistungsdenken. Gleichzeitig erhält der Beruf eine besondere Stellung: Durch ihn wirkt der Mensch an Gottes Schöpfung mit, sorgt für den Erhalt der Welt und hilft seinem Nächsten. Ganz ähnlich ist es bei Johannes Calvin. Auch er beschreibt Arbeit als Lust, nicht als Last. Zu vermeiden sind Verschwendung und Nachlässigkeit: „Die Früchte darf keiner in Üppigkeit verschwenden oder durch Nachlässigkeit verderben lassen. Bei allem Besitz halte sich jeder für Gottes Haushalter, dann wird der Sinn zur rechten Sparsamkeit und Treue nicht fehlen."[3] Maßstab für den Wert einer Tätigkeit ist für Calvin, wieweit sie dem Mitmenschen dient. Heute würden wir von einer Gemeinwohlorientierung sprechen. Reine Profitorientierung und Bedienung eigener Interessen widersprechen dem Willen Gottes – so die Reformatoren.

Diese besondere Hochachtung der menschlichen Arbeit im Sinne des „Berufs" hat sich in der europäischen Geschichte tief ausgewirkt. Max Weber (1864–1920) hat darauf hingewiesen, dass diese „innerweltliche Askese" des Protestantismus Fleiß und Pflichterfüllung besonders gefördert hat. Arbeit dient eben nicht nur zur Erfüllung materieller Bedürfnisse, sie wird zu einem Lebenszweck, zu einem schöpferischen Potential und einer sinnstiftenden Lebensform. Diese Hochachtung der menschlichen Arbeit im Sinne des „Berufs" darf aber nicht nur auf die Erwerbsarbeit bezogen werden. Sie umfasst gleichwertig alles Tätig-Sein des Menschen, also auch das freiwillige Engagement (Ehrenamt), wie die Familien- und Pflegearbeit. Der soziale Sinngehalt von Berufung ist dann gegeben, wenn ich den Eindruck habe, mit meinen Kräften und Fähigkeiten am richtigen Ort zu sein und für andere und mit anderen etwas Sinnvolles tun kann. Dieses Verständnis von Beruf steht heute vor großen Herausforderungen:

Selbst- und Fremdüberforderung können dazu führen, dass Menschen ihre Identität als fremdbestimmt wahrnehmen. Prekäre und schlecht bezahlte Arbeitsverhältnisse oder Arbeitsverhältnisse mit (zu) hoher Arbeitsverdichtung stellen das sinnstiftende Potential in Frage und verzerren den „Beruf" zum ungeliebten und belastenden „Job". Es braucht also gute Regelungen, sowohl was die Entlohnung wie auch die Mitbestimmungsmöglichkeiten betrifft, aber auch persönlich zugeschnittene Lebenszeitmodelle wie Sabbaticals, Elternzeiten, Bildungsurlaub und vieles mehr. Die Nagelprobe für die Rede von Arbeit als „Beruf" sind (Langzeit-)Arbeitslose und sozial Abgehängte. Wenn man sich auch die eigene Berufung erst leisten können muss, kann das aus evangelischer Sicht nicht hingenommen werden. Arbeit als Beruf ist für die Reformation unlösbar mit der Würde des Menschen verbunden.

Im öffentlichen Dienst wird das Miteinander des Staats- und des Berufsverständnisses, wie es Martin Luther und die Reformation vor 500 Jahren entwickelt haben, besonders deutlich sichtbar. Es lohnt sich, dieses Erbe für die Herausforderungen von heute fruchtbar zu machen.

Beitrag, erschienen in der Zeitschrift der Gewerkschaft Öffentlicher Dienst: GÖD-Magazin 2017/8, 46–48.

Anmerkungen

1 Johannes Calvin: Institutio Christanae Religionis (Dt.: Unterricht in der christlichen Religion) IV,20,3
2 Vgl. Martin Luther: Auslegung des 101. Psalms (1534–1535), WA 51, 242.
3 Johannes Calvins Auslegung der Genesis, übersetzt und bearb. von Wilhelm Goeters und Matthias Simon (Johannes Calvins Auslegung der Heiligen Schrift. Neue Reihe, 1. Bd.), Neukirchen 1956, 33 – zu 1. Mose 2,15.

2017 – VERSUCH EINER BILANZ

1. Versuch und Bilanz

Die Zeit ist gekommen, einen „Versuch" zu wagen, erste Ergebnisse des Jahres 2017 „500 Jahre Reformation" zu sichten und zu bewerten. Ein Versuch kann im naturwissenschaftlichen Sinn als Experiment verstanden werden. Im literarischen Sinn ist der Versuch dem Essay verwandt, dessen Wurzeln auf das lateinische *exagium* für prüfen, urteilen, bewerten und abwägen zurückgehen. Damit ist eine Brücke geschlagen zum zweiten Leitbegriff meines Beitrags, zur Bilanz.

Eine erste Bilanz in unserem heutigen Verständnis legte 1494 der Franziskaner und Mathematiker Luca Pacioli in Genua mit seiner „Abhandlung über die Buchhaltung" (im Original: *Summa de arithmetica, geometria, proportioni et proportionalita*) vor. Im heutigen Deutschland wurde 1511 erstmals bilanziert, und zwar nach einer Erbteilung im Hause Fugger. Der Begriff greift den Namen der Balkenwaage, der „bilancia", auf. Zwei Schalen sind es, auf denen die Aktiva und die Passiva eines Unternehmens aufgelegt werden. Nicht zufällig ist die Bilanz mit der Balance verwandt. Zumindest ein Gleichgewicht ist anzustreben, das Überwiegen der negativen Seite zu vermeiden, und das Überwiegen der positiven kann gefeiert werden.

Auch wenn der Begriff der Bilanz also in die Aufbruchszeit des späten 15. und dann des 16. Jahrhunderts weist und damit mit der Reformation zumindest zeitlich verwandt ist, muss doch gefragt werden, ob er sich auch für unseren Blick auf das Reformationsjubiläum 2017 eignet. Allzu schnell könnte man versucht sein, der Gesetzmäßigkeit des Bilanzierens zu folgen und Zahlen zu nennen, Zahlen von Teilnehmenden an den verschiedenen Veranstaltungen, Zahlen von Menschen und Einrichtungen, die sich am Reformationsjubiläum gestaltend und aktiv beteiligt haben, und vor allem die Zahlen jener Mittel, die aufgewendet wurden, um all das Geplante umzusetzen. Die mediale Öffentlichkeit tut das seit Mitte des Jahres vor allem in Deutschland mit offenkundigem Genuss, etwa wenn Ralph Bollmann bezeichnenderweise im Wirtschaftsteil der FAZ am 9. Juli 2017 schreibt: „Luther – die Pleite des Jahres". Anstatt dieser Bilanzierungssucht mit der mit ihr einhergehenden Festlegung auf Zahlen und Quantitäten möchte ich mehr beim Versuch, beim Experiment und literarisch beim Essay bleiben. Ich tue das als Vertreter der Evangelischen Kirche A. B. in Österreich, aber darüber hinaus auch aus der Perspektive der Gemeinschaft Evangelischer Kirchen in Europa (GEKE), also aus einer europäischen Perspektive.

Die GEKE hat auf ihrer letzten Vollversammlung im Jahr 2012 ihre rund hundert Mitgliedskirchen aufgerufen, das Reformationsjubiläum 2017 gemeinsam, also in europäischer Verbundenheit zu feiern. In dem Aufruf wird festgehalten: „Weit über die Kirchen hinaus soll die Erinnerung an die Reformation aber auch die gesamte europäische Öffentlichkeit zum Dialog über die gesellschaftlichen und kulturellen Impulse der Reformation inspirieren", denn die Reformation „war ein kirchlich-gesellschaftlicher und geistiger Aufbruch mit weltweiter Ausstrahlung und Wirkungen bis heute." Dabei betonen die Evangelischen Kirchen, dass der Kern des reformatorischen Aufbruchs die „neue befreiende und gewiss machende Erfahrung des Evangeliums" gewesen ist. „Die Reformation wird dann angemessen gewürdigt, wenn sich die christlichen Kirchen vom Evangelium leiten lassen." Daraus ergeben sich weiterführende Fragen, die über das historische Gedenken hinausführen: „Was bedeutet es heute, evangelisch zu sein? Was macht das Evangelische für andere faszinierend? Aber auch: Wo stehen wir dem Evangelium im Weg? Wie können wir einladender werden? Welche Impulse erwachsen aus der Reformation für die gegenwärtige Gestaltung von Kirche? Und schließlich: Was folgt aus der reformatorischen Erneuerung der Kirche für die Zukunft und das Miteinander der christlichen Kirchen?"[1]

Mit diesen Fragen sind die Felder abgesteckt. Es geht um die Aktualität und Bedeutung der evangelischen Botschaft für die Menschen heute. Es geht um die Gestalt der evangelischen Kirchen in einer offenen und pluralen Gesellschaft in einem zusammenwachsenden Europa. Es geht um die Konsequenzen der Reformation für die Ökumene von heute und morgen.

2. Europäisches Reformationsjubiläum

Jetzt einmal das Wichtigste: 2017 und 500 Jahre Reformation ist für die evangelischen Kirchen ein besonderes Geschenk. Es ist ein weltoffenes und inhaltlich breit gefächertes, vielfältiges Jubiläum. Dass wir uns des reformatorischen Aufbruchs erinnern, dass wir dankbar erkennen, was uns an Impulsen gegeben ist, nicht nur in der Kirche, sondern in der ganzen Gesellschaft, dass wir das zum Anlass nehmen, über unseren Weg in die Zukunft nachzudenken, das alles erachte ich für etwas Außergewöhnliches, ja etwas Großartiges. Es ist – wie gesagt – schlicht ein Geschenk.

Als die evangelischen Kirchen Europas im Jahr 2013 in Zürich zusammenkamen, um sich auf dieses Jahr vorzubereiten, war deutlich sichtbar, dass einige schon intensiv in der Vorbereitung stehen und genau wissen, was 2017 sein wird – die EKD hatte sich mit der „Lutherdekade" ein besonders anspruchsvolles Vorbereitungsprogramm vorgenommen –, andere, vornehmlich kleinere Kirchen waren aber damals noch damit beschäftigt, erste Ideen zu sammeln. Da war durchaus noch nicht erkennbar, welche Dichte und Breite dieses Jahr in ganz Europa und darüber hinaus entwickeln wird. Die GEKE hatte im Jahr davor ihr Projekt der Europäischen Reformationsstädte gestartet und sich bescheiden zum Ziel gesetzt, 25 Städte für diesen Titel zu gewinnen.

Mittlerweile haben wir die hundert überschritten, das Projekt läuft weiter und knüpft ein dichtes Netz von European Cities of Reformation, von Kronstadt/Brasov in Siebenbürgen bis St. Andrews in Schottland, von La Rochelle bis Turku, von Venedig bis Haderslev in Dänemark. Natürlich sind alle Städte, an die wir sofort denken würden, Wittenberg, Genf, Zürich, Straßburg und wie sie alle heißen, auch dabei, aber auch gemeinsam mit neun anderen slowakischen Städten der Ort unserer Zusammenkunft, Prešov! Dieses Projekt hat sich wunderbar zum Europäischen Stationenweg gefügt, mit dem die Evangelische Kirche in Deutschland (EKD), der Schweizerische Evangelische Kirchenbund (SEK) und die GEKE zwischen dem 3. November 2016 und dem 20. Mai 2017 die europäische Dimension des reformatorischen Aufbruchs nachvollziehbar und erlebbar gemacht haben. Europa war zwar kein explizites Thema der Reformatoren des 16. Jahrhunderts, aber sie alle hatten schon europaweite Netzwerke und europaweite Wirkungen. Ein Blick auf die Adressenlisten der Briefe von Martin Luther und Philipp Melanchthon in Wittenberg, Johannes Calvin in Genf oder Heinrich Bullinger in Zürich belegt das augenscheinlich. Die Bibelübersetzungen in die jeweiligen Landessprachen, ob auf der Wartburg und in Wittenberg oder der Prophezey in Zürich, ob ins Finnische, Isländische, Kroatische, Tschechische, Slowenische oder Englische, initiierten die Entwicklung von Literatur und Kultur in großer Vielfalt.

Die Lebens- und Wanderwege von Konrad Cordatus, Primož Trubar oder Johannes Honterus belegen diesen Doppelaspekt: Einerseits waren sie eng mit ihren Herkunftsländern verbunden und förderten die Entwicklung der jeweiligen Kultur, vor allem durch literarische Tätigkeit und bildungspolitische Initiativen, andererseits haben sie das stets im grenzüberschreitenden gesamteuropäischen Kontext wahrgenommen. Die kulturelle Identität diente nicht der Abgrenzung, sondern der Entwicklung eines in kultureller und dann auch ethnischer Vielfalt geeinten Europa. Von Beginn an wurde die europäische Dimension der Reformation auch durch Ströme von Flüchtlingen und Emigrierten sichtbar. In zahlreichen europäischen Ländern führten die konfliktreichen Auseinandersetzungen dazu, dass Menschen wegen ihres Glaubens ihre angestammte Heimat unfreiwillig verlassen mussten. Die mehr als zwei Jahrhunderte umfassende Zeit der Konfessionalisierung und der Religionskriege nach dem reformatorischen Aufbruch des frühen 16. Jahrhunderts war davon bestimmt. Die in mehreren Wellen erfolgte Vertreibung der Hugenotten aus Frankreich mag dafür ebenso exemplarisch stehen wie die Vertreibung der Protestanten aus Salzburg im Jahr 1731. Beides waren Ereignisse, deren Auswirkungen in ganz Europa zu spüren waren.

Es ist daher kein Zufall, dass gerade in diesen von gewaltsamer Migration bestimmten Milieus erstmals die Idee eines in dauerhaftem Frieden geeinigten Europa entstand. Dafür kann an Jan Amos Comenius oder William Penn erinnert werden. Comenius entwarf in seiner „Consultatio Catholica" eine universale Friedensordnung und schrieb den Europäern bei ihrer Umsetzung eine besondere Verantwortung zu, „weil sie von Gott mehr als die andere Welt so viele Wohltaten empfangen haben“. Der Quäkerführer William Penn stellte in seinem „Essay Towards the Present and Future Peace of Europe“ aus dem Jahr 1693 Pläne zur Neuordnung Europas vor mit der Einführung eines europäischen Parlaments und der Einschränkung einzelstaatlicher Souveränität. Dabei bezog er sich auf seinen Landsmann John Locke, aber auch auf seine hugenottischen Lehrer.

Es ist gelungen, aus einem Lutherjahr ein europäisches Reformationsjubiläum zu machen, ja sogar die Reformation als „Weltbürgerin“ zu feiern. Der Lutherische Weltbund kam in Namibia zusammen, die Weltgemeinschaft Reformierter Kirchen traf sich hingegen in Leipzig und besuchte Wittenberg. Das Reformationsjubiläum hat die Evangelischen daran erinnert, dass die evangelische Kirche bestimmt slowakisch und österreichisch, ungarisch und siebenbürgisch ist, aber eben auch europäisch und weltweit. Das hat durchaus auch Bedeutung für unser Verständnis von Kirche, denn es wird so etwas von der Katholizität der evangelischen Kirche sichtbar. Das ist auch von ökumenischer Relevanz.

2017 ist das erste Reformationsjubiläum im ökumenischen Zeitalter. Erfreulich, wenn auch von römisch-katholischer Seite festgestellt werden kann, dass durch das Reformationsjubiläum der „Grundwasserspiegel der Verbundenheit“ deutlich gestiegen ist, wie es Kardinal Marx formuliert. Gerade in Ländern wie Österreich, die einmal so gut wie ganz evangelisch waren und dann massiv rekatholisiert wurden, wo die Evangelischen heute eine kleine Minderheit sind, der eine große römisch-katholische Mehrheitskirche gegenübersteht, ist das noch einmal bedeutsam. Wir können nur staunen über die Offenheit, das Interesse und die Bereitschaft zum Miteinander, die wir in diesem Land und in diesem Jahr erleben. Ich sehe, dass gerade in den Ländern, in denen die Evangelischen eine zahlenmäßige Minderheit sind – und das ist in den meisten europäischen Ländern so –, das Interesse an der Reformation durch das Jubiläumsjahr stark geweckt wurde. Dieses Interesse kam von römisch-katholischer Seite, aber auch von zahlreichen öffentlichen Stellen und von zivilgesellschaftlichen Kräften und bezieht sich durchaus nicht nur auf die oft verdrängte oder vergessene Geschichte im jeweiligen Land, sondern auch auf das heutige Leben der evangelischen Kirchen und vor allem auf ihren Beitrag zum Ganzen der jeweiligen Gesellschaften.

Ob dem in der Ökumene auch konkrete Schritte folgen werden? Ich weiß es nicht. Neben den zahlreichen symbolischen Aktionen (Papstbesuch in Lund usw.), die ohne Zweifel zur Verbesserung der atmosphärischen Beziehungen beigetragen haben, steht die Beobachtung, dass substanzielle theologische Auseinandersetzungen bislang ebenso ausgeblieben sind wie konkrete Schritte im ökumenischen Miteinander der Kirchen, zu denen etwa die Einführung der eucharistischen Gastfreundschaft für Evangelische in konfessionsverbindenden Ehen durch die römisch-katholische Kirche gehören würde. Aber zumindest weiß ich, dass die Voraussetzungen dafür andere und bestimmt bessere geworden sind als noch vor wenigen Jahren. Die neu entstandene Nähe verpflichtet beide Kirchen, die evangelische wie die römisch-katholische dazu, die bleibenden Unterschiede nicht länger als Mängel der jeweils anderen, nicht länger zur Abgrenzung oder gar Abwertung zu nutzen, sondern als gegenseitige geschwisterliche Anregung und Bereicherung.

3. Offene Fragen

Der gelernte Österreicher hat zur Vergangenheit wie zur Zukunft ein spannungsvolles Verhältnis. Im Blick auf die Vergangenheit hält er es gerne mit dem berühmten „Glücklich ist, wer vergisst, was nicht mehr zu ändern ist" aus der Operette „Die Fledermaus" von Johann Strauß, die jedes Jahr zum Jahreswechsel in Wien aufgeführt wird. „Glücklich ist, wer vergisst, was nicht mehr zu ändern ist" klingt wie ein Satz Schopenhauer'scher Philosophie, musikalisch verkleidet in ein Champagner-Delirium. Es ist beinahe zu so etwas wie dem geheimen Leitwort der österreichischen Seele geworden. Denn der gelernte Österreicher liebt zwar die Tradition, will aber an seine Vergangenheit durchaus nicht erinnert werden. Und im Blick auf die Zukunft hält man es bei mir zu Hause gerne mit Johann Nepomuk Nestroy, der einmal auf die Frage, was er denn für die Nachwelt zu tun gedächte, geantwortet hat: Ich will für die Nachwelt gerne ebenso viel tun, wie die Nachwelt bisher für mich getan hat. Aber ohne den Blick auf die Vergangenheit bleibt die Gegenwart ein Buch mit sieben Siegeln und die Zukunft verschlossen. Daher wage ich es, unter den offenen Fragen, die es am Ende des Jubiläumsjahres zu stellen gilt, eine herauszugreifen, die mir von zentraler Bedeutung zu sein scheint.

Experten und Expertinnen der historischen Wissenschaft fragen, ob 2017 wirklich Luther in all seiner Fremdheit und Gebundenheit an das späte Mittelalter sichtbar wurde? Sicher wurde er nicht wie 1817 oder 1917 als deutscher Nationalheld gefeiert, das Reformationsjubiläum 2017 war „wirklich ökumenisch und weltoffen" (Margot Käßmann), aber womöglich doch nur als historische Figur, die die Kirchen an ihre eigenen zeitlich bedingten Interessen angepasst hätten, und das auch noch in pikant verkleinerter Form, als Lutherzwerg oder Playmobil-Figur? Ist in der breiten, ja manchmal schon unübersehbaren Fülle der Veranstaltungen und ihrer Inhalte die reformatorische Kernbotschaft gebührend und ausreichend vernehmbar geworden?

Es ist eine Botschaft von Freiheit und Verantwortung, die ihren Grund in der Rechtfertigung hat. Die Exklusivpartikel, die berühmten „sola“ Formulierungen sind bestimmt oft zitiert worden, aber konnte das, was sie aussagen, das, was damit gemeint ist, in seiner Aktualität und Bedeutung für die Menschen heute, die oft von der Kirche weit entfernt sind, angemessen kommuniziert werden? Wirken nicht alle Beteuerungen, wie sehr sich die Reformation bis heute ausgewirkt hätte, wie Beschwörungsformeln, die darüber hinwegtäuschen, dass einem Großteil der Menschen heute die Inhalte der Reformation schlicht und einfach unbegreiflich sind? Luthers existenzielle Frage „Wie kriege ich einen gnädigen Gott?“ und die daraus entstehende evangelische Rechtfertigungslehre bleiben seltsam fremd, wenn sich heute die Menschen viel grundsätzlicher fragen: Wie kriege ich überhaupt einen Gott? Wurde bei dem Bemühen, die theologischen Anliegen der Reformation ins 21. Jahrhundert zu übersetzen, womöglich darauf vergessen, von den religiösen Fragen auszugehen, die die Menschen heute stellen? Auch diese Frage hat zu heftigen Auseinandersetzungen geführt.

Thomas Kaufmann, Kirchenhistoriker aus Göttingen, der uns mit seinem Buch „Erlöste und Verdammte“ einen europäisch weiten Blick auf die Reformation erschlossen hat, spricht von einem „vergeigten“ Jubiläum (FAZ 18. 9. 2017), weil die kultivierende Kraft theologischer Wissenschaft seiner Meinung nach weitgehend vergessen wurde. Einen zukunftsweisenden Versuch, dieses Anliegen aufzugreifen, hat der Münchner Theologe Jörg Lauster mit seiner kleinen Streitschrift „Der ewige Protest. Reformation als Prinzip“ vorgelegt[2]. Zwischen einer sich radikalisierenden Entchristlichung und einem zunehmenden Fundamentalismus helfen seiner Meinung nach keine kirchlich-religiösen Wohlfühlinseln und auch kein überpolitisiertes moralisierendes Weltverbesserertum. Erinnerung an die Reformation heißt, das Unzähmbare an der Kraft des Heiligen selbst zu verstehen, die Wahrheit bei Gott zu wissen und sich hier damit zu bescheiden, ihr nachzujagen. Evangelische Kirchen als Anwältinnen eines strittigen, aber fairen Diskurses und als zweifelnde Kraft gegenüber allen festgefügten und unhinterfragten Dogmatismen, die millionenfach Unfehlbarkeiten postulieren und Andersdenkende verdammen. Dafür hat das Reformationsjubiläum selbst den Grund gelegt und erste Schritte gesetzt.

Die oft beklagte „Selbstsäkularisierung" der evangelischen Kirchen vor allem in den westlichen Ländern Europas ist überwunden. Insgesamt ist das Bewusstsein gestiegen, dass die evangelische Kirche eine genuin religiöse Gemeinschaft ist, deren Auftrag sich nicht in moralischen, sozialen oder politischen Kategorien erschöpft.

4. Ausblick

Peter Scherle, Direktor des Theologischen Seminars der Evangelischen Kirche in Hessen und Nassau, hat seinen Versuch einer Bilanz des Reformationsjubiläums so beendet: „Wenn das Feuerwerk des Reformationsjubiläums mit all den Knallern und Leuchtraketen vorbei ist, dann sind die Kirchen zwar wieder kleiner geworden. Sie können aber gleichzeitig als Kirchen in der Diaspora auch stärker sein. Wenn sie als Spurenleserinnen Christi die Welt offenhalten für sein Kommen und in der Welt auf den seufzenden und jubelnden Geist Jesu Christi hören, dann lassen sie Gott glänzen."[3]

In diesem Zitat fällt das Stichwort der „Kirchen in der Diaspora", das ich nun aufgreifen möchte. Dazu erinnere ich an Nikolaus von Zinzendorf, der in Dresden am 26. Mai 1700 geboren wurde. Seine Vorfahren wurden 1580, also rund drei Generationen vor seiner Geburt, noch unter die bekanntesten evangelischen Herrenstände im heutigen Niederösterreich gezählt, verließen aber wie viele andere wegen ihres evangelischen Glaubens im 17. Jahrhundert das Land. Zinzendorf war der Erste, der – soweit ich sehe – den Begriff der Diaspora in einem positiven Verständnis verwendet hat. In einem Hymnus, den er wohl 1756 geschrieben hat,[4] lauten die Anfangsworte:

Gott Lob für die Diaspora,
Die nun erscheinet hie und da;
Sie ist ein gutes Salz der Erd';
Man ehret sie, sie ist es werth.

Beide, der Diaspora- und der Europagedanke, sind im Protestantismus also mit der Migrationserfahrung verbunden. In gewisser Weise hat die GEKE Zinzendorfs Impuls aufgegriffen, als sie 2012 ein Studienprojekt zu einer „Theologie der Diaspora" auf den Weg brachte. Das Ergebnis wird der bevorstehenden Vollversammlung im September 2018 in Basel zur Beschlussfassung vorliegen. Das Studienprojekt strebt nicht weniger an, als Überlegungen für ein künftiges Selbstverständnis des Protestantismus in Europa unter dem Stichwort der Diaspora zu liefern. Theologie der Diaspora versteht sich als eine Gestalt von öffentlicher Theologie. Dabei wird Diaspora nicht nur als empirischer Begriff verstanden, sondern als theologische und biblisch orientierte Begründung der Minderheitensituation.

Schon 1990 hat der aus Siebenbürgen stammende frühere Generalsekretär des Gustav-Adolf-Werks und Bischof unserer österreichischen Kirche, Dieter Knall, gemeint: „Diasporaarbeit ist das Schlüsselwort für die Kirche von morgen. In Zukunft werden alle Kirchen darum ringen müssen, ganz abgesehen davon, ob sie klein oder groß sind, ihre eigenen Glieder diasporafest und dialogfähig zu machen, also ökumenisch mündig".[5] Wir beobachten europaweit eine fortschreitende Säkularisierung und zugleich eine zunehmende religiöse Pluralisierung. Wir beobachten eine tiefe Krise im Zusammenhalt Europas und massive Polarisierungen innerhalb der Gesellschaft bis hinein in Freundschaften, Nachbarschaften, Pfarrgemeinden und Familien.

Zunehmend befinden sich Kirchen und Religionsgemeinschaften in den jeweiligen Gesellschaften zahlenmäßig in der Minderheit. Was ist der Ort der Kirchen, der ihrem Auftrag entspricht und ihr Zeugnis und ihren Dienst sinnvoll macht? Es bleibt die Aufgabe der Kirchen, für die ungeteilte Geltung der Menschenrechte einzutreten und für eine tragfähige Zivilgesellschaft zu arbeiten, in der gesellschaftliche Pluralität als Bereicherung erfahren wird. Der Einsatz für die Rechte aller Minderheiten, ein gemeinsamer Dienst an den Schwachen und die im Gebet, im Gottesdienst und im diakonischen Handeln gelebte Gemeinschaft der Kirchen ermöglichen es, die soziologische Tatsache der Minderheit positiv aufzunehmen und zur theologischen Aufgabe einer Diasporakirche zu wandeln.[6] Wilhelm Dantine, der österreichische Vordenker einer „Theologie der Diaspora", hat die Gefahr eines „unreformatorischen Sektierertums"[7] klar gesehen und davor gewarnt, dass sich die Kirche als ein „religiöser Trachtenverein" versteht und damit ihrem Auftrag nicht nachkommt[8]. Kirche als Diaspora zielt also auf eine offene und öffentliche Kirche[9]. Es ist der Öffentlichkeitsanspruch des Evangeliums, der den Öffentlichkeitsauftrag der Kirche begründet. Kirche ist dieser Welt etwas schuldig, nämlich das Evangelium, die befreiende Botschaft von der unbedingten Gnade Gottes, die wir in Jesus Christus erfahren. Aus dieser Botschaft bittet die Kirche wie der Apostel: Lasst euch versöhnen mit Gott![10]

Wie jede Kirche ist auch die Diasporakirche nicht eine fordernde und befehlende, nicht eine moralisierende oder anklagende, nicht eine jammernde Kirche, sondern eben eine bittende Kirche an Christi statt, eine dienende, eine frohe, zuversichtliche und Mut machende Kirche. Zeugnis und Dienst umschreiben die Aufgabe.

Unserer Gesellschaft ist offensichtlich die Zukunft abhandengekommen. Für viele in den wohlhabenden Ländern des Nordens, so auch in Österreich, besteht das Maximum an Erwartung darin, dass der *Status quo* erhalten bleibt oder die Bedingungen ihres Lebens zumindest nicht eklatant schlechter werden. Eine solche Erwartungshaltung will Gegenwart in Permanenz, hat aber keine Hoffnungsbilder für die Zukunft. Diese Haltung fördert Verlustängste, Neiddebatten, Verschwörungstheorien und die Suche nach Sündenböcken. Sie geht Hand in Hand mit der demokratiebedrohenden Polarisierung zwischen „dem Volk" und „den Eliten". Solche Gegensätze sind als Lösungsansätze für die Herausforderungen der Zukunft ungeeignet. Klimawandel, Digitalisierung und Migration – ich nenne nur drei Herausforderungen, aber vielleicht die brennendsten – verlangen kluge Voraussicht und mutige Schritte. Christlicher Glaube lässt sich nicht von den Sorgen für den morgigen Tag (Matthäus 6,25–34) gefangen halten, sondern setzt sich ein für ein besseres Leben in Würde für alle. Weil die Kirchen überzeugt sind, dass diese Welt Zukunft hat, wollen sie nicht, dass die Welt so bleibt, wie sie ist. Für den christlichen Glauben ist Zukunft nicht zuerst ein von Menschen gemachter oder gestalteter Zustand, sondern jene Verheißung, die von Gott kommt und die die biblische Überlieferung im Bild vom „Reich der Gerechtigkeit und des Friedens" beschreibt. Ulrich Körtner greift auf Robert Musils Unterscheidung von Wirklichkeitssinn und Möglichkeitssinn zurück, um das Verhältnis des Glaubens zur innerweltlichen Realität zu beschreiben, und sagt es so: Der christliche Glaube sieht die Wirklichkeit „in den Möglichkeitsraum Gottes" gestellt.[11] Von dort her wird unsere Zukunftshoffnung begründet.

Das Reformationsjubiläum hat uns deutlich gemacht, welcher Schatz uns anvertraut ist. Der Schatz der Kirche – Luther sagt es schon in den 95 Thesen – ist das Evangelium. „Das Evangelium lässt aufatmen, vertreibt die Angst, schenkt neues Leben, macht frei, öffnet die Augen für die Not der anderen und vertreibt die Trauergeister. Wo auch immer das unter uns erfahren wird, werden die Impulse der Reformation unter uns lebendig. Die Reformation wird dann angemessen gewürdigt, wenn sich die christlichen Kirchen vom Evangelium leiten lassen."[12] Mit diesen Worten haben die evangelischen Kirchen Europas vor fünf Jahren zur Feier des Reformationsjubiläums aufgerufen. Darauf liegt die Verheißung Gottes, auch für die Kirche, die ausgestreut ist im Ackerfeld der Welt. Es geht nicht mehr darum, in der Diaspora zu leben, sondern Diaspora zu sein … Samen, Aussaat und Saat zu sein – kurzum: Menschen zu sein, die das Evangelium aussäen. Kirche in der Diaspora zu sein, bedeutet, eine Minderheit mit einer Mission zu sein[13]. Wir wissen nicht, wie in hundert Jahren auf das Jahr 2017 zurückgeblickt werden wird. Man wird wohl feststellen, dass auch wir das Gedenken an die Ereignisse und Personen vor 500 Jahren für unsere Anliegen verwendet haben. Das gehört zur Erinnerungskultur einmal dazu. Wenn man darunter aber auch die befreiende Wirkung des Glaubens und die verbindende Kraft des Evangeliums erkennen kann, dann sollen wir uns vor dem Urteil der Nachgeborenen nicht fürchten müssen. Denn beides gehört zu den Kernanliegen der Reformation und beides ist zugleich etwas, das heute dringend gebraucht wird.

Zum Schluss erhält noch einmal Zinzendorf das Wort:

Diaspora! in Seiner Freud
Geh thue Seine Haupt-Arbeit,
Und scheine als ein Licht, der Welt;
Er hat Dich so dahin gestellt.[14]

Vortrag, gehalten am 5. Dezember 2017 bei der Konferenz „Reformation in Mittel- und Südosteuropa" in Prešov, Slowakei.

Anmerkungen

1 Frei für die Zukunft. Texte der 7. Vollversammlung der Gemeinschaft Evangelischer Kirchen in Europa GEKE, hg. von Michael Bünker und Bernd Jaeger, Leipzig 2013, 38f.

2 Jörg Lauster: Der ewige Protest. Reformation als Prinzip, München 2017. Dazu auch: Ulrich H. J. Körtner: Für die Vernunft. Wider Moralisierung und Emotionalisierung in Politik und Kirche, Leipzig 2017.

3 Peter Scherle: Frei leben. Über die Perspektiven nach dem Reformationsjubiläum. https://chrismon.evangelisch.de/artikel/2017/35977/peter-scherle-ueber-die-perspektiven-nach-dem-reformationsjubilaeum (Abgerufen am 20. 2. 2019).

4 Der Hymnus findet sich in der Schrift Zinzendorfs: Einige Reden des Ordinarii Fratrum, die Er vornehmlich Anno 1756. zur zeit seiner retraite in Bethel, an die gesamte Bertholdsdorfische Kirchfahrt gehalten hat, Barby 1758. Der Text trägt die Überschrift: „Hymnus von der Diaspora der Kinder GOttes, die mit uns anrufen den Namen unsers HErrn JEsu Christi an allen ihren Orten. (1. Cor. 1.2.)" , Seite 17. Zitiert wird nach der digitalisierten Ausgabe unter http://digitale.bibliothek.uni-halle.de/vd18 (Zugriff am 14. 1. 2014); abgedruckt in: Erich Beyreuther/Gerhard Meyer (Hg.): Nikolaus Ludwig von Zinzendorf. Hauptschriften in sechs Bänden, Bd. 6: Verschiedene Schriften, Hildesheim 1963, 169ff. Dazu: Wilhelm Bettermann: Der Diasporagedanke Zinzendorfs und der Brüdergemeine, EvDia 18 (1936) 408–415.

5 Dieter Knall: Das Diasporawerk der Kirche. Versuch einer Standortbestimmung, in: Lutherische Kirche in der Welt. Jahrbuch des Martin-Luther-Bunds 39 (1992) 105–112, 112.

6 Kirche gestalten – Zukunft gewinnen, in: Wilhelm Hüffmeier/Martin Friedrich (Hg.): Gemeinschaft gestalten – Evangelisches Profil in Europa. Texte der 6. Vollversammlung der GEKE in Budapest, 12. bis 18. September 2006, Frankfurt/Main 2007, 76–152, hier 119.

7 Michael Bünker / Martin Friedrich (Hg.): Die Kirche Jesu Christi / The Church of Jesus Christ (= Leuenberger Texte 1), Leipzig [5]2018, 50.

8 Wilhelm Dantine: Protestantisches Abenteuer in nichtprotestantischer Umwelt, in: Michael Bünker (Hg.): Wilhelm Dantine. Protestantisches Abenteuer. Beiträge zur Standortbestimmung der evangelischen Kirchen in der Diaspora Europas, Innsbruck-Wien-Göttingen 2001, 37–47, hier 39.

9 Wilhelm Hüffmeier: Theologie der Diaspora. Plädoyer für eine selbstbewusste und offensive evangelische Diaspora, EvDia 78 (2010) 12–26; Wolfgang Huber: Kirche in der Zeitenwende. Gesellschaftlicher Wandel und Erneuerung der Kirche, Gütersloh 1999 (2. A.), 37; dazu umfassend: Sylvia Losansky: Öffentliche Kirche für Europa. Eine Studie zum Beitrag der christlichen Kirchen zum gesellschaftlichen Zusammenhalt in Europa (Öffentliche Theologie 25), Leipzig 2010.

10 Eberhard Jüngel: Die Autorität des bittenden Christus, in: Ders.: Unterwegs zur Sache. Theologische Erörterungen, Tübingen [3]2000, 179–188.

11 Vgl. Ulrich H. J. Körtner: Für die Vernunft. Wider Moralisierung und Emotionalisierung in Politik und Kirche, Leipzig 2017.

12 Frei für die Zukunft. Texte der 7. Vollversammlung der Gemeinschaft Evangelischer Kirchen in Europa GEKE, hg. von Michael Bünker und Bernd Jaeger, Leipzig 2013, 39.

13 Vgl. René Krüger: Die Diaspora. Von traumatischer Erfahrung zum ekklesiologischen Paradigma, Quellen und Forschungen zur Diasporawissenschaft (Beihefte Evangelische Diaspora 7), Leipzig 2011, 135.

14 Nikolaus Ludwig von Zinzendorf (Anm. 4), 20.

II.

HEIMAT EUROPA

EUROPA MACHT GLÜCKLICH

1.

Wo leben die glücklichsten Menschen? Sie leben in Europa. Aber was ist mit diesem Europa los? Statt mutig und entschlossen die Herausforderungen anzupacken, vor denen die ganze Welt heute steht – Klimawandel, Digitalisierung, Migration (um nur drei davon zu nennen) –, hat sich eine merkwürdige Lähmung breitgemacht. Es fehlt die Vision, als gelte es nur noch, das Bestehende und Erreichte abzusichern, wenn nötig mit Mauern und Stacheldraht. So bekommen die immer mehr Raum, die Europa schlechtmachen, kritisieren und in Frage stellen.

Dabei ist die europäische Einigung auch eine Erfolgsgeschichte. Was für ein Glück, dass es Europa gibt! Es ist ein Zukunftsprojekt, eine großartige Idee, die immer auf der Suche nach ihrer Realität ist – so sagt es der bulgarische Autor Ivan Krastev. Aber statt Europa zu stärken, setzen heute viele darauf, es zu schwächen. So wenig Europa wie möglich. Die Alleingänge der Nationalstaaten nehmen zu. Ich halte das für einen falschen Weg. Stattdessen bin ich davon überzeugt, dass wir mehr Europa brauchen, weil es auch mehr zum Wohlergehen und zum Glück der Menschen beitragen kann als die einzelnen Länder allein. Macht Europa glücklich? Ich meine: Ganz bestimmt.

2.

Vor hundert Jahren endete der Erste Weltkrieg. Es war die „Urkatastrophe" Europas. Große Vielvölkerstaaten wie die Donaumonarchie gingen unter. Neue Staaten entstanden, darunter auch die Republik Österreich. An die Stelle der Monarchie trat die Demokratie mit dem allgemeinen Wahlrecht. Aber der Aufbruch war nicht von Dauer. Erst nach dem zweiten Krieg mit seinen ungeheuren Verbrechen, unter denen die Shoa, die Ermordung der Jüdinnen und Juden herausragt, besannen sich die Länder Europas. Das soll es nie wieder geben! Beherzte und mutige Politiker, die meisten von ihnen überzeugte Christen, begannen mit der europäischen Einigung. Mehr als siebzig Jahre Frieden waren die Folge. Das hat es noch nie gegeben.

Aber der Frieden ist kein garantierter Besitz, er ist eine ständige Aufgabe. Gerade für die Kinder und Enkelkinder ist uns diese Aufgabe gegeben. Wir wissen aus der eigenen Geschichte und viele noch aus eigener Erfahrung: Krieg und Gewalt bringen unvorstellbares Leid und Unglück über die Menschen. Wie glücklich sind die, die im Frieden leben können!

3.

Europa macht glücklich. Europa ist ein Kontinent der Vielfalt. Sprachen und Kulturen, Essen und Trinken, Religionen und Weltanschauungen, verschiedene Lebensweisen, sogar zwei Alphabete – Europa ist von der Fläche her klein, aber in sich äußerst bunt und vielfältig, vielleicht mehr als andere Weltgegenden. Das ist ein Reichtum, ein besonderes Geschenk, eine Stärke Europas, die sich im Laufe der Geschichte aus verschiedenen Quellen, aus den Religionen, aus Humanismus und Aufklärung gebildet hat.

Aber wie kann es bei so großer Vielfalt so etwas wie Einheit geben? Immer wieder hat es die Versuche gegeben, eine Einheit Europas herzustellen, die die Vielfalt überwindet. Totalitäre Weltanschauungen, aber auch die Beschwörung eines christlichen Abendlandes stehen dafür. Die Folgen waren meistens schlimm. Minderheiten wurden unterdrückt und ausgegrenzt, viel zu oft auch vernichtet. Damit Einheit in Vielfalt gelebt werden kann, braucht es keine „Leitkultur", der sich alle zu unterwerfen haben, sondern den Respekt vor der unantastbaren Würde jedes einzelnen Menschen. Für Christinnen und Christen ist diese Würde in Gottes Schöpfung begründet. Gott schuf den Menschen zu seinem Bild, heißt es in der Bibel, aber er schuf ihn mit unverwechselbaren Prägungen durch Kultur, Sprache, Religion und Lebensweise. Gott selbst liebt die Vielfalt. Was für ein Glück!

4.

Wo leben die glücklichsten Menschen? Sie leben in Europa. In weltweiten Erhebungen wurde ermittelt, in welchen Ländern die Menschen von sich selbst sagen, dass sie glücklich sind. Seit Jahren liegen europäische Länder an der Spitze. Vor allem in den Ländern Nordeuropas sind wohl die glücklichsten Menschen daheim. Aber auch Österreich schneidet immer sehr gut ab. Das hängt bestimmt mit dem Wohlstand zusammen, der in diesen Ländern, eben auch bei uns in Österreich, gegeben ist. Aber Reichtum und materielle Güter allein machen nicht glücklich. Es gibt viel reichere Länder als Österreich, aber die Bevölkerung dort ist deshalb nicht automatisch glücklicher. Der Wohlstand muss nämlich verteilt werden, möglichst wenig ungerecht, so dass alle etwas davon haben. Wenn die Ungleichheit zunimmt, wächst auch das Unglück. Wenn junge Menschen keine Zukunftschancen haben, wenn Zuwandernden die Integration schwer gemacht wird, wenn wachsende Teile der Bevölkerung von Armut bedroht oder gar schon betroffen sind, nimmt das

Unglück zu. Europäische Länder wissen offensichtlich sehr gut, was sie für das Glück der Menschen tun können. Das sollte meiner Meinung nach gestärkt und gefördert werden. Denn das Glück ist ein Vogerl, aber man kann ihm einen guten Nistplatz bauen.

5.

Was tragen die Religionen in Europa bei? Aus evangelischer Sicht ist es die Verantwortung, die aus der Geschichte erwächst. Denn dass Europa heute glücklich macht, ist ja nicht vom Himmel gefallen. Durch Jahrhunderte war der Kontinent von Krieg, Elend und Not gekennzeichnet. Aus Blut und Tränen ist das moderne Europa geboren worden. Millionen Menschen konnten in ihrer Heimat nicht bleiben, sie mussten fliehen, sie wurden verjagt oder durch die wirtschaftliche Not in ihren Heimatländern zur Auswanderung gezwungen. Auch die Evangelischen im heutigen Österreich wurden wegen ihres Glaubens zu Tausenden aus der Heimat verjagt.

Das Europa von heute ist von Migration geprägt und gezeichnet. Daher tragen die europäischen Länder heute eine besondere Verantwortung für die Menschen, die Schutz und Hilfe suchen oder aus der Not in ihren Ländern fliehen. Europa zur Festung auszubauen, wird auf die Dauer keine Lösung sein. Denn Zäune und Mauern bringen kein Glück, weder auf der einen noch auf der anderen Seite. Stattdessen braucht es einen menschenwürdigen Umgang mit den Schutzsuchenden, ein faires und solidarisches Asylsystem, das den Menschenrechten entspricht, und eine geordnete Zuwanderungspolitik. Dafür setzen sich auch die Evangelischen Kirchen in Europa ein. Denn Glück kann es nicht geben, wenn es auf dem Wegschauen und Nichtstun angesichts des Unglücks anderer beruht.

6.
Zum Glück der Menschen gehören nicht nur Wohlstand und materielle Güter. Das allein ist zu wenig. Zum Glück braucht es gute Lebenschancen für alle und vor allem, dass niemand allein gelassen wird, der Hilfe und Unterstützung braucht. Für die Lebenschancen braucht es Bildung und Beschäftigungsmöglichkeiten für alle. Die EU hat dazu im November 2017 zwanzig Grundsätze beschlossen, die „Europäische Säule der sozialen Rechte". Sie sollten verbindlich umgesetzt werden, denn Europa ist nicht nur eine wirtschaftlich florierende Freihandelszone. Es ist richtig, dass die europäische Einigung ohne enge wirtschaftliche Kooperation bis hin zur gemeinsamen Währung nicht denkbar ist. Länder wie Österreich haben ja auch ungeheuer viel profitiert von Europa, viel, viel mehr, als sie jährlich zum Budget der EU einzahlen. Deshalb ist die Rede von den „Nettozahlern" ja auch so kurzsichtig und nur die halbe Wahrheit. Aber: Die Wirtschaft allein genügt nicht. Es braucht die soziale Absicherung für die Krisen des Lebens, für Arbeitslosigkeit, Krankheit, Alter und Pflegebedürftigkeit. Die freie Marktwirtschaft mit hoher sozialer Verantwortung zu verbinden, ist ein besonderes Kennzeichen Europas, ja so etwas wie ein Markenzeichen. Es entspricht auch den Grundüberzeugungen der christlichen Kirchen, wir Evangelische bringen es auf die Formel von „Freiheit und Verantwortung". Offensichtlich trägt es zum Glück der Menschen bei.

7.
Dass Freiheit glücklich und Unfreiheit unglücklich machen, leuchtet sofort ein. Es ist eine Binsenweisheit. Als 1989 der Eiserne Vorhang fiel, haben sofort zahlreiche Menschen der ehemaligen sozialistischen Länder ihre neu gewonnene Reisefreiheit genützt. Ohne Hindernisse vom Nordkap nach Sizilien und von

Estland bis Portugal fahren zu können, hat es außer für die Superreichen und Privilegierten noch nie gegeben. Freiheit prägt Wirtschaft und Politik. Die Grundfreiheiten der Menschenrechte sind für das Zusammenleben in Vielfalt unverzichtbar. Evangelische Kirchen betonen die Freiheit und daher die uneingeschränkte Geltung der Menschenrechte. Das bringen sie in Europa ein. Die bestmögliche Form, diese Freiheit politisch zu gestalten, ist die Demokratie. Umso bedenklicher, wenn heute mitten in Europa von „illiberalen Demokratien" die Rede ist, also politischen Systemen, die Freiheiten einschränken. Zuerst ist es oft die Presse- und Meinungsfreiheit, oft auch die Religions- und Weltanschauungsfreiheit, die Freiheit von Kunst und Forschung, die Unabhängigkeit der Gerichte und so fort. Aber wer mit demokratischen Mitteln Freiheiten beschränkt, höhlt die Demokratie von innen her aus. Daher sind stabile demokratische Verhältnisse der beste Weg, um den Menschen Glück und Wohlergehen in Freiheit zu gewährleisten. Aber Demokratie – das sind wir doch alle, oder?

Beiträge für die „Morgengedanken", gesendet im Österreichischen Rundfunk vom 9. bis zum 15. September 2018.

GLAUBE UND HEIMAT

1.

Bis zum Schluss war es spannend mit der Bundespräsidentenwahl. Am Ende das Ergebnis knapp, aber so ist es in der Demokratie, die Mehrheit entscheidet und – auch das hat sich deutlich gezeigt – es kommt doch auf jede Stimme an. Die beiden Kandidaten haben sich deutlich unterschieden, aber in einem Punkt waren sie sich einig, und das ist es, was mich interessiert: Beide haben mit der Heimat um Wählerstimmen geworben. In den verschiedenen Diskussionen ist es auch immer wieder darum gegangen: Wie verstehen sie, was mit Heimat gemeint ist? Ist das ein Begriff, mit dem man heute auch junge Menschen anspricht? Ist „Heimat" für bestimmte politische Einstellungen reserviert oder können sich alle auf sie berufen? Ich möchte das aufgreifen und fragen, was christlicher Glaube zur Heimat zu sagen hat. Da fällt mir natürlich gleich als Erstes ein, dass beide Präsidentschaftskandidaten in ihren Heimaten besonders gut abgeschnitten haben. Der eine in Pinkafeld, der andere im Tiroler Kaunertal. Jesus hingegen wird in seiner Heimat, in Nazareth, abgelehnt und beinahe gesteinigt. Der Prophet gilt nichts in der eigenen Heimat, heißt es in der Bibel dazu. Aber ein Prophet muss der Bundespräsident ja wirklich nicht sein. Also: Wie ist das mit Glaube und Heimat? Das wird die Überschrift sein für die Morgengedanken in der kommenden Woche.

2.

Glaube und Heimat – das ist das Thema in dieser Woche. Auf der anderen Seite der Erde steht ein Grabstein, auf dem man lesen kann: „Als Kind in Tirolens Bergesluft / als Jungfrau in Schlesiens Blütenduft / unter Kindern und Enkeln am stillen See / fand sie Ruh' im Land Llanquihue'". Das ist das Grab von Teresa Klocker. Sie war eine Bauerntochter aus dem Zillertal. Im Alter von 19 Jahren musste sie im Jahr 1837 gemeinsam mit rund vierhundert anderen Zillertalern ihre Heimat verlassen. Der Grund war: Sie hatte den falschen Glauben, sie war evangelisch. So zogen sie zuerst nach Schlesien und einige von ihnen dann weiter nach Chile. Das waren die letzten von geschätzt mehr als zweihunderttausend Menschen, die wegen ihres evangelischen Glaubens das heutige Österreich verlassen mussten. Ihr Glaube, ihre innerste Überzeugung und die Freiheit der eigenen Religion waren ihnen wichtiger als die Heimat.

Heute sehen wir in den Kirchen diese Geschichte im Licht der Versöhnung. Versöhnung ist möglich, wenn die begangene Schuld eingesehen wird, wenn Vergebung erbeten und angenommen wird und das Miteinander für einen gemeinsamen Weg in die Zukunft gelebt wird. Gemeinsam setzen sich die Kirchen heute für das Recht auf Religionsfreiheit ein, bei uns und in allen Ländern, wo sie nicht oder nur teilweise gegeben ist. Religionsfreiheit heißt, dass jeder und jede ohne Nachteile befürchten zu müssen den eigenen Glauben frei und offen leben kann. Heimat und die Geltung der Menschenrechte für alle – das gehört eng zusammen.

3.

Teresa Klocker, die vertriebene Evangelische aus dem Zillertal, hat ihre alte Heimat verlassen und eine neue gefunden. Den Hof ihrer Kindheit, die Nachbarn, die Berge und das Wetter – all das konnte sie nicht mitnehmen. Das hat sie verloren. Mitnehmen konnte sie ihre Familie, später die Kinder und Enkel, ihre Muttersprache und ihre Lieder und vor allem ihren Glauben, ihre Religion. Das hat ihr geholfen, in einer ganz fremden Gegend ein neues Daheim, ein neues Zuhause, eine neue Heimat zu finden.

Heute – so schätzt man – sind es weltweit mehr als sechzig Millionen Menschen, die ihre Heimat verlassen haben. Sei es, dass sie vor Krieg, Terror oder Verfolgung geflohen sind; sei es, dass sie dort, wo sie lebten, die Grundbedürfnisse des Lebens, vor allem Essen und Trinken, nicht mehr sichern konnten; sei es, dass sie für sich und vor allem für ihre Kinder daheim keine Zukunftschancen sehen konnten. Sie suchen eine neue Heimat.

In einer Diskussionsrunde mit Religionsvertretern vor wenigen Tagen wurden wir gefragt, was für uns „Heimat" bedeutet. Fuat Sanac, der Präsident der Islamischen Glaubensgemeinschaft in Österreich, sagt: Heimat ist für mich dort, wo ich mich wohlfühle und wo ich meine letzte Ruhestätte haben möchte. Diesen Satz habe ich mir gemerkt.

4.

Die Verwendung von „Heimat" treibt heute seltsame Blüten. Die bekannteste Biersorte in den USA ist das Budweiser. Es wird jetzt umbenannt in „America". Der Bierkonzern reagiert auf die Heimatgefühle, auf das Heimatbedürfnis der Konsumenten. Sie sollen etwas echt Amerikanisches trinken, nicht ein Exportbier aus Mexiko oder Belgien. Auf die Dosen und Flaschen werden patriotische Heimatsprüche geklebt wie „Land of the Free" oder „Home of the Brave" und so weiter. Die Globalisierung macht die Menschen unsicher. Sie wollen wieder ein Stück Heimat im Verkaufsregal haben. Aber der Witz bei der Sache ist: Budweiser gehört zum größten Bierkonzern der Welt, Anheuser-Busch

Inbev mit Sitz in Belgien und die Werbekampagne mit der Umbenennung in „America" wurde in Singapur entworfen. Also globalisierte Wirtschaft pur, aber den Konsumenten wird versprochen, sie kaufen mit einem Bier namens „America" ein Stück Heimat.

Gegen die Globalisierung kann sich kein Land abschotten, Da helfen keine Zäune und Grenzkontrollen. Wer meint, dass die Beschwörung von Heimat dagegen hilft, macht sich etwas vor. Was es braucht, sind Regeln, die für alle gelten. Gerechter Lohn für die Arbeit, menschenwürdige Arbeits- und Lebensbedingungen in allen Ländern. Dann ist es egal, wie das Bier heißt.

5.

Was ist das eigentlich, die Heimat? Ist es der Geburtsort? Ich kann mich an meinen gar nicht erinnern, ich war erst wenige Monate alt, als die Familie von dort weggezogen ist. Der Ort, an dem ich dann meine Kindheit und Jugend verlebte, war mir die Heimat. Aber er ist es nicht mehr. Heute bin ich in Wien daheim. Genauer: In Floridsdorf, im einundzwanzigsten Bezirk. Noch genauer: In Donaufeld, einem Teil des großen Bezirks. Heimat ist für mich immer etwas Überschaubares. Kann überhaupt ein ganzes Land eine „Heimat" sein? Hat die Heimat Grenzen wie ein Bundesland oder ein Staat? Ich glaube nicht. Kaum jemand wird mit Bestimmtheit sagen können: Meine Heimat reicht genau von da bis dort, sie hat Grenzen rundherum und Zäune an den Zugängen. Heimat ist mehr ein Gefühl, oft eine Erinnerung, als ein geographischer Begriff, der sich auf einer Landkarte einzeichnen ließe.

Der deutsche Philosoph Ernst Bloch hat vor rund fünfzig Jahren geschrieben: Heimat ist, was allen in die Kindheit scheint und worin noch niemand gewesen. Wie ein nach hinten gerichteter, auf die Vergangenheit fixierter Traum ohne Realität. Mit dieser bemerkenswerten Formulierung berührt Ernst Bloch das christliche Verständnis von Heimat. Auch für den Glauben ist Heimat nichts Vergangenes, sondern überraschenderweise etwas Kommendes!

6.

Unsere Heimat ist im Himmel! So schreibt es der Apostel Paulus. Und an einer anderen Stelle in der Bibel heißt es: Wir haben hier keine bleibende Stadt, die zukünftige suchen wir. So ist die wahre Heimat für den Glauben oben – im Himmel – oder vorne – in der Zukunft. Die Heimat des Glaubens ist also nichts Vergangenes, das beschützt werden könnte oder beschützt werden müsste. Die Heimat des Glaubens ist etwas, das noch kommt. Zukunft. Die irdische Heimat, die begrenzt und befristet und vergänglich ist, werden wir alle einmal verlassen. Sie hat keinen Bestand. Der Glaube redet von der ewigen Heimat, die Bestand hat.

Deshalb wird der Glaube auch Nein sagen, wenn „Heimat" dazu herhalten muss, die eigene Welt abzuschirmen vor Veränderungen und vor Menschen, die eine neue Heimat suchen müssen. Heimat ist zu wertvoll, als dass man sie in einen Kampfbegriff der Ausgrenzung verdrehen dürfte. Weil aber die Heimat des Glaubens immer vor uns liegt, kann der Glaube den Ängstlichen Mut machen und auf die Sorgen mit Zuversicht und Hoffnung antworten. Unsere Heimat ist im Himmel – das macht Mut und schenkt Freiheit. Mut und Freiheit, mit unserer irdischen Heimat so umzugehen, dass sie Lebensrecht und Lebensmöglichkeit für viele bietet, egal, wo sie herkommen, welche Sprache sie sprechen oder welche Religion sie haben.

7.

Glaube und Heimat, eine spannende Beziehung! In einer Schrift aus der Zeit der ersten christlichen Gemeinden heißt es von den Christinnen und Christen: Jede Heimat ist ihnen Fremde und jede Fremde eine Heimat. Was auf den ersten Blick radikal und vielleicht auch unverständlich klingen mag, trifft doch genau den Punkt: Die Heimat hier ist uns für eine bestimmte Zeit geliehen. Sie gehört nie nur uns allein. Der christliche Glaube warnt vor den Gefahren der Heimat. Heimat kann sehr eng sein, kann abgegrenzt und abgeschottet sein, als wäre sie der Privatbesitz derer, die dort leben. Der Glaube hingegen befreit die Heimat zu ihrer wahren Weite und Größe.

Heimat ist der Raum, der mir vertraut ist und in dem ich daheim sein kann. Einen solchen Raum brauchen alle Menschen. Sie haben ein grundsätzliches Recht auf Heimat, einen Anspruch darauf, irgendwo in Würde und Sicherheit leben zu können. Das können gerade die nachempfinden, die wie die Menschen der Bibel wissen, dass sie eigentlich hier auf der Erde in der Fremde sind und dass sie Heimat nur miteinander und füreinander finden können.

Beiträge für die „Morgengedanken“, gesendet im Österreichischen Rundfunk vom 30. Mai bis 5. Juni 2016.

HEIMKEHR AUS DER FREMDE – HEIMKEHR IN DIE FREMDE

Heimkehr aus der Fremde – Heimkehr in die Fremde. Vielleicht kann ich es auch so sagen: Jede Heimkehr ist eine Rückkehr, aber nicht jede Rückkehr ist zugleich auch eine Heimkehr.

Die Heimkehr als abendländisches Trauma

Wenn wir heute Begriffe wie Heimkehr oder Rückkehr im Internet in einer Suchmaschine eingeben, stoßen wir auf sehr zweifelhafte Befunde, bei „Heimkehr" etwa auf den gleichnamigen Film von Paul Ucicky aus dem Jahr 1941, „der schlimmste Propagandafilm der Nazis überhaupt" (Elfriede Jelinek), und bei „Rückkehr" landet man sehr schnell bei der Rückkehr und Rückkehrberatung von Asylwerbenden, also mitten in unserem brisanten Dauerthema. Heimkehr begegnet uns bei den Kriegsheimkehrern, denen Wolfgang Borchert mit seinem Drama „Draußen vor der Tür" (1947) ein literarisches Denkmal gesetzt hat, oder bei der Heimkehr der alten Dame bei Friedrich Dürrenmatt (1956), durch deren Besuch in ihrem Heimatort nach vielen Jahren eine vergangene, längst totgeschwiegen geglaubte Schuldgeschichte schonungslos offengelegt wird. Die Heimkehr ist kein Schlussstrich, bringt keine Lösung, sondern macht die Probleme und Konflikte erst sichtbar.

Da kann es guttun, den Blick vom Aktuellen, das uns das Internet anbietet, abzulenken und etwas tiefer zu schürfen. Die Rückkehr oder Heimkehr ist der europäischen Geschichte gleichsam von Anfang an eingeschrieben. Klassisch dafür die Rückkehr des Odysseus nach den Jahren seiner Irrfahrt. Alles hat sich verändert, Odysseus ist ein anderer geworden, und seine alte Heimat ist ebenfalls anders geworden, auch wenn es weitgehend noch die Personen sind, die Ehefrau, der Sohn und manche andere, die Odysseus vor seinem Aufbruch in die Fremde, in den Krieg nach Ilion schon kannte und mit denen er verbunden gewesen war. Wir alle kennen die dramatischen Ereignisse, bis sich alles klärt, nicht ohne dass eine gehörige Menge an Blut geflossen ist. Aber zuvor muss Odysseus unerkannt bleiben, muss selbst zum Fremden in der Heimat werden. Pallas Athene verhilft ihm dazu, lässt seinen Körper altern und steckt ihn in abgerissene, zerlumpte Kleider. Odysseus kehrt als Bettler zurück. Niemand will so einen Wirtschaftsflüchtling haben.

„Denn wer ginge schon selber hin und lüde von auswärts
Fremde, außer solche, die wirken für die Gemeinde:
Sei es den Seher, den Arzt für die Leiden, den Meister im Zimmern
Oder den göttlichen Sänger, der Freude bereitet mit Liedern.
Dies sind die Sterblichen, die man beruft auf der endlosen Erde.
Niemand beriefe jedoch einen Bettler, der ihn doch nur auszehrt."
(Homer, Odyssee, XVII, 382–387)

Niemand erkennt den Odysseus, nicht der Schweinehirt Eumaios, bei dem er Unterschlupf findet, nicht Telemach, der Sohn, und auch nicht Penelope, seine Frau. Aber – es gibt eine Ausnahme:

„Da nun hob ein Hund, der dort lag, den Kopf und die Ohren,
Argos, des Dulders Odysseus Hund, den er selbst einst gezogen,
ohne sich seiner zu freuen, denn vorher fuhr er ab ins heil'ge
Ilion; oft hatten früher ihn junge Männer zur Jagd auf
Wilde Ziegen getrieben und Rehe und auch auf Hasen;
Doch jetzt, da sein Herr weit fort war, lag er verachtet
In vielem Mist der Mulis und Rinder, der dort vor dem Hoftor
In großen Haufen geschüttet lag, bis dass des Odysseus
Knechte ihn holten, damit das große Krongut zu düngen.
Dort lag Argos, der Hund, von Zecken wild überwuchert.
Nun jedoch, als er Odysseus in seiner Nähe bemerkte,
wedelte er mit dem Schwanz und senkte die Ohren, gleich
beide.
Doch fehlte ihm die Kraft, seinem Meister sich noch zu nähern.
Der aber blickte zur Seite und wischte sich ab eine Träne."
(Homer, Odyssee, XVII, 291–304)

Der Heimkehrer, seinen eigenen Leuten fremd geworden, ist gleichsam auf den Hund gekommen. Die Rückkehr als besondere Seite der Migration gehört zur europäischen Geschichte. Der Kontinent ist von Beginn an von Migration geprägt. Schon der Gründungsmythos mit der phönizischen Prinzessin und dem als Stier verkleideten Zeus erzählt davon.

Im 20. Jahrhundert zählt man in Europa rund 80 Millionen „Verjagte", Menschen, die durch Krieg, Gewalt oder wirtschaftliche Not gezwungen waren, ihre angestammte Heimat zu verlassen, zu fliehen, zu emigrieren oder die deportiert und umgesiedelt worden sind. Unsägliches Leid ist damit über die Menschen gekommen. Nur wenige konnten wieder zurückkehren, und so manche sind gar nicht willkommen gewesen, nicht mit offenen Armen aufgenommen worden, sondern ausgegrenzt und ausgesperrt geblieben, wie etwa die wenigen Jüdinnen und Juden, die nach 1945 nach Österreich zurückgekehrt sind.

Die Heimkehr als geistliches Geschehen

Dass die Heimkehr keine einfache Sache ist, sondern ein Prozess der Veränderung, der Wandlung, der nicht selten auch mit Gewalt verbunden ist, lesen wir auch in der Bibel. Ich erinnere an die Heimkehr des Jakob aus seinem Exil bei Laban. Er rechnet nicht mit freundlicher Aufnahme, sondern fürchtet die gewaltsame Rache des betrogenen Bruders Esau. Bemerkenswert ist, dass sowohl seine Heimkehr wie auch sein Aufbruch mit einer besonderen Gotteserfahrung verbunden werden. Bei seinem fluchtartigen Aufbruch in die Fremde träumt ihm von der Himmelsleiter (Gen 28,10–22), als würde ihm nicht nur das fremde Land, sondern auch der Himmel offenstehen. Eine positive Erfahrung, die sich in der Heiligung und Markierung des Ortes als Gottes Haus, als Beth-El niederschlägt (Gen 28,19; 35,15). Aber wie anders begegnet ihm Gott bei der Rückkehr! Jakob fürchtete sich sehr und es wurde ihm bange vor der Begegnung mit Esau (Gen 32,8). Bis ins Detail wird alles vorbereitet, vor allem die reichen Geschenke, die Esau zur Nachgiebigkeit und zur Vergebung günstig stimmen sollten. Jakob bleibt in dieser Nacht allein zurück. Da begegnet ihm Gott als ein finsterer Nachtdämon, der mit ihm am Jabbok kämpft und nach dem Leben trachtet. Heimkehren ist lebensgefährlich! Jakob geht aus dem Kampf unbesiegt hervor, er nötigt seinem Gegner noch den Segen ab, aber er ist bleibend gezeichnet, von nun an hinkt er. Diese von Gewalt gekennzeichnete Gottesbegegnung macht dann später in der Begegnung der Brüder die Anwendung von Gewalt überflüssig, nimmt sie gleichsam vorweg und damit hinweg, Jakob und Esau begegnen einander und sind zur Versöhnung fähig. „Esau aber lief ihm entgegen und herzte ihn und fiel ihm um den Hals und küsste ihn, und sie weinten" (Gen 33,4). Noch einmal begegnet Gott dem Jakob, diesmal im Gesicht seines Bruders: „denn ich sah dein Gesicht, als sähe ich Gottes Angesicht, und du hast mich freundlich angesehen" (Gen 33, 10).

Wie anders die Heimkehr des verlorenen Sohnes (Lk 15,11–32), wohl eine der bekanntesten Heimkehrergeschichten und nach allen Umfragen eine der bekanntesten Geschichten der Bibel. In der Fremde kommt der jüngere Sohn auf den Hund, landet bei den Schweinetrögen und im schlimmsten Elend. Auch seine Heimkehr bedeutet für ihn eine Wandlung: Ich bin nicht mehr wert, dein Sohn zu heißen. Er ist einverstanden, nicht die angestammte Stellung einzunehmen, sondern gleichsam degradiert, deklassiert zu werden. Das Verhalten des Vaters verhindert das, allerdings um den Preis, dass der ältere Bruder sich zurückgesetzt und deklassiert vorkommen muss. Wir erfahren ja nicht, wie sich das Verhältnis der beiden Brüder im späteren Verlauf des gemeinsamen Lebens auf dem väterlichen Hof gestaltet hat. War Versöhnung möglich oder ist es bleibende Feindschaft geworden?

Wohin wir auch blicken: Heimkehren ist nicht einfach. Ein höchst komplexer Vorgang, weil die beteiligten Menschen, die Heimkehrenden wie die Daheimgebliebenen, mit den Veränderungen fertig werden müssen, die die Abwesenheit, das Ausland, das Elend mit sich gebracht haben. Heimkehren kann sogar gefährlich sein. Es ist ein Geschehen, das soziale, persönliche und geistlich-religiöse Dimensionen aufweist. Für Christinnen und Christen bietet der Schatz der Glaubensüberlieferung allerdings etwas, das sowohl das Weggehen wie auch das Heimkehren in einem besonderen Licht erscheinen lässt. Die zahlreichen Migrationsgeschichten der Heiligen Schrift fokussieren im Neuen Testament in der Überzeugung, dass wir hier überhaupt keine Heimat haben. Unser Bürgerrecht haben wir im Himmel, schreibt der Apostel Paulus und der Hebräerbrief entwickelt daraus so etwas wie eine ekklesiologische Bestimmung, wenn er die Kirche als das wandernde Gottesvolk beschreibt. Die Glaubenden wissen, dass sie hier keine bleibende Stadt haben, sondern beständig auf der Suche nach der zukünftigen sind. Im frühchristlichen, wohl gegen Ende des zweiten Jahrhunderts in Alexandrien entstandenen Diognetbrief heißt es dann wie zusammenfassend: „Die Christen bewohnen jeder sein Vaterland (patria), aber wie Nichtbürger; sie haben an allem Anteil wie Bürger, und alles erdulden sie wie Fremde. Jede Fremde ist für sie Vaterland, und jedes Vaterland Fremde“ (Diognet 5,5).

Heimkehr als Scheitern oder Verheißung

Nun noch ein Blick auf die persönliche, ja vielleicht sogar existenzielle Dimension des Themas. Dazu greife ich noch einmal zur Literatur, diesmal zu altösterreichischer, zu Franz Kafka und zu Friedrich Torberg. Franz Kafka hat eine kleine Erzählung, eine Parabel hinterlassen, die 1920 geschrieben wurde, aber erst zwölf Jahre nach seinem Tod von Max Brod veröffentlicht wurde. Sie trägt den Titel „Heimkehr“ und besteht aus genau zwanzig Sätzen:

„Ich bin zurückgekehrt, ich habe den Flur durchschritten und blicke mich um. Es ist meines Vaters alter Hof. Die Pfütze in der Mitte. Altes, unbrauchbares Gerät, ineinanderverfahren, verstellt den Weg zur Bodentreppe. Die Katze lauert auf dem Geländer. Ein zerrissenes Tuch, einmal im Spiel um eine Stange gewunden, hebt sich im Wind. Ich bin angekommen. Wer wird mich empfangen? Wer wartet hinter der Tür der Küche? Rauch kommt aus dem Schornstein, der Kaffee zum Abendessen wird gekocht. Ist dir heimlich, fühlst du dich zu Hause? Ich weiß es nicht, ich bin sehr unsicher. Meines Vaters Haus ist es, aber kalt steht Stück neben Stück, als wäre jedes mit seinen eigenen Angelegenheiten beschäftigt, die ich teils vergessen habe, teils niemals kannte. Was kann ich ihnen nützen, was bin ich ihnen und sei ich auch des Vaters, des alten Landwirts Sohn. Und ich wage nicht, an der Küchentür zu klopfen, nur von der Ferne horche ich, nur von der Ferne horche ich stehend, nicht so, dass ich als Horcher überrascht werden könnte. Und weil ich von der Ferne horche, erhorche ich nichts, nur einen leichten Uhrenschlag höre ich oder glaube ihn vielleicht nur zu hören, herüber aus den Kindertagen. Was sonst in der Küche geschieht, ist das Geheimnis der dort Sitzenden, das sie vor mir wahren. Je länger man vor der Tür zögert, desto fremder wird man. Wie wäre es, wenn jetzt jemand die Tür öffnete und mich etwas fragte. Wäre ich dann nicht selbst wie einer, der sein Geheimnis wahren will."

Die Nähe zur biblischen Geschichte vom verlorenen Sohn fällt sofort auf. Freilich auf dem biographischen Hintergrund des äußerst gespannten Verhältnisses, das Kafka zu seinem Vater hatte. Das kleine Stück Prosa ist von Fragen durchzogen. Die Rückkehr wirft mehr Fragen auf, als sie Antworten gibt. Ich bin angekommen, heißt es im ersten Teil. Wirklich? Je länger die Geschichte geht, umso mehr gewinnt man den Eindruck, hier ist keine Heimkehr ins Vertraute, auch wenn manches wie aus der Kindheit zu kommen scheint, sondern eine Heimkehr in die Fremde beschrieben. Je länger man vor der Tür zögert, desto fremder wird man.

Eine der schönsten Rückkehrgeschichten erzählt der österreichische Autor Friedrich Torberg, der durch seinen Roman „Der Schüler Gerber“, aber auch durch die Übersetzungen von Ephraim Kishon bekannt geworden ist. Die Rückkehr nach Österreich ist ihm generell nicht leichtgefallen. Er erzählt, dass er nach dem Krieg wieder die k. u. k. Hofzuckerbäckerei Demel am Kohlmarkt aufsuchte. Dort war er vor 1938 Stammgast gewesen, immer bedient von Frau Paula. Nun also, beinahe zehn Jahre später, betrat er wieder den Demel und setzte sich an den Tisch, der schon vor 1938 sein Stammplatz gewesen war. Es dauerte nicht lange und besagte Frau Paula, die den Krieg offensichtlich heil überstanden hatte, erschien in der Türe. Sie blieb stehen, sah zu ihm hin und verschwand wieder im Nebenraum. Torberg, der zumindest mit einer freundlichen Begrüßung und den üblichen Fragen zu den vergangenen Jahren gerechnet hatte, war enttäuscht. Hatte sie ihn nicht erkannt? Wollte sie die Begegnung vermeiden? Da kam Frau Paula, trat an seinen Tisch und stellte einen hohen Kelch vor ihn hin, wobei sie in der typischen Sprache echter Demelianerinnen sagte: „Ich glaube, das haben noch nicht gehabt.“ Im Kelch war eine süße Köstlichkeit, eine Creme Grenoble. Torberg: „Das war alles, was sie sagte. Und es genügte vollauf, um das Jahrzehnt meines Fernseins wegzuwischen.“ Dieses „noch nicht“ und seine Erfüllung durch die Creme Grenoble gibt dieser Rückkehr etwas Eschatologisches. Kein Anknüpfen beim Alten und Vergangenen, womöglich so, als ob nichts geschehen wäre, als ob nichts dazwischenliegen und dazwischenstehen würde, sondern etwas Neues, bislang Unbekanntes. Die Rückkehr als Erfüllung bislang ungestillter Sehnsucht, etwas Neues und nicht bloß das sich hineinfinden in das Alte.

Heimkehr kann scheitern, wenn zu viel an Altem im Wege steht, um an die Türe zu klopfen. Heimkehr kann gelingen, wenn sie mit etwas Neuem, Ungekanntem ein Versprechen einlöst und eine Verheißung erfüllt.

Expatriates und Repatriats – Heimkehren als Herausforderung

Weggehen und Zurückkehren ist heute auch eine Herausforderung für Unternehmen und Organisationen, die international tätig sind. Viele Kirchen, darunter auch mit besonderem Gewicht durch ihre mehr als 100 Auslandsgemeinden und dazugehörige Pfarrstellen die EKD, stehen als Organisationen vor denselben Fragen. Vor einiger Zeit hat die Beratungsfirma Deloitte rund 200 Unternehmen in Deutschland nach ihren Erfahrungen mit den sogenannten Expats, also den Mitarbeitenden, die im Ausland für das Unternehmen tätig sind, und vor allem nach den Repats, also den Heimkehrenden solcher Auslandseinsätze gefragt. Wenig überraschend ergeben sich massive Probleme. Die wenigsten Unternehmen sind darauf eingestellt. Nur magere vier Prozent glauben, dass ihr Verfahren mit Auslandseinsätzen den Anforderungen der nächsten Jahre gewachsen ist. Ich zitiere aus dieser Studie, die am 11. September 2018 auf karriere.de veröffentlicht wurde:

„Eigentlich wollte ich nicht nach Russland", sagt eine Mitarbeiterin heute. Aber ihr Arbeitgeber, ein großes deutsches Unternehmen mit mehr als fünf Milliarden Jahresumsatz, schickte sie nach Moskau – zuerst für ein paar Wochen. Doch aus der baldigen Rückkehr wurde nichts: Zweieinhalb Jahre blieb die 30-Jährige in der russischen Metropole, übernahm die Leitung der Personalabteilung und baute das Filialnetz auf. „Wir haben die Zahl der Mitarbeiter insgesamt von 400 auf 2000 erhöht", sagt sie, nicht ohne Stolz. Die Enttäuschung, als sie zurück nach

Deutschland kam, hätte kaum größer sein können: Führungsaufgabe? Fehlanzeige! Statt Anerkennung für ihre Leistung bekam sie wieder die gleiche Position, die sie auch schon vor ihrem Russlandeinsatz hatte – eine Stelle als Referentin. „Die Erfahrungen, die ich in Russland als Abteilungsleiterin gesammelt habe, interessieren hier keinen. Ich werde nicht ernst genommen", sagt sie. Zur Frustration mit der Anschlussposition mischen sich weitere Probleme im Arbeitsalltag. Viele Abläufe haben sich in der Zwischenzeit verändert. „Ich habe Stunden gebraucht, nur um den richtigen Ansprechpartner für bestimmte Dinge zu finden. Das Arbeiten in Deutschland kam mir sehr umständlich vor."

So wie dieser Mitarbeiterin geht es vielen Heimkehrenden, die im Ausland Führungsverantwortung hatten. Es wird geschätzt, dass mehr als 60 Prozent sich nach der Rückkehr ins Unternehmen nicht mehr zurechtfinden und den Arbeitgeber wechseln. Als Gründe werden genannt: 77 Prozent geben zu Protokoll, mit dem Job, den sie nach der Rückkehr in ihrem Unternehmen bekommen haben, unzufrieden zu sein. 29 Prozent kommen mit dem Statusverlust nach der Rückkehr nicht zurecht. Mehr als die Hälfte beklagt, dass sie das im Ausland erworbene Wissen auf der neuen Position gar nicht einbringen können. Wie bei der anfänglichen Trennung von zu Hause müssen sich Expatriates auch wieder an die heimische Kultur gewöhnen, was nicht immer leichtfällt. „Durch den Aufenthalt im Ausland bekommt man Abstand zum Heimatland, und nach der Rückkehr kommt vielen Repatriates die Heimatkultur fremd vor – sie erleben einen umgekehrten Kulturschock", sagt Ruth Stock-Homburg, Professorin für Personalmanagement an der Universität Darmstadt. Die Probleme im Job werden so zusätzlich verschärft. Wer nicht wechselt, geht oft in die innere Kündigung.

Manche Unternehmen sehen die Herausforderung und setzen Maßnahmen. Bosch etwa hat ein eigenes Mentorenprogramm für seine rund 2000 im Ausland tätigen Mitarbeiter gestartet und bei Henkel hat jeder und jede Expat einen Tutor oder eine Tutorin, die sie vor, während und vor allem auch nach dem Auslandseinsatz begleitet. Simone Siebeke, die weltweit zuständige Bereichsleiterin für Kosmetik bei Henkel, sagt: „Ich habe vor zwei Jahren unsere Expats an einen Tisch geholt und gezielt gefragt, was ihre Anliegen sind. Dann haben wir ein System etabliert, das sich inzwischen sehr bewährt hat." Die Betreuung zahlt sich nach Angaben des Unternehmens aus: Die große Mehrheit der Expatriates sei auch nach der Rückkehr zufrieden und bleibe Henkel erhalten, sagt Siebeke. Den Betroffenen wird von Experten geraten, schon am ersten Tag der Abreise mit den Vorbereitungen für die Rückkehr zu beginnen.

Die EKD informiert in einem zehnseitigen Schreiben (letzte Fassung vom 29. September 2018) über den Dienst in den Auslandsgemeinden. Da wird auch auf die Rückkehr eingegangen. Es heißt dort: „Die Erkenntnis, dass es bei dem Wechsel aus der Heimat in einen Dienst im Ausland einer tiefgreifenden Umstellung, Umgewöhnung und eines Lernprozesses bedarf, ist den meisten deutlich. Weniger deutlich ist oft, dass die Rückkehr aus dem Ausland in die Heimat nach Beendigung eines längeren Dienstes eine eher noch kräftiger spürbare Umstellung erfordert. Wer ins Ausland geht, ist sich der Fremdheit der neuen Situation bewusst, während bei der Rückkehr oft die Erwartung besteht, in die alten Verhältnisse zurückzukehren. Dabei hat man sich im Ausland weiterentwickelt und auch die Situation in der Heimat hat sich inzwischen verändert. Es gilt daher, sich schon rechtzeitig auf eine durchdachte und organisierte Umstellung auf die heimatlichen Verhältnisse vorzubereiten." Als

Instrument der Begleitung und Unterstützung der Betroffenen und ihrer Vorbereitung auf die Rückkehr wird das Konzept der „Beratung und Begleitung von Auslandspfarrerinnen und Auslandspfarrern durch Besuch" vorgestellt. Dadurch soll auch ein Beitrag gegeben werden, um die Pfarrerinnen und Pfarrer nach ihrer Rückkehr mit ihren dann neu erworbenen Kompetenzen in ihren Landeskirchen gezielter und geplanter einzusetzen.

Ich fasse zusammen:
Die Heimkehr ist in der europäischen Geschichte ein prominentes Thema, weil diese Geschichte von ständiger Migration, von der Erfahrung des Verlusts der Heimat und der Unvermeidlichkeit der Fremde geprägt ist.

Die Heimkehr stellt eine enorme Herausforderung dar in erster Linie für die heimkehrenden Menschen, aber dann auch für ihre sozialen Beziehungen, die Familien, den Freundeskreis, das berufliche Umfeld.

Die Daheimgebliebenen können meist mit den Heimkehrenden nur schlecht umgehen. Das sehen wir heute an den Organisationen, die regelmäßig ihre Mitarbeitenden zu Auslandseinsätzen in die Fremde entsenden und generell noch immer zu wenig darauf vorbereitet sind, dass diese auch wieder zurückkehren. Wo ein solches Rückkehrmanagement etabliert ist, lässt sich besser mit der Heimkehr umgehen.

Vortrag am 15. November 2018 beim Studientag der zurückgekehrten EKD-Auslandspfarrerinnen und Auslandspfarrer der Evangelischen Landeskirche in Württemberg, Stuttgart.

EUROPA SEMPER REFORMANDA – UND DER BEITRAG DER EVANGELISCHEN KIRCHEN

Etwas Finales habe ich nicht vor zu sagen, heute nicht und morgen auch nicht, das Finale weiß ich in ganz kindlichem Glauben bei Gott gut aufgehoben. Und final darf es schon gar nicht sein, wenn es um Europa geht! Hier ist nicht ein Finalsatz angesagt, sondern nach wie vor und immer noch und ständig nur die Ouvertüre, denn Europa liegt immer vor uns, Europa ist ein Projekt für unsere Kinder und Enkelkinder, für die noch nicht Geborenen. Also für die Nachwelt, wie man so schön sagt. Der gelernte Österreicher hat dazu allerdings ein gespaltenes Verhältnis. Er will immer in der Vergangenheit leben, aber eigentlich nicht an sie erinnert werden, und für die Nachwelt will er – frei nach Nestroy – genau so viel tun, wie die Nachwelt bisher für ihn getan hat. In dieser Spannung will ich es also versuchen: Europa semper reformanda und der Beitrag der evangelischen Kirchen.

Mitte Oktober war in Wien das Theaterstück „europa flieht nach europa" von Miroslava Svolikova zu sehen, ein Dramatisches Gedicht in mehreren Tableaus. Es setzt mit dem bekannten Gründungsmythos ein, mit der Prinzessin aus Phönizien, die vom Stier über das Mittelmeer nach Kreta getragen wird. Kaum hat sie wieder festen Boden, festen europäischen Boden unter den Füßen, sagt sie:

„hier beginnt ein neues kapitel, hier beginnt das kapitel hoffnung! hier beginnt die hoffnung, hier, wo ich stehe…dieser kontinent wird nicht in blut getränkt! dieser ort wird nicht aufbauen auf blut! nicht aller anfang ist blut und gewalt! nein! diese geschichte beginnt nicht mit einem schnellen schnitt durch die halsschlagader, und diese geschichte wird nicht mit einer atomaren auslöschung enden, das können wir uns gleich mal merken! dafür trage ich gleich mal sorge! dafür werde ich instantan mit meiner liebe sorgen!"

Aber, liebe Europa, was ist daraus geworden? Dieser Kontinent ist – wie es Joschka Fischer einmal nannte – „aus Schmerz geboren"[1], aus Blut, Schweiß und Tränen. Die Gedenkanlässe dieses Jahres, vor allem das Ende des Ersten Weltkrieges vor hundert Jahren und der Novemberpogrom vor 80 Jahren, bestätigen diese bittere Einsicht. Verbunden mit den aktuellen Herausforderungen stellt sich umso drängender die Frage, wie es weitergehen soll, wie es weitergehen kann mit Europa. Kann der bisherige Weg einfach fortgesetzt werden? Wohl kaum! Zu stark sind die Polarisierungen, die Brüche, die Dauerkrisen, die globalen politischen Veränderungen, die Europa bis zum Zerreißen unter Spannung setzen. Zu stark sind mittlerweile auch die politischen Kräfte, die dieses geeinte Europa nicht nur kritisieren – kritisieren muss man immer dürfen! –, sondern es ablehnen, ja sogar zerstören wollen. Ich zitiere dazu nur eine Stimme. Der italienische Innenminister Matteo Salvini meint in seiner Autobiographie mit dem vielsagenden Titel „Secondo Matteo" aus dem Jahr 2016, dass die EU schlimmer wäre als die Sowjetunion. Ja dann lieber *kein* Europa als dieses, auf jeden Fall weniger davon. Ich meine hingegen, wir brauchen ein *anderes*, ein reformiertes, auf jeden Fall aber *mehr* Europa, als wir heute haben.

Für Evangelische ist es klar: Europa ist ein Zukunftsprojekt. Unser Glaube beschwört keine Vergangenheit, wie die Fiktion eines „christlichen Abendlandes“. Glaube beschwört nicht, sondern befreit zur Wahrheit und zur Nüchternheit. So soll evangelisch von Europa gesprochen werden.

Im September 2018 fand in Basel die 8. Vollversammlung der „Gemeinschaft Evangelischer Kirchen in Europa“, der GEKE, statt. Die Evangelischen Kirchen hatten sich auch die herausfordernde Aufgabe gestellt, ein gemeinsames Wort zum Ende des Ersten Weltkrieges zu beschließen. Das war nicht leicht, zu unterschiedlich sind die Narrative in den Ländern Europas, die sich mit den Ereignissen vor hundert Jahren verbinden. Aber es ist doch gelungen. Dieses Wort des Gedenkens hält fest, dass die weltpolitische Situation heute natürlich eine andere ist als vor 100 Jahren. Dennoch sind manche Risse und Verwerfungen in Europa immer noch mittelbar verbunden mit den durch die damaligen Ereignisse verursachten Brüchen. Evangelische Kirchen prüfen ihren Weg durch die Geschichte kritisch-selbstkritisch und analysieren die sozialen, wirtschaftlichen und politischen Vorgänge von heute. So finden sie heraus, wie und was sie auf nationaler wie internationaler Ebene zum Aufbau gerechter Strukturen beitragen. Dazu werden in dem Dokument fünf Fragen aufgeworfen, die sich aus dem Gedenken der Vergangenheit heute stellen. Diesen fünf Fragen gehe ich im Folgenden nach.

1.

Zuerst ist es die Frage nach der Schuld, auch der Mitschuld von Kirche und Theologie. Heute sehen wir, dass noch im Jahr 1913 niemand damit gerechnet hat, dass die europäischen Länder in einen derart desaströsen Krieg gegeneinander geraten könnten. 1913 waren „Optimismus und Zuversicht Trumpf“ in Europa, wie Jean-Claude Juncker am 4. Oktober 2018 in Wien sagte. Niemand rechnete damit, dass die durch eine globalisierte Wirtschaft miteinander verbundenen Länder und die miteinander verwandten Königs- und Kaiserhäuser, alle durch das Christentum geprägt, gegeneinander je noch Krieg führen könnten. Und doch ist es geschehen. Die „Urkatastrophe" des Ersten Weltkriegs[2] war der Anfang einer ganzen Reihe von präzedenzlosen Gewaltereignissen[3] wie dem Genozid an den Armeniern, der Russischen Revolution, dem Zweiten Weltkrieg und dem Holocaust. Erst nach 1945 begann Schritt für Schritt der Aufbau einer europäischen Friedensordnung, für den die EU im Jahr 2012 den Friedensnobelpreis zuerkannt bekam. Aber selbstkritisch haben die Kirchen zu fragen: Wo und wie haben sie zu dieser „Urkatastrophe" beigetragen, den Krieg theologisch legitimiert und zum „Heiligen Krieg" erklärt, wo sind sie womöglich auch heute blind und unkritisch? Wir können dankbar sein für die vielfältige friedenstheologische Arbeit und die damit verbundenen Umdenkprozesse in unseren Kirchen und dem gemeinsamen Engagement in der weltweiten Ökumene. Einer der Pioniere war Johann Amos Comenius, der sich 1645 – also mitten im Dreißigjährigen Krieg! – dafür einsetzte, den Krieg zu überwinden, durch Erziehung der Menschen eine Änderung der Haltungen zu erreichen und ein Weltfriedensgericht einzusetzen. Die Europäer – so Comenius in erstaunlicher Aktualität – tragen eine besondere Verantwortung, da sie „von Gott mehr als die andere Welt so viele Wohltaten empfangen haben"[4]. Erziehung zu Frieden und gewaltfreier Konfliktlösung gehört für das europäische Christentum zur Umkehr aus den Lehren der Vergangenheit.

2.

Als zweite folgt die Frage nach den Rechten von Minderheiten. Durch die nach 1918 neu entstandenen Nationalstaaten in Europa, vor allem in Mittel-, Süd- und Osteuropa, wurden mit einem Schlag Millionen von Menschen plötzlich zu Angehörigen von ethnischen, kulturellen oder auch religiösen Minderheiten. Auch die Evangelischen sind in Europa eine Minderheit, gerade einmal etwas mehr als 10 Prozent der Bevölkerung des ganzen Kontinents. Die Frage stellt sich: Wie kann die soziologische Tatsache der Minderheit von einer Kirche positiv aufgenommen werden? Und die Antwort, die evangelische Kirchen geben: Sie muss diese soziologische Tatsache als geistliche Aufgabe verstehen, sie muss zur Diaspora werden. Die biblischen Bilder der Diaspora sind das Salz der Erde, das Licht der Welt, die Stadt auf dem Berge oder das ausgestreute Samenkorn im Ackerfeld der Welt. Wilhelm Dantine, einer der hellsichtigsten Theologen in der zweiten Hälfte des letzten Jahrhunderts, hat sich auf diese Bilder bezogen, wenn er von einem kritischen, weltoffenen Diasporabewusstsein der Kirche gesprochen hat. Die Gefahr der Minderheit, so meinte er einmal pointiert, ist, eine Art „religiöser Trachtenverein" zu werden, wo man sich nur noch um sich selbst und die eigene Tradition und den eigenen Bestand kümmert. Eine Diasporakirche zu sein heißt immer, Verantwortung für das Ganze der Gesellschaft zu übernehmen[5]. Seit der Reformation wissen wir: das geschieht am besten durch Diakonie und Bildung.

3.

Drittens ist die Frage der Flucht und Migration zu stellen. Beinahe zehn Millionen Menschen sind als Folge des Ersten Weltkrieges zur Flucht oder Auswanderung gezwungen worden, wurden umgesiedelt oder deportiert. Für das ganze 20. Jahrhundert schätzt man die Zahl der „Verjagten“ in Europa auf mehr als 80 Millionen! Heute sind Flucht und Migration weltweite Phänomene, von denen Europa immer noch vergleichsweise in einem weniger dramatischen Ausmaß betroffen ist, wenn wir in Länder in anderen Weltgegenden blicken. Für die evangelischen Kirchen ist es klar: Die Achtung der Menschenrechte und die Wahrung der Menschenwürde müssen die oberste Priorität haben. Gerade für Europa muss das gelten, das sich ja als Wertegemeinschaft versteht. Was diese Werte wirklich gelten, sehen wir ungeschminkt im Mittelmeer. Jeder oder jede Siebente überlebt die Überfahrt nicht, bis zur Mitte des Jahres 2018 sind beinahe 1600 Menschen ertrunken. Seenotrettung ist ein Gebot der Menschenrechte, eine humanitäre Verpflichtung, ein christlicher Auftrag. Solange die dafür verantwortlichen Staaten diese Aufgabe nicht wahrnehmen und keine Lösungen für das Gesamtproblem erreichen, bin ich dankbar, dass Hilfs- und Rettungsorganisationen hier einspringen. Ihre Tätigkeit mit weithin unbewiesenen Behauptungen in ein schiefes Licht zu rücken, ist entschieden zurückzuweisen.

Wir sind dankbar für Kirchen und Gemeinden, die sich für den Schutz, die Begleitung und Integration von Flüchtlingen, von Migranten und Migrantinnen einsetzen, und wollen diesen Einsatz würdigen und stärken.

4.

Die vierte Frage betrifft die Erinnerung und die Versöhnung.

Dazu erlaube ich mir noch eine literarische Anleihe. Diesmal bei Robert Menasse und seinem Europaroman „Die Hauptstadt“ aus dem Jahr 2017. Da geht es neben manchem anderen auch um ein großes *Jubilee Project*, ein Gedenkprojekt, mit dem das Vertrauen der Menschen in Europa gestärkt oder neu gewonnen werden soll. Zuständig dafür ist ein gewisser Martin Susman. Ihn beschäftigt die Frage: Was kann das sein? Was verbindet die Bürger und Bürgerinnen Europas über alle nationalen Grenzen hinweg? Letztlich schlägt er gleichsam einen Geburtsort für Europa vor. Dieser Ort ist Auschwitz. Der Vorschlag wird als verrückt abgetan. Aber Susman beharrt und führt aus – ich zitiere: „Die Opfer kamen aus allen Ländern Europas, sie trugen alle dieselbe gestreifte Kleidung, sie lebten alle im Schatten desselben Todes, und sie alle hatten, so sie überlebten, denselben Wunsch, nämlich die für alle Zukunft geltende Garantie der Anerkennung der Menschenrechte. Nichts in der Geschichte hat die verschiedenen Identitäten, Mentalitäten und Kulturen Europas, die Religionen, die verschiedenen so genannten Rassen und ehemals verfeindeten Weltanschauungen so verbunden, nichts hat eine so fundamentale Gemeinsamkeit aller Menschen geschaffen wie die Erfahrung von Auschwitz. Die Nationen, die nationalen Identitäten, das war alles hinfällig, ob Spanier oder Pole, Italiener oder Tscheche, Österreicher, Deutscher oder Ungar, das war alles hinfällig, die Religion, die Herkunft, das alles war aufgehoben in einer gemeinsamen Sehnsucht, dem Wunsch zu überleben, dem Wunsch nach einem Leben in Würde und Freiheit."[6]

Natürlich scheitert dieses Projekt im Roman, aber Robert Menasse berührt mit dem Zusammenhang von Auschwitz und Europa die offenen Stellen einer europäischen Erinnerungskultur. Die Vielfalt der nationalen Großerzählungen macht ein gemeinsames Erinnern beinahe unmöglich. Aber wenn Europa mehr sein soll als eine große Freihandelszone mit gemeinsam gesicherter Außengrenze, dann braucht es den „Kampf um die europäische Erinnerung"[7]. Auschwitz und der Holocaust werden als „negativer Gründungsmythos" Europas ihren besonderen Platz einnehmen. Dies ist gerade angesichts des zunehmenden Antisemitismus von eminent wichtiger Bedeutung. Aber dazu braucht es auch weitere Erinnerungsorte, etwa die Verbrechen des Stalinismus, die Vertreibungen, die Genozide und ethnischen Säuberungen, die furchtbaren Kriege und Kolonialverbrechen und die Migrationsgeschichte. Europa ist ein Zukunftsprojekt. Wodurch wird sich das Europa von morgen vom Europa von gestern unterscheiden?

5.

Fünftens und zuletzt die Frage nach demokratischer Kultur und Zivilgesellschaft. Die für Europa kennzeichnende offene und pluralistische Gesellschaft, in der die evangelische Kirche, die Diasporakirche, ihre Aufgabe wahrnimmt, ist heute bedroht. Die Demokratie selbst gerät durch die Zunahme autoritärer Tendenzen, durch die Erosion von Sozialstaatlichkeit und die immer häufiger auftretende Bedrohung von Medienfreiheit und Rechtsstaatlichkeit in eine Schieflage. Manche reden schon von einer „illiberalen Demokratie“[8], ein Widerspruch in sich selbst! Die Polarisierung in den Gesellschaften nimmt zu, als stünden sich zwei zunehmend unversöhnliche Lager gegenüber. Immer geht es um die Konstruktion eines „Wir“, an dem angeblich die Identität hängt, gegen „die Anderen“, die diese Identität angeblich bedrohen. Jean-Claude Juncker hat in seiner Rede in Wien gesagt: „Wir müssen aufstehen, wenn Gefahr von rechts sich ungehindert durchsetzt; wenn stupider Populismus und bornierter Nationalismus einen Marsch in die Zukunft antreten, den man stoppen muss, solange es noch Zeit ist.“

Diese Entwicklung stellt auch für die Kirchen eine Herausforderung dar. Sie setzen sich auf der Basis der Charta Oecumenica vom Jahr 2001 aufgrund ihres Glaubens für ein humanes und soziales Europa ein[9]. Dieser Einsatz wird an allen kirchlichen Orten, den Gemeinden und Einrichtungen, die nahe bei den Menschen sind, verwirklicht. Es sind Orte des offenen Gesprächs ohne Hass und Hetze. Das sollen sie auch bleiben und vermehrt werden! Dort wird kein ausgrenzendes „Wir“ konstruiert. Die Offenheit ist verbunden mit dem klaren Auftrag, dem sich jede Kirche durch das Evangelium verpflichtet weiß. Von diesem Auftrag her bestimmen sich die Grenzen des christlichen Glaubens zu politischen Positionen. Offen für alle, aber keineswegs für alles! Es braucht eine aus dem Glauben kommende Sachlichkeit, eine typisch protestantische Nüchternheit, es braucht mehr an Gelassenheit und vielleicht auch – wenn das nicht als unangemessen erachtet wird – eine gute Portion an Humor in einer durch Emotionalisierung und Moralisierung vergifteten Atmosphäre. Ich plädiere also für das unverdrossene, sachliche und lösungsorientierte Gespräch über die wirklichen Probleme und die wirklichen Herausforderungen, vor denen wir stehen. Dazu gehören für mich der Klimawandel, die wachsende Ungleichheit in und zwischen den Ländern, Digitalisierung und Globalisierung. Keine dieser Herausforderungen kann ein Staat alleine bewältigen. Vor allem sind wir Europäerinnen und Europäer über alle Grenzen hinweg miteinander tief verbunden durch die Tatsache, dass wir eine imperiale Lebensweise führen, die auf Kosten der Natur und auf Kosten der Nachkommen sowie auf Kosten der Menschen in den Ländern des Südens geht. Wenn wir davon sprechen, kommen wir vielleicht wieder zur Sache und lassen wir uns nicht länger von einer Politik der Symbole und Emotionen ablenken.

Für den Schluss meines Vortrags wähle ich ein Bild des Berliner Künstlers Johannes Grützke (1937–2017). Grützke, der im vergangenen Jahr verstorben ist, nennt sein Bild Europa auf dem Stier, auf der Mauer balancierend. Vorwärts oder rückwärts?

Das Bild entstand in den späten 1970er Jahren als Fresko für ein Haus am Checkpoint Charlie in Berlin. Die dargestellte Mauer ist zehn Jahre später – Gott sei Dank! – gefallen, aber seither sind in Europa hunderte Kilometer von Mauern und Zäunen errichtet worden. Der Stier blickt mit gesenktem Kopf direkt in die Augen der Betrachtenden, also in unsere Augen. Dieser Blick fragt: Wohin soll es mit mir gehen? Was sagst du?

Europa ist ein Zukunftsprojekt, eine Idee, die stets auf der Suche nach ihrer Realität ist. Es braucht eine Vision, ein positives Zukunftsbild, einen „europäischen Traum“[10], etwas, das wir lieben können und wofür sich aller Einsatz lohnt. Zahlreiche Initiativen unterstützen dieses Anliegen. Ulrike Guérot etwa formuliert mit anderen eine „EUtopie“ für ein demokratisches Europa, für eine Stärkung der Rechte der Bürgerinnen und Bürger Europas. Dafür wird als erster Denkanstoß am 10. November von zahlreichen Theaterbalkonen eine „Europäische Republik“ ausgerufen.

Wir wissen es: Die Wahlen zum Europäischen Parlament im kommenden Frühjahr sind von großer Brisanz. Für welches Europa werden die Menschen votieren? Ist es ein soziales und demokratisches Europa, in dem die Vielfalt von Kulturen, Ethnien, Religionen und Lebensformen einen besonderen Schatz darstellt, ein Europa, das seine globale und ökologische Verantwortung wahrnimmt und die Würde jedes Menschen achtet. Europa lässt sich nur von uns allen gemeinsam verwirklichen.

Was aus Europa wird, weiß ich nicht. Auch im Vortragsfinale keine finalen Sätze! Ich weiß aber, dass christlicher Glaube eine „unverbrauchte Zukunft“ eröffnet, die aus der Versöhnung mit Gott hervorgeht[11]. Diese unverbrauchte Zukunft offen zu halten, dafür glaubwürdig und beispielhaft einzutreten, das sehe ich als unsere Aufgabe *in* Europa und *für* Europa. Daher kann dem Stier auf der Mauer nur ein „vorwärts“ zugerufen werden, Europa semper reformanda!

Festvortrag beim Reformationsempfang der Evangelischen Kirchen in Österreich am 24. Oktober 2018 in Wien.

Anmerkungen

1 Michael Salewski: Geschichte Europas. Staaten und Nationen von der Antike bis zur Gegenwart, München ²2004, 711.
2 George F. Kennan: The Decline of Bismarck's European Order, Princeton 1979, 3.
3 Aleida Assmann: Der europäische Traum. Vier Lehren aus der Geschichte, München 2018, 93.
4 Jan Amos Comenius: Allermahnung (Pannuthesia), hg. von Franz Hofmann, Frankfurt am Main-Wien 2001, 141.
5 Kirche gestalten – Zukunft gewinnen, in: Wilhelm Hüffmeier / Martin Friedrich (Hg.), Gemeinschaft gestalten – Evangelisches Profil in Europa. Texte der 6. Vollversammlung der GEKE in Budapest, 12. bis 18. September 2006, Frankfurt am Main 2007, 76–152, hier 119.
6 Robert Menasse: Die Hauptstadt, Berlin ⁵2017, 184f.
7 Claus Leggewie: Der Kampf um die europäische Erinnerung. Ein Schlachtfeld wird besichtigt, München 2011.
8 Steven Levitzky / Daniel Ziblatt: How Democracies Die, New York 2018.
9 Charta Oecumenica, 7.
10 Assmann (wie Anm. 3).
11 Eberhard Jüngel: Das Evangelium und die evangelischen Kirchen Europas, in: Eberhard Jüngel: Indikative der Gnade – Imperative der Freiheit, Tübingen 2000, 295.

III.

GLAUBEN VERSTEHEN – LEBEN DEUTEN

PERSPEKTIVENWECHSEL

Denn unser keiner lebt sich selber, und keiner stirbt sich selber. Leben wir, so leben wir dem Herrn; sterben wir, so sterben wir dem Herrn. Darum: wir leben oder sterben, so sind wir des Herrn. Denn dazu ist Christus gestorben und wieder lebendig geworden, dass er über Tote und Lebende Herr sei.

(Römer 14,7–9)

Innerhalb der römischen Gemeinde, der sich der Apostel Paulus mit seinem umfangreichen und äußerst inhaltsschweren Brief vorstellt, muss es erhebliche Konflikte gegeben haben. Der Brief ist von Anfang bis Ende davon durchzogen. Im Zentrum steht dabei – wie generell im frühen Christentum – der Konflikt zwischen denen, die als Jüdinnen und Juden zum Christusglauben gekommen sind, und denen „aus den Völkern", den Gojim. Paulus widmet dieser Frage gleich drei Kapitel seines Briefes. Dazu scheinen ganz konkrete Probleme des alltäglichen Zusammenlebens gekommen zu sein, die oft auch quer zu den verschiedenen Gruppen und in ihnen auftraten. Speisevorschriften ja oder nein, besondere Tage und Zeiten achten ja oder nein, Alkohol ja oder nein und so weiter. Gegenseitige Verurteilungen, Herabsetzungen, Missachtungen waren offenkundig an der Tagesordnung. Wer gehört nun wirklich dazu und wer nicht? Ein „Wir" wurde konstruiert und gegen „die Anderen" in Stellung gebracht.

Hier begegnet ein altbekanntes und gleichzeitig höchst aktuelles Phänomen, nämlich das Streben nach einer homogenen Gemeinschaft. Die erstarkenden rechtspopulistischen Parteien in Europa und die selbsternannten Verteidiger eines vermeintlich homogenen „christlichen Abendlandes", das es so nie gegeben hat, argumentieren alle mit einem konstruierten „Wir", das gegen „die Anderen", die Fremden, die Andersglaubenden, die Anderslebenden, die Medien und die Politik in Stellung gebracht wird. Carolin Emcke, der heuer der Friedenspreis des deutschen Buchhandels verliehen wurde, hat diese Mechanismen in ihrem Buch „Gegen den Hass" eindringlich analysiert. In den Gesprächen am Wirtshaustisch, in der Straßenbahn und vor allem in den sozialen Medien sind sie heute allgegenwärtig. Eine gewisse spannungsvolle Vielfalt kennzeichnet die Kirche von Anfang an. Paulus wendet sich gegen die, die diese Vielfalt ablehnten, und macht denen, die die Gemeinschaft polarisieren und spalten, einen Strich durch die Rechnung. Zu Christus gehören heißt für den Apostel: Niemand lebt sich selbst und niemand stirbt sich selbst. Das wahre Leben liegt außerhalb, es liegt in Christus. Christinnen und Christen leben „dem Herrn". An einer anderen Stelle kann Paulus sagen: „Ich lebe nicht länger in mir, sondern in Christus." Es ist also ein Außer-sich-Sein und ein Außer-sich-heraus-Geraten. Damit wird die eigene Perspektive verlassen und eine andere, fremde, ungewohnte eingenommen. Herunterbuchstabiert auf die erwähnten Konflikte in der römischen Gemeinde und in unserer Gesellschaft heute heißt das: Die Menschenwürde ist universal und unteilbar, Menschenrechte gelten für alle. Niemand hat das Recht, die eigene Religion, die eigene Kultur und die eigene Art zu leben zum allgemeinen Maßstab zu erheben und damit andere zu verurteilen. Der Glaube ist eine Übungsanleitung zum Perspektivenwechsel und zum

Zusammenleben in Vielfalt. An die Stelle von „identitärer Verklumpung", wie Carolin Emcke formuliert, treten Empathie und Einfühlung.

Beitrag für die Sendung „Erfüllte Zeit", gesendet im Österreichischen Rundfunk am 2. April 2017.

ALLEIN DURCH DEN GLAUBEN?

In der evangelischen Pfarrkirche in Schladming werden die Blätter eines Flügelaltars aufbewahrt, der um das Jahr 1570 in der damals für evangelische Gottesdienste genutzten Achatiuskirche aufgestellt war. Zu sehen sind links und rechts die Apostel Petrus und Paulus, in der Mitte die für die Reformationszeit typische Gegenüberstellung der ehernen Schlange und der Kreuzigung Christi. Die Rückseiten der Altarblätter sind mit Ornamenten verziert und mit Bibelsprüchen bemalt.
Da ist zu lesen: „So halten wir es nun das der mensch gerecht werde on des gesetzes werckh allein dürch den glaüben." Kein Zweifel, es ist ein Zitat aus dem Römerbrief (Röm 3,28) des Apostels Paulus in der Übersetzung Martin Luthers. Allerdings ist das Wort „allein" ausradiert und unleserlich gemacht worden, wohl im Zuge der um das Jahr 1600 einsetzenden Gegenreformation in Schladming.

Was heißt ALLEIN?

Philologisch hatten die Ausradierer mit ihrer Korrektur Recht, bei Paulus steht an der Stelle kein „allein" vor dem Glauben. So gibt die neue Einheitsübersetzung das griechische Original auch ganz richtig wieder: „Denn wir sind der Überzeugung, dass der Mensch gerecht wird durch Glauben, unabhängig von Werken des Gesetzes." Während die neue Revision der Lutherübersetzung dabei bleibt: „So halten wir nun dafür, dass der Mensch gerecht wird ohne des Gesetzes Werke, allein durch den Glauben." Immerhin gibt eine Fußnote die wörtlich korrekte Übersetzung an („dass der Mensch aus Glauben gerechtfertigt wird, ohne Werke des Gesetzes").

Luther, dessen Bibelübersetzung von Anfang an heftig kritisiert worden ist, war sich dieses Vorwurfes wohl bewusst. In seinem „Sendbrief vom Dolmetschen" aus dem Jahr 1530 geht er auch darauf ein und schreibt: „Ebenso habe ich hier Römer 3,28 sehr gut gewusst, dass im lateinischen und griechischen Text das Wort ‚solum' nicht steht, und solches hätten mich die Papisten nicht zu lehren brauchen. Wahr ist's: Diese vier Buchstaben sola stehen nicht drinnen. Diese Buchstaben sehen die Eselsköpfe an wie die Kühe ein neues Tor, sehen aber nicht, dass gleichwohl die Absicht des Textes das ‚sola' in sich hat, und wo man's klar und eindringlich verdeutschen will, da gehört es hinein."[1]

Luther begründet es hier mit dem deutschen Sprachgebrauch, dass das *sola fide* aber auch zu den theologischen Kernüberzeugungen der Reformation gehört, geht aus der im selben Jahr 1530 verfassten Confessio Augustana hervor, die an mehreren Stellen das „allein durch den Glauben" bzw. „*sola fide*" belegt, so etwa in Artikel 6 (Vom neuen Gehorsam) und in Artikel 20 (Vom Glauben und guten Werken).

Unser eifriger gegenreformatorischer Korrektor in Schladming hat also durchaus einen zentralen Punkt getroffen und konnte sich dessen sicher sein, ganz im Sinne der katholischen Kirche zu handeln. Denn das Konzil von Trient befasste sich gleich in der ersten Sitzungsperiode (1545–1547) mit der Rechtfertigung und legte fest (Kanon 9): „Wer sagt, der Gottlose werde allein durch den Glauben gerechtfertigt, so dass er (darunter) versteht, es werde nichts anderes erfordert, wodurch er zur Erlangung der Rechtfertigungsgnade mitwirke, und es sei keineswegs notwendig, dass er sich durch seine eigene Willensregung vorbereite und zurüste: der sei mit dem Anathema belegt."[2] Diese Verwerfung wird in weiteren Kanones des Konzilsdekrets wiederholt und bekräftigt.

Daher ist es vielleicht keine Überraschung, aber gewiss – nach dem Urteil Eberhard Jüngels – „befremdlich genug"[3], dass in der „Gemeinsamen Erklärung zur Rechtfertigungslehre"[4] ausgerechnet die Exklusivpartikel *„sola fide"*, „allein durch Glauben" von keiner Seite, auch nicht von der lutherischen, eingebracht wurde und daher im gesamten Dokument nicht erwähnt wird. Jüngel bemerkt dazu spitz, dass sich offensichtlich einige der lutherischen Apologeten der GER dem Tridentinum mehr verpflichtet fühlten als der Confessio Augustana[5] und dass die römisch-katholische Kirche womöglich erkennen muss, „den Apostel Paulus unter Anathema gestellt zu haben".[6] Dabei ist die Exklusivpartikel „allein durch den Glauben" – so Jüngel – die „Pointe des Rechtfertigungsartikels". Denn – so Luther im Großen Katechismus – die zwei gehören zuhauf, Gott und Glaube, allein der Glaube lässt Gott Gott sein. Es geht also mit den vier Buchstaben *„sola"* im Zusammenhang mit dem Glauben zugleich ums Ganze.

Was heißt GLAUBE?

Zuerst: Der Glaube darf nicht als ein Werk verstanden werden, so als ob man zwar keine guten Taten vollbringen müsste oder auch nur könnte, um vor Gott recht zu sein, aber doch wenigstens zu glauben hätte. Leider ist Luther selbst hier manchmal widersprüchlich, wenn er vom Glauben als dem „edelsten guten Werk" spricht. Das Handeln des Menschen, und zwar alles Handeln, ist durch die Sünde disqualifiziert. Der Glaube qualifiziert das Handeln, und zwar alles Handeln des Menschen neu. Er ist also kein Teil des Handlungsspektrums, sondern sein Grund und seine Voraussetzung. Darum hätte Luther das Qualifizierte (also die guten Taten) und das Qualifizierende (also den Glauben) nicht mit demselben Ausdruck „Werk" bezeichnen sollen.

Glauben heißt nicht bloß, Ereignisse der Heilsgeschichte zur Kenntnis zu nehmen. Auch die Dämonen glauben an Gott (Jakobus 2,19). Der wahre Glaube weiß nicht nur, dass Christus gelitten hat und auferstanden ist, sondern dass dies alles „für mich" geschehen ist. Luther: „Also macht dieses ‚für mich' oder ‚für uns', wenn es geglaubt wird, den wahren Glauben aus und unterscheidet ihn von jedem anderen Glauben, der bloß hört, was geschehen ist."[7]

Folgerichtig die bekannte Auslegung des Credos in Luthers Kleinem Katechismus. Es geht nicht um allgemeine Wahrheiten, sondern darum „dass mich Gott geschaffen hat samt allen Kreaturen", dass Jesus Christus „mich ... erlöst hat" und dass der Heilige Geist „mich durch das Evangelium berufen, mit seinen Gaben erleuchtet, im rechten Glauben geheiligt und erhalten" hat.[8]

Glaube ist also ein die ganze Person ergreifendes Vertrauen, ein herzliches Vertrauen, eine Herzenssache. Er ist das von Herzen kommende Ja zu Jesus Christus. Rechtfertigender Glaube (*fides iustificans*) wird er, indem er dieses Ja zum Urteil Gottes spricht. Dieses Urteil ist Gottes Bejahung in Jesus Christus wie auch Gottes Verneinung der Sünde, die an Jesus Christus vollstreckt ist, „daß der Tod des Sünders hinter uns, das Leben des Gerechten hingegen vor uns, *jetzt* vor uns liegt".[9]

Weil der Glaube zu Gott Ja sagt, gehören die beiden zuhauf. Der Glaube allein gibt Gott, was Gottes ist. Steil formuliert Luther: *Fides est creatrix divinitatis,* der Glaube ist der Schöpfer der Gottheit, aber er setzt gleich hinzu: *non in persona* (gemeint ist *Dei*), *sed in nobis,* also nicht in der Person Gottes, sondern in uns.

Glaube meint das grundlegende, daseinsbestimmende Vertrauen eines Menschen auf ein Gegenüber. Woran du dein Herz hängst, das ist dein Gott, sagt Luther im Großen Katechismus. Der Glaube hat also nichts mit einem Haben oder Sein zu tun, sondern meint eine Bewegung, eine Beziehung, ein Ausgerichtet-Sein und Ausgestreckt-Bleiben von sich weg zu einem anderen hin. Der Glaubende wird gerade nicht durch sich selbst konstituiert, sondern durch Christus, der in ihm wohnt (Gal 2,10). „Der Glaube ist eine gewisse Zuversicht des Herzens, eine starke Zustimmung, durch die Christus ergriffen wird, aber nicht als ein Objekt, sondern dass ich sage: Im Glauben selbst ist Christus gegenwärtig." „Christus lebt dieses Leben, das ich habe, in mir; ja, das Leben, das ich lebe, ist Christus selbst. Daher sind Christus und ich in dieser Hinsicht schon eins."[10] Hier hören wir zu Recht Luthers mystische Anklänge, etwas flapsig kann ich sagen: Eigentlich gehe ich mich nichts mehr an.[11]

Wer glaubt, ist also aus sich selbst herausgenommen, ist „außer sich" und entdeckt sich neu als der, der durch Gottes Gnade in Jesus Christus als neuer Mensch konstituiert ist. *Fides facit personam,*[12] kann Luther sagen, der Glaube macht die Person, weil die Person von Gott durch den Glauben konstituiert wird (*quod persona sit facta per fidem a Deo*).[13] Das schließt die Heilsgewissheit ein und Verwerfungsskrupel aus. Das gibt die Gewissheit (*certitudo*), die der Verzweiflung (*desperatio*) und der Sicherheit (*securitas*) entgegensteht.

Dieser aus sich selbst herausführende und in einem anderen sich begründet wissende Glaube ist ein Risiko, ja vielleicht ein

„Totalrisiko" (Erich Heintel). Glaube, der auf Gewissheit gründet, ist stets angefochtener Glaube und wird seine Verletzlichkeit, Verwundbarkeit und Angreifbarkeit immer mit sich tragen. Karl Rahner wird der Ausspruch zugeschrieben: „Glauben heißt, die Unbegreiflichkeit Gottes ein Leben lang aushalten."[14]

GERECHTfertigt durch den Glauben

Für einen solchen Glauben wird der Mensch durch das Evangelium, also letztlich durch Gott selbst gewonnen. Auch wenn der Glaube eine Herzenssache des Menschen ist, ist er dennoch nicht seine eigene, autonome, nach irgendeinem Abwägen von Vernunftgründen oder aus irgendeiner Emotion oder aus einem Willensakt getroffene Entscheidung und damit wieder eine Tat, die wir tun oder lassen können. Die Rechtfertigung geschieht nicht *wegen* des Glaubens (*propter fidem*), sondern *durch* den Glauben. Wer sich anrühren lässt, wer sich bewegen lässt, lässt sich das Ja Gottes gesagt sein und lässt sich bestimmt sein von Gottes Urteil. So wird der Glaube „geweckt", nicht als eine menschliche Veranlagung, sondern als eine neue Beziehung zu Gott und damit zu sich selbst. Es liegt an der Gnade Gottes, wenn ein Mensch glauben kann.

„Geweckt" wird der Glaube durch das Wort. „Das Wort für sich selbst muss dem Herzen genug tun, den Menschen umschließen und berühren, dass er, wie darin gefangen, fühlt, wie wahr und recht es sei, auch wenn alle Welt, alle Engel, alle Fürsten der Welt es anders sagen, ja, wenn Gott selbst es anders sagte."[15]

Karl Barth sagt es so: „Vom glaubenden Menschen gilt zu jeder Zeit und unter allen Umständen: ‚Was hast du, das du nicht empfangen hast?' (1. Kor 4,7) und: ‚Durch Gottes Gnade bin ich, was ich bin' (1. Kor 15,10). Was sollte er im Verhältnis zu Jesus Christus, zu seiner eigenen Rechtfertigung Anderes sein als ihr Empfänger?"[16]

Und die FOLGEN?

Nun ergeben sich daraus einige Fragen, die sowohl innerhalb der evangelischen Theologie wie auch im ökumenischen Gespräch und im säkularen Kontext diskutiert werden.

Zuerst: Die Frucht des Glaubens ist das Handeln aus Dankbarkeit und Liebe. Wie der gute Baum gute Früchte trägt, so erweist der Gerechtfertigte Sünder die ihm erwiesene Gnade in der Liebe. Unübertroffen formuliert es Luther am Ende seiner Freiheitsschrift. „Ein Christenmensch lebt nicht in sich selbst, sondern in Christus und in seinem Nächsten; in Christus durch den Glauben, im Nächsten durch die Liebe. Durch den Glauben fährt er über sich in Gott, aus Gott fährt er wieder unter sich durch die Liebe und bleibt doch immer in Gott und göttlicher Liebe."[17] Glaube und Liebe gehören also zusammen wie Ein- und Ausatmen. Der Glaube bleibt nicht untätig, ja er kann gar nicht untätig sein. „Deshalb gehören diakonisches Handeln und gesellschaftliches Engagement wesentlich zum christlichen Glauben hinzu"[18]. „Es gibt keine befreiendere Grundlegung der Ethik als die Lehre von der Rechtfertigung des Sünders allein durch Glauben."[19]

Der Mensch ist „Gerechter und Sünder zugleich", *simul iustus et peccator*. Das meint nicht ein teils – teils im Menschen, sondern jeweils den ganzen Menschen. „Ein Sünder bin ich in mir selbst außer Christo, kein Sünder bin ich in Christo außer mir selbst."[20] Der Mensch ist also ohne Christusbeziehung als Sünder zu betrachten, in der Beziehung zu Christus aber ist er gerecht und heilig. Weil das ein Beziehungsgeschehen meint, ist es zugleich ein Werden, das mit einer Dynamik verbunden ist. „Das Leben ist nicht eine Frömmigkeit, sondern ein fromm werden, nicht ein Wesen, sondern ein Werden", und daher kein Ausruhen, sondern eine Übung. „Wir sind's noch nicht, wir werden's aber"[21]. Diese Transformation vollzieht sich fortwährend. In der ersten der 95 Thesen heißt es, dass das ganze Leben eine Buße sei[22]. Voranschreiten heißt für Luther: Immer wieder von vorne beginnen.[23] Aber das *simul iustus et peccator* ist und bleibt ein Diskussionsthema.

Weiter kann gefragt und diskutiert werden, welches Menschenbild sich in der so profilierten Rechtfertigungslehre ausdrückt? Ist es ein pessimistisches Menschenbild? Muss die Situation des Menschen wirklich so „schwarz" gemalt werden? Werden die Freiheit, das Urteilsvermögen und die moralischen Fähigkeiten des Menschen dadurch nicht geradezu untergraben?

Umgekehrt: Ist es nicht zu optimistisch gedacht, wenn die Früchte des Glaubens gleichsam automatisch geschehen?

Oder ist es gar zynisch, wenn der Mensch in der Polarität von Sünde und Gerechtigkeit gleichsam festgenagelt ist? Luthers Rat an Philipp Melanchthon: „sündige tapfer, glaube tapferer" (*pecca fortiter, crede fortius*) scheint das zu bestätigen.

Und überhaupt: Wo bleibt der Mensch, der liebt und vergibt, wie Herbert Grönemeyer singt? Was ist mit unserer natürlichen Liebesfähigkeit und der tatsächlich gelebten Liebe bis hin zur Erotik? Steht nicht das moderne „Liebe deinen Nächsten wie dich selbst", also die Selbstverwirklichung als liebender Mensch in Widerspruch zu einem Leben, das ganz „außer sich", entweder in Christus oder im Nächsten, seinen Sinn findet? Oder ist gerade dieses „außer sich" geraten die letzte tragfähige Begründung der eigenen Identität?

Ulrich Körtner hat die reformatorische Rechtfertigungslehre, deren aktuelle Bedeutung, ihre Vermittelbarkeit und Verständlichkeit von den evangelischen Kirchen selbst in Frage gestellt worden ist, in Beziehung gesetzt zur Gnadenlosigkeit einer übertribunalisierten Lebenswelt, die keinen Raum mehr lässt für eine Kultur des Erbarmens und des Verzeihens[24]. Die heutige Existenz steht unter der permanenten Rechtsunsicherheit. „Wer ich bin und weshalb ich überhaupt ein Recht habe zu leben, wird fraglich, wenn meine Handlungen vor dem allerorten präsenten und doch nie wirklich zu Gesicht zu bekommenden Tribunal keine Billigung finden"[25], meint Körtner unter deutlicher Anspielung auf Franz Kafkas „Der Prozess".

Die Rechtfertigungslehre erweist sich als erstaunlich aktuell. Sie betrifft nicht nur die Auseinandersetzung der spätmittelalterlichen Bußtheologie mit den neuen Einsichten der Reformation, sondern auch die Begründung menschlicher Identität unter heutigen Bedingungen. Nach evangelischem Verständnis gehört neben dem *solus Christus* und *sola gratia* auch das *sola fide* unaufgebbar dazu, um das Rechtfertigungsgeschehen recht zu verstehen und zu deuten. Daher ist die Diskussion darüber nicht nur aus historischen Gründen, nicht nur wegen der Verständigung zwischen den Konfessionen, sondern vor allem wegen der Herausforderungen für das gute Leben heute intensiv zu führen.

Vortrag, gehalten in der Katholisch-Theologischen Fakultät der Universität Graz im Rahmen der zweitägigen Fachtagung „Glauben in leichtgläubiger Zeit – Christ sein 500 Jahre nach Luther" (Veranstalter: Ökumenisches Forum christlicher Kirchen in der Steiermark) in Graz am 28. Jänner 2017.

Anmerkungen

1 Martin Luther: Ein Sendbrief vom Dolmetschen (1530), WA 30/2, 636f.
2 Heinrich Denzinger: Kompendium der Glaubensbekenntnisse und Kirchlichen Lehrentscheidungen, hg. von Peter Hünermann, Freiburg u. a. [37]1991, 517f.
3 Eberhard Jüngel: Das Evangelium von der Rechtfertigung des Gottlosen als Zentrum des christlichen Glaubens, Tübingen [3]1999, 201 Anm. 215.
4 Friedrich Hauschild (Hg): Die Gemeinsame Erklärung zur Rechtfertigungslehre. Dokumente des Entstehungs- und Rezeptionsprozesses, Göttingen 2009.
5 Jüngel (wie Anm. 3).
6 A. a. O., 212.
7 Martin Luther: Thesen für fünf Disputationen über Römer 3,28, Lateinisch-deutsche Studienausgabe (hg. von Wilfried Härle u. a.), Band 2, Leipzig 2006, 405 (These 24).
8 Martin Luther: Der Kleine Katechismus, Zweites Hauptstück: Der Glaube, EG 806.1
9 Jüngel (wie Anm. 3), 202.
10 Martin Luther: In epistolam S. Pauli ad Galatas Commentarius ex praelectione (1531/1535), WA 40/1, 283.
11 Hans Martin Barth: Die Theologie Martin Luthers, Gütersloh 2009, 275.
12 Martin Luther: Die Zirkulardisputation de veste nuptiali (1537), WA 39/1, 283.
13 Ebd.
14 Wilfried Härle: Dogmatik, Berlin-New York [2]2000, 63, Anm. 17.
15 Martin Luther: Kirchenpostille (1522), WA 10/I/1, 130, 14–18.
16 Karl Barth: Kirchliche Dogmatik IV/1, 702.
17 Martin Luther: Von der Freiheit eines Christenmenschen (1520), WA 7, 38, 6–10.
18 EKD: Rechtfertigung und Freiheit. 500 Jahre Reformation 2017, Gütersloh [2]2014, 92.
19 Jüngel (wie Anm. 3), 220.
20 Martin Luther: Von der Winkelmesse und Pfaffenweihe (1533), WA 38, 205, 28f.
21 Martin Luther: Grund und Ursach aller Artikel D. Martin Luthers, so durch römische Bulle unrechtlich verdammt sind (1521), WA 7, 337, 30–35.
22 Martin Luther: Disputatio pro declaratione virtutis indulgentiarum (1517), WA 1, 233, 10f.
23 Barth (wie Anm. 11), 283f.
24 Ulrich H. J. Körtner: Reformatorische Theologie im 21. Jahrhundert, Zürich 2010, 44.
25 A. a. O., 35.

BILDER ZUR EUROPÄISCHEN UNION UND ZUR KIRCHE

Herausforderungen und Problemstellungen zum Thema Bibel und Bild in der Gemeinschaft Evangelischer Kirchen in Europa

Einleitung

„Dieses Bild bezeugt, dass in allem, was ist, ein Gott lebt. Unwandelbar wie ein Prinzip ist der Stoff, das Gold, das ihr geschenkt habt. Anschaulich, wandelbar, wie alles andere Zweite ist die Gestalt, die ich ihm gegeben. Verehrt euch selbst in diesem Sinnbild!“[1]

Mit diesen Worten fordert Aaron zu Beginn des zweiten Aktes in Arnold Schönbergs Oper „Moses und Aron“ das Volk auf, das Goldene Kalb zu verehren. Schönberg (1874–1951) war 1898 in Wien zum Protestantismus konvertiert. Bald nach dem Ende des Ersten Weltkriegs, interessanterweise ziemlich zeitgleich mit der Entwicklung der Zwölftontechnik, wendet er sich vermehrt Themen des Judentums zu. Am 23. Juli 1933 – kurz nach seiner Abreise aus Berlin – kehrt er im Pariser Exil wieder zum jüdischen Glauben zurück. Schon 1923 begann er mit der Arbeit an der Oper „Moses und Aron“, die bis 1937 andauerte. Zu den Vorarbeiten zählen seine vier Stücke für gemischten Chor (op. 27) von 1925, wo er im zweiten Stück „Du sollst nicht, du musst“ das Grundthema der Oper aufgreift: Du sollst dir kein Bild machen! Denn ein Bild schränkt ein, begrenzt, fasst, was unbegrenzt und unvorstellbar bleiben soll.

Das musikalische Grundgerüst der gesamten Oper bildet eine einzige vollständige Zwölftonreihe. Dennoch blieb das Werk unvollendet. Schönberg hatte selbst das Libretto geschrieben und den Gegensatz der Brüder auf zwei unterschiedliche Gottesvorstellungen fokussiert: Aaron steht für das Bild, Moses für den Geist, der sich im Wort mitteilt. Der amerikanische Historiker Carl Schorske hat in seiner Analyse der Wiener Kultur des 19. und beginnenden 20. Jahrhunderts zwei Gegensätze aufeinanderprallen gesehen:[2] auf der einen Seite eine noch in der Reformationszeit wurzelnde Kultur von *law and word,* Gesetz oder Recht und Wort, auf der anderen die im Barock der Gegenreformation verwurzelte anschaulich sinnliche Kultur der Schönheit und Anmut. Für die erste stehen in weiterer Folge die josephinische Aufklärung und das liberale Bürgertum, für die zweite die katholische Tradition und das aristokratische Milieu. Die angestrebte Synthese zwischen den beiden Kulturen, die letztlich scheitert, findet nach Schorske ihren Abgesang nach dem Ersten Weltkrieg bei Hugo von Hofmannsthal, bei Karl Kraus und bei Arnold Schönberg. Man könnte für die Charakterisierung der sogenannten Wiener Moderne noch Sigmund Freuds „Der Mann Moses und die monotheistische Religion" von 1939[3] dazuzählen, in dem ja auch die Tradition des Bilderverbots als Anregung zu Fortschritten in der Geistigkeit, als Aufforderung zu Sublimierungen und zur Betonung des Ethischen – so Freud – eine zentrale Rolle spielt.

Dass im Gottesbild der Mensch zwar seines Gottes habhaft werden möchte, aber letztlich im Bild eben nicht Gott, sondern sich selbst begegnet („Verehrt euch selbst in diesem Sinnbild" heißt es bei Schönberg), verrät die tiefe Ambivalenz des Bildes und gibt Anlass, über die Berechtigung und Notwendigkeit des Bilderverbotes immer neu nachzudenken. Michael Weinrich hat in einem Vortrag über das Bilderverbot unter Anspielung auf die Geschichte vom Goldenen Kalb formuliert: „Wenn der Mensch zu Gott nicht aus sich herausgeht, sondern sich in seiner Frömmigkeit in sich selbst hineintanzt, ist es kein Wunder, wenn er dann am Ende auch allein sich selbst begegnet."[4]

Im Umgang mit den Bildern wurden in der Reformation verschiedene Wege eingeschlagen. Generell gab es beinahe überall Bilderstürme, zumeist verbunden mit Aufruhrbewegungen als Revolten „von unten". Die Entfernung der Bilder und Reliquien aus den Züricher Kirchen ist davon aber zu unterscheiden. Diese Aktionen, die 1524 begannen, waren geordnete Handlungen, mit Beteiligung der Zünfte und Gilden unter ausdrücklicher Billigung des Rates der Stadt. Die entfernten Bilder und Statuen wurden auch nicht zerstört, sondern sicher verwahrt und nicht selten einfach verkauft. Der calvinistische Kampf gegen das religiöse Bild in den Niederlanden hat die weltliche Kunstproduktion nicht nur nicht gestört, sondern ganz wesentlich gefördert. Die Kirchen mochten ab nun ohne Bilder auskommen, die Bürgerhäuser taten dies nicht, wie die Verbreitung der Gemälde Rembrandts beweist.

In der lutherischen Tradition wurden die Bilder, wie es Petra Bahr einmal treffend nannte, schlicht und einfach tiefer gehängt. Sie wurden pädagogisiert und ihres Anspruchs der religiösen Repräsentierung entkleidet oder – um mit Max Weber zu sprechen – entzaubert[5]. Es ist eigentlich erstaunlich, dass dieser Unterschied zwischen der reformierten und lutherischen Tradition, der sich immerhin in der tradierten Gestalt des Dekalogs bis in die Katechismen hinein bis heute gehalten hat, bei der Überwindung der innerprotestantischen Spaltung durch die Leuenberger Konkordie von 1973 offenkundig keine Rolle gespielt hat. Es gibt keinen Auftrag zu einem Lehrgespräch über die Bedeutung der

Bilder oder über die Bedeutung des Bilderverbotes. Generell suchen wir vergebens eine Bezugnahme auf das Thema Bild bzw. Bilderverbot in den Texten der Kirchengemeinschaft.

Und doch setzt ausgerechnet die Kirchenstudie von 1994[6] mit einem kräftigen, bei Luther entlehnten Bild ein. Da wird einleitend aus den Schmalkaldischen Artikeln zitiert: „Es weiß, gottlob, ein Kind von sieben Jahren, was die Kirche sei, nämlich die heiligen Gläubigen und die Schäflein, die ihres Hirten Stimme hören" (ArtSm III, 12).[7] Die *congregatio sanctorum* als Wesensbestimmung der Kirche, die Herde. Aber ihre Tätigkeit besteht nun nicht im Sehen oder Schauen, sondern im Hören. Die Kirche macht keine großen Augen, sie ist vielmehr ganz Ohr. Für sie trifft zu: Ich höre, also bin ich. Denn sie gründet im Wort des dreieinigen Gottes und ist das Geschöpf des zum Glauben rufenden Wort Gottes, das als Zuspruch und Anspruch, als Evangelium und Gesetz vernommen wird.

Der Rahmen: Die Gemeinschaft der Evangelischen Kirchen in Europa (GEKE)

Nach dieser Einleitung will ich nun versuchen, das mir gestellte Thema aus dem Blickwinkel der GEKE aufzugreifen. Mit der Angabe des Kontexts, in dem sich diese Gemeinschaft mit der Leuenberger Konkordie von 1973 gebildet hat, möchte auch ich einen Bezugsrahmen vorgeben. Europa, die Kirchen und die Bilder. Es ist ja auffällig, dass nicht nur in Bezug auf die Kirche, sondern auch in Bezug auf Europa mit vielfältigen und zum Teil sehr unterschiedlichen Bildern gesprochen wird.[8] Es gibt also so etwas wie Kirchenbilder und auch so etwas wie Europabilder.[9] Wie steht es um das Verhältnis der beiden zueinander? Ergibt sich aus dem Vergleich eine Anregung für das Verständnis der

Aufgaben, die die evangelischen Kirchen sich selbst für Europa gegeben sehen? Die Tatsache, dass die Kirchenbilder zumeist biblischen, genauer: neutestamentlichen Ursprungs sind, bringt nun auch die Bibel ins Spiel, wenngleich sie nicht extra thematisiert wird. Das hat die GEKE in ihrem Lehrgespräch „Schrift – Bekenntnis – Kirche“[10], welches die 7. Vollversammlung angenommen hat und das in den Kirchen rezipiert wird, bereits getan. Im Blick auf die Bilder für die Kirche kann zurückgegriffen werden auf den Text „Kirche gestalten. Zukunft gewinnen“, der von der Südosteuropagruppe erarbeitet wurde und von der Vollversammlung in Budapest 2006 entgegengenommen wurde. Dort findet sich ein Abschnitt zur Kirche in Bildern des Neuen Testaments: „Schon im Neuen Testament ist von ihr häufig in Bildern die Rede. Es bietet bekanntlich kein einheitliches Verständnis von Kirche, sondern überliefert verschieden akzentuierte Vorstellungen von ihr und daher auch ganz verschiedene Bilder. Das Geschehen, das mit dem Wort Kirche benannt wird, lässt sich offensichtlich nur bildhaft beschreiben. Bilder können Kirche sichtbar und in den Grenzen des Verstehens begreifbar machen.“[11]

Wenn nun also politische und theologische Metaphern und Wortbilder aufeinander bezogen werden, sollten wir uns darüber im Klaren sein, dass für beide Bereiche die Metapher viel mehr ist als der bloße Schmuck, der *ornatus*, der Rede, wie es noch Quintilian in seiner Rhetorik definiert hatte. Metaphern sind auf Wirkung ausgerichtet, die durch ihre massenhafte Verbreitung in den Medien noch verstärkt wird. Sie enthalten verdeckte Argumentationsgänge, sie können Zukunftsvisionen sein, die mehr oder weniger vage bleiben, wodurch sich auch unterschiedliche Gruppen auf eine gemeinsame Ausrichtung verständigen können. Im Detail geht der Streit weiter, aber zugleich werden neue

Blickrichtungen, Möglichkeiten und Bewusstseinswandlungen mittransportiert und verarbeitet.

Haus, Bauwerk, Festung

Die EU ist reich an architektonischen Bildern. Auf jedem Euroschein findet sich ein Bauwerk, es sind Brücken aus verschiedenen Epochen der Baugeschichte und damit der Geschichte des Kontinents. Die Rede vom „gemeinsamen Haus Europa" wird Michail Gorbatschow und seinem Buch „Perestroika" von 1987 zugeschrieben. Sie ist aber wesentlich älter, man begegnet ihr bereits bei Charles de Gaulle und Konrad Adenauer, bei Andrej Gromyko und Leonid Breschnew. Stets wird sie verwendet, um die Überwindung von Gegensätzen auszudrücken, bei Gorbatschow ist sie der Ost-West-Gegensatz und die Periode des Kalten Krieges, bei Oskar Lafontaine dient sie 1989 zur Einbettung der Wiedervereinigung Deutschlands in das gemeinsame Haus Europa. In diese Bilderwelt gehört auch die Rede von der „Hausordnung Europas", die insbesondere in die Sprachen der Zuwandernden zu übersetzen ist, damit das zunehmend spannungsvoll werdende Zusammenleben festen Regeln gehorchen möge. Zum Bild des Hauses gehört auch die Frage, wer draußen steht, wer – vielleicht als Beitrittskandidat für die EU – an die Türe klopft und diese oder zumindest ein Fenster offen findet. Im Bild des Hauses lassen sich auch die Spannungen zwischen gesamteuropäischen und nationalstaatlichen Interessen ausdrücken, denn es geht um die Zimmerverteilung. Eine in den letzten Jahren neue Dimension hat die architektonische Metaphorik darin gefunden, dass das Haus mittlerweile weithin zur Festung ausgebaut worden ist. Das Bild von der „Festung Europa" stammt aus dem Propagandajargon der Nazis während des Zweiten Weltkrieges.

Heute wird es verwendet, um die Abschottungstendenzen Europas gegenüber Flüchtlingen zu beschreiben.

Die Kirche wird auch als Bauwerk gesehen. Das Fundament könnten der Apostel Petrus (Matthäus 16,8) oder die Apostel und Propheten (Epheser 2,20) sein. Eckstein ist Jesus Christus (Epheser 2,20; 1. Petrus 2,4–6), wie es im bekannten neueren Kirchenlied heißt: „Die Kirche steht gegründet allein auf Jesus Christ ..." (EG 264). Im Hebräerbrief kann die Gemeinde direkt als „Haus Christi" bezeichnet werden (Hebräer 3,6). Hierher gehört auch die Rede vom Tempel. Die Kirche erscheint als Gottes Bauwerk, erbaut aus lebendigen Steinen (1. Petrus 2,5). Das Wohnrecht: „Nun sind wir nicht mehr Fremdlinge, [...] sondern Gottes Hausgenossen" (Epheser 2,19). Das Bild vom Haus wird also aus der Sicht derer entworfen, die draußen stehen, während die politische Metapher vom Haus Europa eine Sicht von innen ausdrückt.

Organismus, Leib, Seele

Organismus-Metaphern teilen mit Körpermetaphern bzw. Metaphern von Quasipersonen viele Eigenschaften: Sie appellieren an die Naturhaftigkeit des Bezeichneten, sie evozieren seit dem christlichen Mittelalter die Verbindung von Leib und Seele, Körper und Geist, ich erinnere an das *corpus christianum*.

Jacques Delors, EU-Kommissionspräsident, so wird erzählt, hat Anfang der 90er-Jahre eine Seele für Europa ins Gespräch gebracht. Was genau aber er gesagt hat, ist nicht so leicht festzustellen. Denn die Geburt der europäischen Seele fand in einem Gespräch statt, von dem es letztlich nur verschiedene Gesprächsnotizen gibt. Das Gespräch am 4. Februar 1992 führte Delors mit Kirchenvertretern. Die politische Rede von der „Seele

Europas" entstand zu einem Zeitpunkt, an dem eine Phase des Europäischen Integrationsprozesses ihren Abschluss gefunden hatte, während gleichzeitig durch die turbulenten historischen Ereignisse der Jahre 1989–1991 die ursprüngliche Vision Europas für seine Bürger ihre Kraft zu verlieren begann und über neue Zielsetzungen keine Einigkeit bestand. Nach den Jahren der „Eurosklerose" von 1975 bis 1985 versucht Jacques Delors als Präsident der Kommission den „Europäischen Zug" wieder in Gang zu setzen und neue Ziele für die EU zu formulieren. Mit dem Vertrag von Maastricht wird der Europäische Binnenmarkt vollendet, die Europäischen Gemeinschaften wandeln sich zur Europäischen Union. Gleichzeitig wird in einigen Mitgliedsstaaten in Abstimmungen über den Vertrag deutlich, dass nicht alle Bürger der damals zwölf Mitgliedsstaaten bereit sind, diese Änderungen widerspruchslos hinzunehmen. Der „europäische Motor" beginnt zu stottern – das europäische Integrationsprojekt scheint die Zustimmung seiner Bürger zu verlieren. Der Zusammenbruch des Kommunismus und die Integration neuer Länder stellen die Europäische Union vor Herausforderungen. Das Auseinanderbrechen Jugoslawiens und der Krieg auf dem Balkan führen schmerzlich vor Augen, dass die EU hilflos, weil politisch zerstritten ist.

In dieser Situation wird Jacques Delors klar: Die technische Seite des Integrationsprojekts läuft im Großen und Ganzen, aber sie kann diejenigen nicht mehr begeistern, die das Projekt tragen sollen: die Bürger Europas. Der Integrationsprozess wird als technokratisches Marktinstrument, als abgehobenes Projekt einer politischen und intellektuellen Elite wahrgenommen, das offensichtlich nicht hält, was es verspricht. Die großen Errungenschaften des Integrationsprozesses, von der bereits erwähnten Friedensperiode angefangen, werden als gegeben angenommen – und nicht als Ergebnis eines langen politischen Prozesses. Delors weiß, dass er die Menschen, alle Bürger Europas, für dieses Projekt gewinnen muss, wenn es eine Zukunft haben soll. Dazu bedarf es eines deutlichen Ziels, das gemeinsam anzustreben sich lohnt und für das sich die Bürger begeistern können. In dieser Situation, auf der Suche nach Mitstreitern, fällt sein Wort von der „Seele". Mit der Metapher von der „Seele Europas" meinte Jacques Delors ein Projekt, aber keine religiös definierte ontologische Größe. Delors' Absicht finden wir in einem Vortrag im Februar 1992 vor der Konferenz europäischer Kirchen (KEK):

„Wir betreten nun eine faszinierende Zeit – wahrscheinlich vor allem für die junge Generation –, eine Zeit, in der die Debatte über die Bedeutung des Aufbaus Europas ein wesentlicher politischer Faktor werden wird. Glauben Sie mir, wir werden mit Europa keinen Erfolg haben mit ausschließlich juristischer Expertise oder wirtschaftlichem Know-how. Es ist unmöglich, das Potenzial von Maastricht ohne frische Luft Wirklichkeit werden zu lassen. Wenn es uns in den kommenden zehn Jahren nicht gelingt, Europa eine Seele zu geben, es mit einer Spiritualität und einer tieferen Bedeutung zu versehen, dann wird das Spiel zu Ende sein. Daher möchte ich die intellektuelle und spirituelle Debatte über Europa wiederbeleben. Ich lade die Kirchen ein, sich daran aktiv zu beteiligen. Wir möchten diesen Prozess nicht kontrollieren, es ist eine demokratische Debatte, die nicht von Technokraten monopolisiert werden darf. Ich möchte einen Ort des Austauschs schaffen, einen Raum für Diskussion, der offen ist für Männer und Frauen mit Spiritualität, für Gläubige und Nichtgläubige, für Wissenschaftler und Künstler. Wir arbeiten bereits an dieser Idee. Wir müssen einen Weg finden, hier auch die Kirchen mit einzubinden."[12]

Hier wird deutlich, was Jacques Delors in diesem Zusammenhang unter „Seele" versteht: eine intellektuelle und spirituelle Debatte über die Ziele und die Bedeutung der europäischen Integration, die niemanden ausschließen und von niemandem dominiert werden darf. Männer und Frauen, Jung und Alt, Gläubige und Ungläubige, Wissenschaftler und Künstler, sie alle sollen sich beteiligen. Diese „Seele" ist ein „Prozess" – und gleichzeitig gelingt es Delors doch nicht ganz, den Technokraten abzulegen: „Wenn es uns [...] nicht gelingt, Europa eine Seele, es mit einer Spiritualität und einer tieferen Bedeutung zu versehen ..."

Das Bild von der Seele im politischen Zusammenhang ist zusätzlich geprägt vom Nationalismus des 19. Jahrhunderts. Der Staat als Körper der Nation, die wiederum seine Seele bildet. In einer jüngeren Initiative zur Diskussion um die Zukunft Europas wird das neue Leitmotiv „Körper und Geist" Europas beschworen. Die Absicht der Initiatoren ist es, ein neues Leitmotiv für Europa zu entwerfen, das alle Bürgerinnen und Bürger Europas anspricht: Das Vertrauen in Europa muss zurückgewonnen werden. Vor dem Hintergrund der gegenwärtigen globalen Trends müssen wir Werte wie Menschenwürde und Demokratie behaupten und dürfen nicht populistischen und nationalistischen Lesarten das Feld überlassen. Der Geist Europas stützt sich auf unser spirituelles, philosophisches, künstlerisches und wissenschaftliches Erbe und wird von den Lehren der Geschichte vorangetrieben. Dieses Europa muss nun auch einen echten und wirksamen politischen Körper herausbilden, der willens und in der Lage ist, den Herausforderungen und Schwierigkeiten zu begegnen, die sich den europäischen Bürgerinnen und Bürgern gegenwärtig und künftig stellen. Deren Liste, die vom Flüchtlingsdrama, über die Jugendarbeitslosigkeit, den Klimawandel und die Einwanderung bis zum Datenschutz reicht, ist lang, und die Zeit drängt.

Die Kirche als Leib Christi und als Leib mit den verschiedenen Gliedern begegnet bei Paulus (1. Korinther 12,12ff; Römer 12,4ff) und in den Pastoralbriefen. Das Bild will sagen, dass die Gemeinde unter ihrem Haupt Christus (Epheser 4,15f) lebt. Sie gründet sich auf Christus, von Christus her wird dargestellt, begründet und profiliert, was Kirche ist. Dabei sind zwei Tendenzen mit dem Bild verbunden. Bei Paulus ist es die Teilhabe aller am Leib, die Wechselseitigkeit der Verschiedenen, während die Pastoralbriefe eher die Unterordnung unter dem Haupt Christus hervorheben.

Familie

„Kroatien mit 1. Juli in der europäischen Familie" – so titelten 2013 manche Zeitungen den vollzogenen EU-Beitritt des Balkanlandes. „Die Ukraine kehrt in die Familie der europäischen Völker zurück", so Viktor Poroschenko im November 2014. EU-Ratssitzungen werden traditionell mit dem bekannt gestellten „Familienfoto" abgeschlossen. Als spezifisches Wirkungspotential dieser Metapher lässt sich ihre Eignung als Bindeglied zwischen öffentlicher und privater Sphäre erfassen, es werden komplexe politische Themen in vereinfachter Form in den emotional und ideologisch aufgeladenen Raum des Privaten, der Familie verlagert. Die Darstellung der Europäischen Union als einer großen Familie „domestiziert" bzw. verdeckt „die verhandelten politischen und ökonomischen Interessen, indem metaphorisch ein harmonisches Miteinander konstruiert wird"[13]. Die Metapher appelliert an die Loyalität aller Familienmitglieder und evoziert ein Gefühl der Verbundenheit, indem sie die natürliche Gewachsenheit des Gefüges betont und eine essenzielle Zusammengehörigkeit unterstellt. Es findet eine Stärkung des transnationalen Gemeinsinns durch das Insinuieren von genealogischen Abstammungsverhältnissen statt. Die Betonung der „natürlichen" Bande lässt sich weiter mit einem europäischen Selbstverständnis als Kulturgemeinschaft parallelisieren. Schon allein mit der gegenseitigen Anrede als Geschwister zeigt das frühe Christentum, dass es die Kirche als eine Familie versteht. Jesus selbst zeigt sich geradezu familienfeindlich: mit schroffen Worten gegenüber Eltern und Geschwistern (Markus 3,31–35). Seine wahre Familie sind die Frauen und Männer, die ihm nachfolgen. Die sozialen Strukturen der Jesusbewegung öffnen den Blick für ungewöhnliche, aber nicht „unnatürliche" familiale Strukturen, nicht nur für klösterliche Gemeinschaften, sondern auch für Großfamilien, Kommunen und Gemeinschaftsformen, in denen sich Menschen zusammenfinden, die durch einen Lebensstil und ein Lebensziel verbunden sind. Auch hier kann biblische Erinnerung zur Ermutigung für zunächst ungewohnte Lebensformen werden, die Verlässlichkeit und Beheimatung bieten.

Frau

Schon im antiken Ursprungsmythos begegnet uns Europa als junge Frau. Europa ist eine Frau: Das weiß jeder, der sich in der griechischen Mythologie auskennt. Die phönizische Königstochter Europa, so geht die antike Sage, fiel ob ihrer Schönheit dem Göttervater Zeus ins Auge, den es nicht bei seiner angetrauten Ehefrau Hera hielt. Um sie zu täuschen und Europa für sich zu gewinnen, verwandelte sich Zeus flugs in einen Stier und entführte die Geliebte aus der Schar ihrer Gespielinnen. Auf seinem Rücken trug er sie sodann vom vorderasiatischen Tyros (im heutigen Libanon) über das Meer nach Kreta. Dort nahm er seine normale Gestalt wieder an und zeugte mit Europa drei Kinder. Aufgrund einer Verheißung Aphrodites erhielt der neu entdeckte Erdteil den Namen der Königstochter.

Mit diesem Ausflug in die griechische Mythologie beginnt fast jede „Geschichte Europas", die derzeit auf den Markt kommt – und das sind nicht wenige. Jeder Verlag, der auf sich hält, schmückt sich damit, und die Bücher verkaufen sich im Zeichen des neu erwachten Interesses an „europäischen Geschichtslandschaften" oder „Erinnerungsräumen" gut. Als wollte sie das aufgreifen, hat Elisabeth Parmentier in ihrer Predigt im Eröffnungsgottesdienst der 2. Ökumenischen Europäischen Versammlung 1997 in Graz davon gesprochen, dass Europa „schwanger" ist, und dieses Bild als Ausdruck der im wahrsten Sinn des Wortes „guten Hoffnung" anschaulich entfaltet.[14] Fast wie in einem Gegenpol hat Papst Franziskus bei seiner Rede vor dem Europaparlament 2014 von Europa als einer alt gewordenen Frau gesprochen, die keine Kinder mehr bekommen kann.

Im europäischen Selbstverständnis war die Reife und das Erwachsenwerden stets ein Thema, vor allem seit der Aufklärungszeit. Europa war keine junge Frau mehr, sondern erwachsen geworden und hatte sich dabei – keine Überraschung – zudem in einen Mann verwandelt. Damit hatte Europa die höchste Stufe der Zivilisiertheit erreicht. Für Friedrich Schiller fügte sich das Verhältnis Europas zu Nichteuropa zum Genrebild der bürgerlichen Familie. Die Entdeckungen europäischer Seefahrer, meinte er in seiner Jenenser Antrittsrede von 1789, „zeigen uns Völkerschaften, die auf den mannigfaltigsten Stufen der Bildung um uns herum gelagert sind, wie Kinder verschiedenen Alters um einen Erwachsenen herumstehen und durch ihr Beispiel ihm in Erinnerung bringen, was er selbst vormals gewesen und wovon er ausgegangen ist."

Auch die Kirche erscheint im Bild einer Frau. Die Gegenwart des Bräutigams Jesus bei den Jüngern (Markus 2,19) und die *eschatologische Wiederkunft* des Bräutigams Christus (Matthäus 25,1–13) drücken mit dem Wortfeld der Brautsymbolik die intensive Verbindung und Treue der Gemeinde aus. Der Verfasser des Epheserbriefes bezeichnet die Gemeinde als Braut Christi (Epheser 5,31–32), Paulus kennzeichnet sie in 2. Korinther 11,2 sogar mit dem Wort „Jungfrau" (griechisch *parthénos*) statt „Braut" (griechisch *nýmphe*).

Als Antwort auf die Frage, wen die Braut Sulamith des Hohelieds darstellen soll, trafen im zweiten und dritten nachchristlichen Jahrhundert insbesondere die Kommentare von Rabbi Akiba (ca. 50/55–135) und des antiken Theologen Origenes (185 – ca. 254) aufeinander. Akiba interpretierte das Lied *kollektiv* als eine Darstellung der Beziehung zwischen Gott und dem Volk Israel. Bei Origenes ist die Braut dagegen *individuell* die Seele, wobei die Auslegung des Hohelieds noch nicht auf Maria als Braut bezogen ist. Die Kirchenväter Hippolyt (ca. 170–235) und Cyprian von Karthago (200 oder 210–258) sehen die Ekklesia, die Kirche, dann bereits als Braut Christi. In der geheimnisvollen Gestalt der gebärenden Frau in der Wüste aus der Offenbarung (Offenbarung 12,1–6.13–17) kann ebenfalls ein Bild für die Kirche gesehen werden.

Reise und Wanderschaft

Metaphern aus dem Quellbereich Verkehr/Reise lassen sich unter Orientierungsmetaphern subsumieren, die über Richtung und Modalität von Bewegung im Raum Auskunft geben. Sehr oft, aber nicht immer, ist die EU als Quasi-Person imaginiert, die sich fortbewegt, auch die Staaten sind als Reisende konzeptualisiert. Das kommt in der Rede von den „Staatenlenkern" zum Ausdruck, oder, im Rahmen der Diskussion um ein Europa der verschiedenen Geschwindigkeiten, wenn es um eine „Kerngruppe" von Staaten geht, die der metaphorischen Logik zufolge schneller als die anderen unterwegs sind. Auch im Blick auf die Kirche sind uns Metaphern aus dem Bereich Wanderschaft und Reise vertraut. Herausragend ist da natürlich der Hebräerbrief, der die Kirche als das wandernde Gottesvolk beschreibt (Hebräer 13,14). Schon die Definition des Glaubens in Kapitel 11 legt nahe, Glauben als Exodus, als Heimatlosigkeit, als getrosten Weg ins Unbekannte zu beschreiben. Wer und wen Gott sucht, der wird heimatlos (Hans von Campenhausen). Ziel der Wanderung ist die *Katapausis* („Ruhe") bei Gott. Der Weg ist nicht das Ziel.

Klub und Ekklesia

2010 prägte der türkische Ministerpräsident in seiner unnachahmlich polemischen und polternden Art das Wort vom „Christenclub". „Wenn sie uns in der EU nicht wollen, verlieren wir nichts. Dann entscheiden sie sich eben dafür, ein Christenclub zu sein."[15] Seitdem steht die Club-Metapher in unlösbarem Zusammenhang mit der Diskussion um den EU-Beitritt der Türkei. Der Berliner Bischof Markus Dröge meinte 2013, Europa sei kein Christenclub[16]. Im Gegensatz dazu hatte Margot Käßmann in einem Vortrag in München am 5. Oktober 2005 formuliert: „Europa ist im positiven Sinn ein Christenclub".[17]

Ausschlaggebend ist bei der Verwendung der Club-Metapher durchwegs das Merkmal der Selektivität des Klubs. In der Club-Metapher erscheinen in der Vorstellung vom Club die EU-Staaten als Quasipersonen, die sich zusammengeschlossen haben. Die Selektivität stellt die Schwierigkeiten der Verhandlungen im Beitrittsprozess dar und definiert gleichzeitig eine Außenposition des Nicht-Mitglieds. In spezifischen Verwendungsformen steht das Bestimmungsrecht des Clubs im Vordergrund, mithin der *goodwill* und die Bedürfnislage der Clubmitglieder.

Die Clubmitgliedschaft ist in zweifacher Weise bedeutungsvoll: In soziologischer Perspektive ist sie Ausdruck einer spezifischen Klassenlage, eines distinktiven Lebensstils bürgerlicher Eliten. Exklusivität und räumliche Separiertheit sind dabei häufig um gesellige Aktivitäten, etwa auch extravagante Sportarten, herum organisiert. Der Zugang zu den Clubs ist meist hochselektiv. Auch mit dem Begriff *Ekklesia* übernimmt das Neue Testament einen Begriff für die politische Bürgerversammlung. Ihr gehörten nur die freien Männer an.

In den Evangelien begegnet uns der Begriff nur bei Matthäus 16,18 und 18,17. Hat der historische Jesus den Begriff überhaupt verwendet? Im 3. Johannesbrief meint *Ekklesia* die örtliche Gemeinde (Vers 5), im Hebräerbrief auch die eschatologische Gemeinschaft (2,12; 12,23). Paulus bezeichnet damit wohl die lokalen Gemeinden (1. Korinther 1,2; 2 Korinther 1,1) und die Kirche als Ganze (1. Korinther 10,32; 12,28). Aber die Aufnahme dieser Begrifflichkeit ist nicht mit der Absicht der Abgrenzung oder gar Exklusivität verbunden, sondern mit der gegenseitigen Annahme: „Nehmt einander an, wie Christus euch angenommen hat zum Lobe Gottes“ (Römer 15,7). Die Charismenlehre des Paulus und vor allem Galater 3,28 zeigen, dass in dieser neuen Gemeinschaft mit der Andersheit neu umgegangen wird. Sie ist kein Ausschließungsgrund, im Gegenteil konstituiert sich die neue Gemeinschaft als Gemeinschaft der Verschiedenen. Dabei ist besonders bedeutsam, dass in ihr diejenigen, die ansonsten ausgegrenzt und ausgeschlossen bleiben, besondere Aufmerksamkeit erfahren, wie Paulus im Blick auf die korinthische Gemeinde ausführt (1. Korinther 1, 26).

Schluss

Die Gegenüberstellung von Europa- und Kirchenbildern ließe sich unschwer fortsetzen. In einer Dissertation zu Europa-Metaphern aus Wien im Jahr 2011[18] werden zu den bereits genannten Quellbereichen für Bildworte noch eine ganze Reihe weiterer genannt: Kampf und Krieg; Tierwelt; Natur (die Rede von der „Flut") und Wetter; Sport und Spiel oder Schule und Pädagogik. Der Europadiskurs evoziert Bilder und dokumentiert damit die starke emotionale Komponente, die ihm eigen ist, sowie die eingangs schon erwähnte Unbestimmtheit, die nicht nur negativ gesehen werden muss, auch wenn sie auf der Ebene der politischen Sachpolitik einen eindeutigen Mangel darstellt.

Zum Inhaltlichen: Auch wenn sich die Europabilder und die Kirchenbilder hinsichtlich ihrer Herkunft und Bildsprache ähnlich sind und eine Fülle von Ähnlichkeiten hergestellt werden kann, unterscheiden sie sich in der Tiefe doch fundamental. Gibt es aus Ähnlichkeit und Differenz Hinweise für das Verhältnis von (evangelischer) Kirche und Europa? Ich erwähne nur im Ansatz:

Zuerst deuten die Bilder darauf hin, dass sie den Versuch darstellen, gemeinsame Zukunftsvisionen und damit eine gemeinsame Orientierung zu geben. Von dieser Funktion her bestätigt sich die immer wieder geäußerte Überzeugung der evangelischen Kirchen, dass Europa nicht aus dem Vergangenen hergeleitet werden kann (Stichwort: Abendland), sondern in erster Linie als ein offenes Zukunftsprojekt zu verstehen ist.

Den größten Unterschied sehe ich darin, dass die Europabilder gerade heutzutage gerne im Sinne der Exklusivität verwendet werden. Die Kirche hingegen versteht sich als offene Gemeinschaft, die gerade den Ausgegrenzten und Heimatlosen, den Marginalisierten und an den Rand Gedrängten Beheimatung und Hoffnung gibt. Daraus ergeben sich Reibungen auch in der Verwendung der Bilder.

Aber generell: nichts gegen die Bilder! Was ist so schlimm an den Bildern?, fragt Jan Assmann in einem Beitrag zum zweiten Gebot des Dekalogs.[19] In seiner 2014 veröffentlichten Streitschrift zur heute weithin verbreiteten Praxis der Unbildung nimmt der österreichische Philosoph und Kulturkritiker Konrad Paul Liessmann neben vielem anderen auch die Unsitte aufs Korn, jeden Vortrag und jede Vorlesung mit einer visuell unterstützten Präsentation zu gestalten. Dieses – wie er es nennt – „Power-Point-Karaoke" führt seiner Meinung nach zur Destruktion von Bildung durch ihre visuelle Simulation. Illustrationen tun so, als ob sie Argumente ersetzen könnten. Gegen ein buntes, kurz aufleuchtendes Tortendiagramm ist kein Einspruch möglich, so Liessmann, denn: Bilder dulden prinzipiell keinen Widerspruch. Sie verstehen sich von selbst in eigener Evidenz.[20]

Gegen ein solches Verständnis von Bildern und ihrer Verwendung wird evangelische Theologie und Kirche stets unter Rückgriff auf das biblische Bilderverbot Protest einlegen. Gerade um dem Bild sein Recht und seine Wirkung zu lassen und ihm so gerecht zu werden, muss es kritisch eingeordnet, eingesetzt und verwendet werden. Dafür steht meiner Meinung nach die evangelische Tradition auch heute.

Beitrag, veröffentlicht unter dem Titel „Herausforderungen und Problemstellungen zu Bibel und Bild heute in den GEKE-Kirchen", in: Lutherische Kirchen in der Welt. Jahrbuch des Martin Luther-Bundes 63 (2016) 106–119.

Anmerkungen

1 Arnold Schönberg: Moses und Aron. Textbuch/Libretto, Mainz 1985; Stefan Strecker: Der Gott Arnold Schönbergs. Blicke durch die Oper Moses und Aron, Münster 1999.
2 Carl E. Schorske: Mit Geschichte denken. Übergänge in die Moderne, Wien 2004, 151–168.
3 Sigmund Freud: Der Mann Mose und die monotheistische Religion, Frankfurt am Main 1999.
4 Michael Weinrich: Du sollst dir kein Bildnis machen. Wort-Bilder contra Bild-Bilder, Materialdienst. Evangelischer Arbeitskreis Kirche und Israel in Hessen und Nassau. (http://www.imdialog.org/md2006/02/04.html; Zugriff am 29. 9. 2015)
5 Petra Bahr: Von der Befreiung der Bilder – ein etwas anderer Blick auf den reformierten Bildersturm (https://www.ekd.de/vortraege/2009/090319_bahr_bildersturm.html; Zugriff am 29. 9. 2015)
6 Michael Bünker / Martin Friedrich (Hg.): Die Kirche Jesu Christi (= Leuenberger Texte 1), Leipzig ^{4}2012.
7 BSLK 459.
8 Dazu gibt es zahlreiche Literatur, etwa: Irene Dingel / Matthias Schnettger (Hg.): Auf dem Weg nach Europa. Deutungen, Visionen, Wirklichkeiten, Göttingen 2010.
9 In Bezug auf die Bilder und Metaphern für Europa, speziell die EU folge ich im Weiteren: Karin Bischof: EUmetaphern im medialen Diskurs: das Beispiel der EU als *global player*, Diss. (Universität Wien) 2011 (Download unter: http://othes.univie.ac.at/15152/1/2011-05-11_9005240.pdf, letzter Zugriff 29. 9. 2015).
10 Michael Bünker (Hg.): Schrift – Bekenntnis – Kirche (= Leuenberger Texte 14), Leipzig 2013.
11 Kirche gestalten, Zukunft gewinnen, in: Wilhelm Hüffmeier / Martin Friedrich (Hg.): Gemeinschaft gestalten – Evangelisches Profil in Europa, Texte der 6. Vollversammlung der Gemeinschaft Evangelischer Kirchen in Europa – Leuenberger Kirchengemeinschaft – in Budapest, 12.–18. September 2006, Frankfurt am Main 2007, 76–152 (Zitat: 117).
12 EECS (European Ecumenical Commission für Church and Society), Newsletter 2/1992; hier zitiert nach: http://www.comece.eu/europeinfos/de/archiv/ausgabe163/article/5938.html (Zugriff 29. 9. 2015).
13 Bischof (wie Anm. 9), 141–142.
14 Elisabeth Parmentier: Predigt im Eröffnungsgottesdienst, in: Versöhnung. Gabe Gottes und Quelle neuen Lebens, Dokumente der Zweiten Europäischen Ökumenischen Versammlung in Graz, Graz-Wien-Köln 1998, 290–293.
15 Die Welt, 6. 4. 2010.

16 Der Tagesspiegel, 31. 3. 2013.

17 Margot Käßmann: Ist Europa ein Christenclub? Die EU und die Türkei, zitiert nach: https://www.landeskirche-hannovers.de/evlka-de/presse-und-medien/nachrichten/2005/10/06-3594 (Zugriff am 29. 9. 2015)

18 Bischof (wie Anm. 9).

19 Jan Assmann: Was ist so schlimm an den Bildern? In: Hans Joas (Hg.): Die Zehn Gebote. Ein widersprüchliches Erbe? Köln 2006, 17–32.

20 Konrad Paul Liessmann: Geisterstunde. Die Praxis der Unbildung. Eine Streitschrift, Wien 2014, 82.

PFARRER, PROMI UND PROFESSOR

Friedrich Daniel Ernst Schleiermacher zum 250. Geburtstag

So einen Leichenzug hatte Berlin noch nicht erlebt. Tausende Menschen säumten die Straßen oder verfolgten von den Fenstern der Wohnhäuser den Trauerzug. Die ganze Stadt wäre auf den Beinen gewesen, heißt es, um einem ihrer ganz Großen den letzten Abschied zu geben. Eine Mischung aus Staatstrauer und religiöser Andacht wäre es gewesen und – besonders ungewöhnlich – alle folgten dem Sarg zu Fuß vom Sterbehaus zum Friedhof, niemand, auch nicht die Minister und höchsten Herren, nahm den Wagen. Das Begräbnis hatte damit etwas Demokratisch-Republikanisches, das dem Staats- und Kirchenverständnis des Verstorbenen entsprochen haben dürfte.

Das war am 15. Februar 1834 und der Tote war Friedrich Daniel Ernst Schleiermacher. Drei Tage zuvor, am 12. Februar, war er an einer Lungenentzündung verstorben. Er hatte in seinem Wirken Wissenschaft und Glaube, Theologie und Philosophie miteinander verbunden. Er hatte Platons Werke und englische Literatur ins Deutsche übersetzt sowie Bahnbrechendes für die Pädagogik, für die Staatstheorie, die Ethik und die Kirchentheorie geleistet. Seine Überlegungen zum Verstehen von Texten, zur Hermeneutik, haben Gültigkeit bis heute. Vor allem seine Überlegungen zur Religion als „eigener Provinz im Gemüt des Menschen" sind bis heute aktuell und herausfordernd. Schleiermacher hatte nicht eine Schule gestiftet, sondern ein Zeitalter. An der Schwelle von Aufklärung und Romantik wurde er zu einem Wegbereiter der Moderne.

Am 21. November 1768 wurde er in Breslau geboren. Gegen den Willen seines Vaters hatte Schleiermacher begonnen, in Halle an der Saale zu studieren. Vier Semester lang. Die Theologie scheint ihn damals nicht so sehr interessiert zu haben wie die Philosophie. Er beschäftigte sich mit den Werken Immanuel Kants, vor allem aber mit der Philosophie der griechischen Antike. Schleiermacher begann, die Nikomachische Ethik des Aristoteles ins Deutsche zu übersetzen. Bei der Gelegenheit verfasste er eine kleine Schrift. Es sind „Anmerkungen" zu den Büchern 8 und 9 der Nikomachischen Ethik. Aristoteles entwirft dort das Ideal der „Freundschaft des gegenseitigen Wohlergehens". Der gerade erst zwanzig Jahre alte Schleiermacher erweist sich in seinen Anmerkungen als bahnbrechender Denker der Moderne. Er geht von der unverwechselbaren Individualität jedes einzelnen Menschen aus, bindet sie aber an die Geselligkeit. Jede Beziehung ist eingebettet in die sozialen Verhältnisse. Die größte Herausforderung dieser menschlichen Grundbestimmung ist die Ungleichheit. Da wagte Schleiermacher ganz radikale Gedanken. Er meint: Je mehr jemand begünstigt ist, umso größer die Verpflichtung zur Hilfe. Und umgekehrt: Je größer die Benachteiligung, umso größer der Anspruch auf Hilfe. Diese Regel des Ausgleichs begründete Schleiermacher nicht moralisch, sondern mit der praktischen Vernunft. Beide, Begünstigte und Benachteiligte, seien doch aufeinander angewiesen. Erst im sozialen Engagement findet der Mensch ganz zu sich selbst. Schleiermacher setzte noch einen religiösen Gedanken drauf: Durch dieses gemeinsame Aufeinander-angewiesen-Sein wird die Verherrlichung Gottes gefördert, denn das Weltganze wird dadurch sichtbarer, Disharmonien und Unvollkommenheiten treten zurück. In unserer zunehmend polarisierten Gesellschaft, in der Solidarität und soziale Verantwortung bedroht sind, ist das brennend aktuell.

Im Jahr 1796 wurde Schleiermacher Prediger an der Charité in Berlin. Seine Hauptaufgabe in diesem damals vergleichsweise recht unbedeutenden Amt war die Betreuung der reformierten Patienten und Patientinnen im Krankenhaus. So hatte er Zeit für eigene Studien, aber vor allem für den Aufbau seiner sozialen Kontakte, seiner Geselligkeit, auch über das vertraute kirchliche Milieu hinaus. Rasch fand er Anschluss im Haus des jüdischen Arztes Dr. Marcus Herz, mit dessen Frau Henriette ihn eine jahrlange „vertraute und herzliche Freundschaft" verband. Gemeinsam lasen sie Goethes Entwicklungsroman „Wilhelm Meister", der das grundlegende literarische Werk der frühen Romantik darstellte. In diese Zeit revolutionärer Umbrüche und Aufbrüche fällt auch die Freundschaft mit Friedrich Schlegel, mit dem er auch für zwei Jahre die Wohnung teilte. Friedrich Schlegel, geistreich, skandalumwittert und brillant, eröffnete Schleiermacher Zugang zum Kreis der Frühromantiker. Das sollte nicht ohne Folgen bleiben. Am 21. November 1797, an seinem 29. Geburtstag, saß Schleiermacher im „Negligé" an seinem Schreibtisch, als plötzlich eine Gästeschar hereinbrach, um ihm zu gratulieren. Schlegel wollte dem Freund einen Possen spielen und stachelte die Gesellschaft auf, Schleiermacher das Versprechen abzuringen, dass er endlich fleißig werden und Bücher schreiben sollte. Mit Handschlag wurde das Versprechen besiegelt. In einem Brief gestand Schleiermacher später, dass ihn das Versprechen schwer drückt, „weil ich zur Schriftstellerei gar keine Neigung habe". So verging doch noch einige Zeit, bis er das Versprechen einlöste. 1799 erschien anonym „Über die Religion. Reden an die

Gebildeten unter ihren Verächtern“. Die Reden über die Religion machten Schleiermacher schlagartig berühmt und sind bis heute sein bekanntestes Werk.

Sie setzen mit einer schonungslosen Diagnose ein: Gleich zu Beginn heißt es: „Jetzt besonders ist das Leben der gebildeten Menschen fern von allem, was der Religion auch nur ähnlich wäre“, und weiter: „das irdische Leben ist so reich und vielseitig“, dass niemand mehr „der Ewigkeit bedarf“. Religion hat bestenfalls noch eine Aufgabe für die Durchsetzung der Moral. So hatte es ja Immanuel Kant sechs Jahre früher, 1793, in seiner Schrift „Religion innerhalb der Grenzen der bloßen Vernunft“ behauptet. Schleiermacher wendet sich gegen Kant und die Kahlheit, die kalte Vernünftigkeit und leere Nüchternheit, mit der die Aufklärung ihre Religionskritik vorgebracht hat. Religion ist aber weder Metaphysik noch Moral, weder nur Denken noch nur Handeln. Das ist sie immer auch, aber zuerst und vor allem ist Religion etwas Eigenes, etwas Selbstständiges. Sie ist „Anschauung und Gefühl“. Wo sie wirkt, bewegt sie das Gemüt und führt alle menschliche Tätigkeit hinein in das staunende Anschauen des Unendlichen, des Universums. Religion gehört zum Menschen. Deshalb muss sie kultiviert und gebildet werden. Religion ist aber auch notwendig gesellig, das Gesellige liegt in der Natur des Menschen wie in der Natur der Religion. Sie bildet eine Gemeinschaft, in der die Besonderheit jedes Einzelnen anerkannt und respektiert ist. Heute würden wir vielleicht von Inklusion sprechen. Eine solche Gemeinschaft ist für Schleiermacher die wahre Kirche. Sie ist das vollendetste Resultat menschlicher Geselligkeit, ja „eine vollkommene Republik“. Kein Wunder, dass Schleiermacher seine preußische Kirche, ihre starre Lehre, ihre konfessionellen Abgrenzungen, ihre Enge und Erfahrungsvergessenheit mit scharfen Worten kritisiert. Hat er Konsequenzen befürchtet und deshalb seine Reden zuerst anonym erscheinen lassen?

Seine größte Wirksamkeit entfaltete Schleiermacher ab 1807 in Berlin. Er war beteiligt an der Gründung der Universität, wurde Professor, Mitglied der Akademie der Wissenschaften und Pfarrer an der Dreifaltigkeitskirche. Eine Vielzahl von Aufgaben war zu bewältigen, der Termindruck immer enorm, doch ist er damit sehr souverän umgegangen. Schleiermacher ist mit wenig Schlaf ausgekommen. Er stand so um fünf Uhr früh auf, ging zur Universität und begann um sechs mit den ersten Vorlesungen, insgesamt bis neun. Dann wieder zurück in die Pfarre, Konfirmandenunterricht um elf Uhr. Zum Mittagessen war er zu Hause, meistens eine größere Tafel mit der Familie und Gästen. Er aß einfach und mäßig, wie es heißt, trank ein paar Gläser Bordeaux und gönnte sich eine kurze Pause, in der er dann und wann mit einem Freund Schach spielte. Am Nachmittag ging er in die Akademie der Wissenschaften oder zu einem Krankenbesuch als Pfarrer, dann der Tee zu Hause und am Abend Sitzungen, immer wieder Besuche in Theater oder Oper, selten war er zu Hause. Einmal im Monat traf er sich in der „Gesetzlosen Gesellschaft" zu freiem Gedankenaustausch. In der Nacht, oft weit bis nach Mitternacht, die Arbeit am Schreibtisch. Am politischen Geschehen nahm er regen Anteil und engagierte sich für ein erneuertes Preußen nach den napoleonischen Kriegen. Seine politischen Ansichten machten ihn bald verdächtig, er wurde verhört und überwacht. Erst wenige Jahre vor seinem Tod kam es zur Versöhnung mit dem König. Die Familie war ihm besonders wichtig, 1809 hatte er endlich geheiratet. Seine Frau Henriette war die Witwe eines Freundes, sie brachte zwei Kinder in die Ehe mit. Den beiden wurden noch vier Kinder geboren. Der jüngste und einzige Sohn, Nathanael, stirbt mit neun Jahren an Scharlach. Seine Eltern überwanden den Schicksalsschlag kaum, alles ging nun „langsamer und schwerer", schrieb Schleiermacher.

Für Schleiermacher war es gar keine Frage: Die Theologie gehört an die Universität, gehört in den Kreis der Wissenschaften. Denn es kann keine Religion ohne kritische Reflexion, ohne vernünftiges Denken geben und es soll auch umgekehrt keine Wissenschaft geben, die nicht offen ist für die Fragen der Religion. Das war jahrhundertelang selbstverständlich gegeben, aber durch die Aufklärung begann die Verbindung zu bröckeln. Glaube und Vernunft, Wissenschaft und Religion haben nichts mehr miteinander zu tun. Gefördert wurde dieses Auseinanderdriften durch die entstehende kritische Bibelwissenschaft, die die Grundlagen des christlichen Glaubens erforschte. Ebenso kritisch hinterfragt wurde die traditionelle Lehre der Kirche, ihre Dogmen und Bekenntnisse. Aber Schleiermacher war davon überzeugt, dass es nicht so kommen dürfe, dass „das Christentum mit der Barbarei und die Wissenschaft mit dem Unglauben" geht. Aber wie sollte, wie konnte christlicher Glaube noch wissenschaftlich beschrieben werden, wenn es nicht mehr möglich ist, sich auf überkommene Autoritäten wie die Heilige Schrift oder die Lehre der Kirche zu berufen? In seinem Hauptwerk, der „Glaubenslehre" aus dem Jahr 1821, schlägt Schleiermacher einen neuen Weg ein und geht vom religiösen Grundgefühl des Menschen, vom frommen Selbstbewusstsein aus. Der religiöse Mensch ist der Ausgangspunkt der Glaubenslehre. Alle Aussagen des religiösen Selbstbewusstseins sind Aussagen über Gott, über den Menschen oder über die Welt. Auf das Titelblatt setzt er Worte des frühmittelalterlichen Theologen Anselm von Canterbury: *Neque enim quaero intelligere ut credam, sed credo ut intelligam.* Der Glaube kommt nicht aus der Vernunft, aber er fragt nach ihr. Ich glaube, um zu verstehen. Mit Schleiermacher sind Religion und Glaube in der Neuzeit angekommen. Es lohnt sich auch 250 Jahre später, seiner zu gedenken und die Impulse wahrzunehmen, die sein umfassendes Wirken bis heute gibt.

Beiträge für die Sendung „Gedanken für den Tag“, gesendet im Österreichischen Rundfunk vom 19. bis 24. November 2018.

IV.

ZWISCHENRUFE

„IN DEM BRUDER, DER DA WEINET" – WICHERN UND DER ADVENTKRANZ

Heute ist es wieder so weit: In vielen Wohnungen wird am Adventkranz die erste Kerze entzündet. Der Weihnachtscountdown beginnt.

Was wenige wissen: Der Adventkranz ist kein altes Brauchtum, sondern eine Hamburger Erfindung aus dem Jahr 1839. Johann Hinrich Wichern hat den ersten Adventkranz gestaltet und im „Rauhen Haus" ausgestellt. Das „Rauhe Haus" war ein alter Bauernhof, den der Senat der Stadt Hamburg dem jungen Wichern für ein Sozialprojekt zur Verfügung gestellt hatte. Wichern – der selbst aus armen Verhältnissen stammte – hatte evangelische Theologie studiert und dann als Lehrer in den Elendsvierteln der reichen Hansestadt an der Elbe gearbeitet. Er sah sich mit der großen Not, die die rasante Industrialisierung gerade für die Kinder aus ärmeren Verhältnissen bedeutete, konfrontiert. Wichern entschloss sich, etwas dagegen zu unternehmen, und gründete eine Einrichtung, in der Straßenkinder, Buben und Mädchen, aus den Hamburger Slums ein Zuhause fanden und eine Berufsausbildung bekamen.

Seine Einrichtung wuchs rasch und wurde weithin bekannt. Dennoch wusste er, dass es nur ein Tropfen auf dem heißen Stein sein konnte. Die Verelendung war gerade in den Städten enorm und vor allem die Kinder und Jugendlichen davon massiv betroffen. In der ersten Zeit der Industrialisierung gab es keinen

Schutz für die arbeitenden Menschen, sie wurden gnadenlos ausgebeutet. Wichern war einer von denen, die hier nicht zusehen konnten und sich für wirksame Sozialreformen einsetzten. Für die katholische Kirche ist in diesem Zusammenhang zum Beispiel Adolf Kolping zu nennen. Da ging es um Kranken- und Unfallversicherung, um die Begrenzung der Arbeitszeit, vor allem den arbeitsfreien Sonntag, um die Überwindung der Kinderarbeit, um die Organisation der Arbeiter und Arbeiterinnen in Genossenschaften, in Gewerkschaften bis hin zu politischen Parteien, lauter Anliegen, die heute als selbstverständlich gelten. Zu schnell wird vergessen, wie hart das erkämpft werden musste.

Die Erinnerung daran kann sensibel machen für die Bedrohungen, denen der Sozialstaat heute ausgesetzt ist. Die Kirchen selbst waren im 19. Jahrhundert weithin noch in einem vormodernen Verständnis der Gesellschaft verhaftet und entwickelten erst langsam das, was später Soziallehre oder Sozialethik genannt wurde. Heute – so das „Ökumenische Sozialwort der Kirchen in Österreich“ – setzen sich die Kirchen gemeinsam für einen aktiven Sozialstaat ein, um sozialen Risiken wie Verarmung und Ausgrenzung entgegenzuwirken. Die Stellungnahmen der Kirchen zur aktuellen Diskussion um die Mindestsicherung sind auf diesem Hintergrund zu sehen.

Wichern nahm also ein großes Wagenrad und stellt darauf die Kerzen. Vier für die Sonntage des Advents und dazwischen je eine für jeden Wochentag, je nachdem, wie lange der Advent dauert. Heuer beginnt er am 27. November, auf dem Wichern-Adventkranz stehen also achtundzwanzig Kerzen. So wurde im „Rauhen Haus“ in Hamburg vor hundertachtzig Jahren Advent gefeiert. Neben den bekannten alten Adventliedern wurden auch neue gesungen.

Wichern hat selbst einige Liedtexte verfasst. In einem seiner Lieder heißt es: „In dem Bruder, der da weinet, in der Schwester, die betrübt, seh' ich dein Herz, das sich neiget, mich in deiner Liebe übt." Jesus wird in diesem Lied als der Heiland „im Armenkleid" besungen, der „arm und bloß" zu den Menschen kommt und alle, die ihre Hoffnung auf ihn setzen, dazu auffordert, sich gegen Armut und Elend einzusetzen.

Wenige Jahre danach, 1848, kommt es zu einer Kirchenversammlung in Wittenberg. Dort hält Wichern aus dem Stegreif eine flammende Rede, in der er alle Vertreter der Kirchen an ihre soziale Verantwortung erinnerte und zum entschlossenen Handeln aufrief. Sein Aufruf wurde aufgenommen und umgesetzt. Das gilt als die Geburtsstunde der evangelischen Diakonie. Wenn die Diakonie Österreich in diesen Tagen einen solchen „echten" Wichernadventkranz zu wichtigen Entscheidungsträgern und -trägerinnen in Politik, Kirchen und Zivilgesellschaft bringt, dann erinnert dieser zugleich an unsere gemeinsame Verantwortung für die, die heute bei uns Hilfe und Unterstützung brauchen. So ist der Adventkranz zugleich ein Symbol für die soziale Verantwortung, zu der der christliche Glaube drängt.

„Zwischenruf", gesendet im Österreichischen Rundfunk, 22. November 2016.

AUS QUELLEN SCHÖPFEN

Im Saal ist es still geworden. Je länger Kardinal Francesco Montenegro, der sizilianische „Migrantenbischof", von der Flüchtlingssituation vor der Insel Lampedusa erzählt, umso größer die Betroffenheit bei den Zuhörenden. Er berichtet von den Schicksalen der Menschen, die über das Meer kommen und dabei ihr Leben aufs Spiel setzen und oft genug auch verlieren. Er berichtet aber auch von der großen Hilfsbereitschaft der Menschen auf Lampedusa und dem Engagement der kirchlichen und anderer zivilgesellschaftlicher Hilfsorganisationen. Das war bei einer Podiumsdiskussion an der Universität Wien Ende September 2015. Wieder ist mir der Gedanke durch den Kopf gegangen: Wird mich mein heute neunjähriger Enkel eines Tages fragen: Was hast du gewusst? Was hast du getan?

Zur selben Zeit waren tausende Flüchtlinge auch in Österreich unterwegs. Sie waren über die sogenannte Westbalkan-Route von Griechenland, Makedonien, Serbien und Ungarn gekommen und wollten weiter nach Deutschland oder Schweden. Überall auf diesem Weg finden die Flüchtenden Unterstützung und Hilfe durch kirchliche Gruppen und einzelne engagierte Christinnen und Christen – unabhängig von der offiziellen Politik ihrer Länder. Dieser Einsatz bei der Aufnahme, die konkrete Unterstützung und Versorgung der Notleidenden und das Eintreten für eine menschenwürdige Aufnahme der Betroffenen wird auch in der Zukunft dringend gebraucht werden. Rund vier Millionen

Menschen sind bisher vor den Fassbomben des Assad-Regimes und dem Terror des IS aus Syrien in die Nachbarländer geflohen. Viele wollen und können dort nicht bleiben, weil sie keine Zukunftsaussichten haben. Dazu kommen die Flüchtlinge aus anderen von Krieg und Gewalt betroffenen Ländern, etwa aus dem Irak, aus Afghanistan und Eritrea. So stehen wir heute vor der größten Flüchtlingskatastrophe seit dem Zweiten Weltkrieg.

Das Sterben findet aber nicht nur an den Außengrenzen der Europäischen Union statt. Ende August 2015 fand die österreichische Polizei auf der Autobahn von Budapest nach Wien einen abgestellten LKW, in dessen luftdicht isoliertem Laderaum – zusammengepfercht auf 14 Quadratmeter – die sterblichen Überreste von 71 Menschen lagen, darunter vier Kinder. Die Identifizierung der Leichen ist langwierig, erst einige dieser Opfer des kriminellen Schlepperunwesens konnten bisher bestattet werden. Wie immer, wenn sich solche Tragödien ereignen, ist die öffentlich bekundete Betroffenheit groß. Aber die Konsequenzen daraus werden nach wie vor zu langsam und zögerlich gezogen oder bleiben überhaupt aus. Es braucht neben der wirksamen Bekämpfung der Fluchtursachen und der solidarischen, gemeinsamen Asylpolitik der europäischen Länder vor allem sichere und legale Wege, um nach Europa zu gelangen und um Asyl ansuchen zu können. Die Kirchen Europas setzen sich in ökumenischer Verbundenheit dafür ein. Nur so kann dem Schlepperunwesen der Boden entzogen werden. Abschreckung durch unwürdige Behandlung und Abgrenzung durch Stacheldrahtzäune und Mauern stellen nicht nur Grundprinzipien der Europäischen Union in Frage, sie erweisen sich allem Anschein nach auch als wirkungslos.

Mit Deutschland, Schweden und einigen (wenigen) anderen europäischen Ländern nimmt Österreich eine große Zahl von

Asylsuchenden auf. Bis zum Jahresende 2015 werden es hierzulande rund 80 Tausend sein. Ihnen allen eine angemessene Unterkunft zu geben, stellt eine große Herausforderung dar. Nur durch das Zusammenwirken von staatlichen Einrichtungen, kirchlichen und anderen zivilgesellschaftlichen Organisationen und vor allem die Hilfsbereitschaft vieler Privatpersonen kann das bewältigt werden. Vielen wird das Recht auf Asyl zuerkannt werden. Für sie ist es notwendig, ihnen Lebensmöglichkeiten zu eröffnen. Bildung für die Kinder, Deutschkurse für alle und Arbeitsmöglichkeiten stehen ganz oben auf der To-do-Liste. Auch dabei leisten die Kirchen einen unverzichtbaren Beitrag. Die Evangelische Kirche hat ihre Mittel verdreifacht, mit denen sie erreichen will, dass hunderte Ehrenamtliche in gut begleiteter und koordinierter Weise mithelfen können, die zu unterstützen, die bei uns eine neue Heimat suchen.

Gott hat den Fremdling lieb, heißt es in der Bibel. Jesus sagt: Ich war fremd und ihr habt mich aufgenommen. Daher steht der Mensch, der Hilfe und Schutz sucht, für Christinnen und Christen im Vordergrund. Sie wissen sich verpflichtet, sich für eine Aufnahme der Hilfesuchenden einzusetzen, die von einer „Kultur des Willkommens“ getragen ist und die unantastbare Würde jedes Menschen wahrt.

„Zwischenruf“, gesendet im Österreichischen Rundfunk, 20. Dezember 2015.

TÖDLICHE STEINE

Mein Vater war ein Aramäer, dem Umkommen nahe, und zog hinab nach Ägypten und war dort ein Fremdling mit wenig Leuten und wurde dort ein großes, starkes und zahlreiches Volk. Aber die Ägypter behandelten uns schlecht und bedrückten uns und legten uns einen harten Dienst auf. Da schrien wir zu dem HERRN, dem Gott unserer Väter. Und der HERR erhörte unser Schreien und sah unser Elend, unsere Angst und Not und führte uns aus Ägypten mit mächtiger Hand und ausgerecktem Arm und mit großem Schrecken, durch Zeichen und Wunder, und brachte uns an diese Stätte und gab uns dies Land, darin Milch und Honig fließt.

(Deuteronomium 26, 5b–9)

Als ich zum ersten Mal in Mauthausen war, es war in der Mitte der 1970er Jahre, war ich auch im Steinbruch. Allein bin ich die Stiege hinuntergestiegen und stand dann einige Zeit zwischen den hohen, glatten Wänden am Rand der Wasserteiche, die sich dort gebildet haben. Kein Mensch weit und breit. Es war totenstill. Kaum konnte ich mir den Lärm vorstellen, der im Steinbruch Wiener Graben zwischen 1938 und 1945 geherrscht haben muss. Arbeitslärm und Geschrei, Schüsse und Hundegebell. Und ganz unvorstellbar die Qualen der erschöpften Häftlinge, die sich Abend für Abend die tödlich steile Stiege wieder hinaufgequält haben, viele mit einem schweren Stein am Rücken. Mauthausen und der Steinbruch gehören zusammen, so wie Gusen, der Loibl und die Hinterbrühl und viele andere Orte.

Immer wieder die Steine. Die Frage, ob das irgendeinen wirtschaftlichen Nutzen gehabt hat oder nicht, ist ganz zweitrangig. Als wollten die Nazis schlicht und einfach demonstrieren, wie weich und zerbrechlich menschliche Körper sind, die sich an den, Steinen stoßen, die unter der Last der Steine zusammenbrechen oder von Steinen zerschlagen und zerschmettert werden, und wie steinhart Menschen, ganz normale Menschen sein können, wenn es die politischen Verhältnisse zulassen und ganz bewusst fördern und verlangen. Hier wurden systematisch Menschen durch Zwangsarbeit im Steinbruch vernichtet.

In der biblischen Tradition wird die Erinnerung an Steinbrüche und Zwangsarbeit aufbewahrt. Die Israeliten, die in Ägypten zu solcher Zwangsarbeit versklavt waren, sind daraus befreit worden. Der Exodus aus Ägypten, der Auszug aus der Sklaverei bildet den Kern der biblischen Befreiungserfahrungen. Im Judentum gedenkt man jedes Jahr beim Passafest an den Auszug in die Freiheit. Jede Generation ruft sich diese Erfahrung aufs Neue in die Gegenwart. Dieses vergegenwärtigende Erinnern, das biblische Gedenken, ist immer eine Verpflichtung für heute. Wir Christinnen und Christen stehen in dieser Tradition, wenn wir in eben solchem vergegenwärtigenden Erinnern an den zerschlagenen und zerbrochenen Leib und das vergossene Blut Jesu denken: Tut dies zu meinem Gedächtnis. Heute heißt das, gegen jede Form von Zwangsarbeit einzutreten, etwa gegen die Zustände in den Textilfabriken Asiens oder die Kinderarbeit in den Ländern des Südens oder den Frauenhandel und die Prostitution bei uns. Heute heißt das auch allen Kräften zu widerstehen, die solche steinerne Verhältnisse, Ausgrenzung, Rassismus, Antisemitismus in Kauf nehmen oder sogar bewusst herstellen. Das Gedenken gebietet, die Opfer niemals zu vergessen und niemals einen Schlussstrich zu ziehen. Gut, dass auch noch über 90-Jährige vor Gericht gestellt werden, gut, wenn wir uns Klarheit verschaffen über die Beteiligung der Menschen damals, oft auch bis in die eigenen Familien hinein.

Im Lukasevangelium wird erzählt, dass die Jünger Jesus, dem Befreier, lauthals zugejubelt haben. Sie freuen sich über den, der den Leidenden, den Barmherzigen, den Friedfertigen und Sanftmütigen, denen, die nach Gerechtigkeit hungern und dürsten, die besondere Zuwendung und Solidarität Gottes zugesagt hat. Selig seid ihr! Das stört die Hüter der Ordnung. Sag ihnen, sie sollen schweigen, verlangen sie von Jesus. Er sagt darauf: Wenn diese schweigen, werden die Steine schreien (Lukas 19,40). Vor vierzig Jahren habe ich hier im Steinbruch die Steine schreien gehört. So sehr steckt mir die Totenstille noch in den Knochen.

Die Botschaft der Freiheit, der Menschenwürde und der Menschenrechte kann und darf nicht zum Schweigen gebracht werden. Sie setzt sich durch. Unwiderstehlich. Dafür stehen wir, das ist unser Auftrag.

Predigt zum Gedenktag der Befreiung, Mauthausen 2015

„BLEIB EIN MENSCH, KAMERAD!“

Selig sind, die da hungert und dürstet nach der Gerechtigkeit; denn sie sollen satt werden.
(Matthäus 5,6)

Am 1. April 1938 meldete die Kriminalpolizeileitstelle Wien den ersten Transport von sogenannten „Schutzhäftlingen“ nach dem Konzentrationslager Dachau. Fast hört man ein wenig Selbstmitleid aus dem Bericht des Polizeimajors, der die Aktion zu leiten hatte, wenn er von einigem „Kopfzerbrechen“, von „Arbeit“ und „Schwierigkeiten“ schreibt, weil ja „noch keine Erfahrungen diesbezüglich vorhanden“ waren. Nun, wir wissen, dass sich das bald ändern sollte. Aber dann heißt es im Bericht: „Der Abtransport erfolgte mit 9 Zellenwagen im Abstande von 5 bis 6 Minuten zwischen 19 und 21 Uhr. Der Abtransport hinterließ bei allen Sicherheitswachebeamten einen gewissen psychischen Eindruck, hervorgerufen durch das Dabeisein der eigenen ehemaligen hohen und höchsten Vorgesetzten.“

In der Tat befanden sich unter den Häftlingen die führenden Männer der ehemaligen Regierung, Polizeidirektoren, hohe Funktionäre der Gewerkschaft und der politischen Parteien, darunter die späteren Bundeskanzler Leopold Figl und Alfons Gorbach, sowie zahlreiche prominente jüdische Bürger aus Wien. Bei manchen gab es Überschneidungen, wie etwa beim Sozialdemokraten Robert Danneberg, der den Nazis als Inbegriff des „jüdisch-marxistischen Arbeiterverhetzers“ galt. Die Fahrt der neun vollgepferchten Wagen ging von der Roßauer Lände über die Ringstraße (damals noch keine Einbahn) vorbei an Universität, Rathaus, Burgtheater und Parlament. Viele der Häftlinge hofften noch, dass am Ende der Fahrt ihre Freilassung stehen würde.

Doch als die Kolonne vom Ring abfuhr und in die Mariahilfer Straße einbog, schrie plötzlich jemand voller Schrecken: „Nach Dachau! Ins Konzentrationslager!“ Am Westbahnhof wurden die Häftlinge von der Dachauer SS-Wachmannschaft übernommen und sofort schwer misshandelt. Unter ständigen Schlägen prügelte man sie in die bereitstehenden Waggons. Einer der Betroffenen, Rudolf Kalmar, schrieb später. „Als wir damals auf dem Westbahnhof von der Wiener Polizei der Dachauer SS übergeben wurden, hörten wir auf, Menschen zu sein.“ Quälereien und Demütigungen setzten sich während der ganzen zehnstündigen Fahrt hindurch fort und erreichten nach dem Eintreffen hier in Dachau am 2. April bei der Aufnahme ihren Höhepunkt. Quälender als der physische Schmerz, als Hunger und Durst, war das Gefühl der ausweglosen, unentrinnbaren Einsamkeit, schrieb Kalmar, die Hilflosigkeit und Ohnmacht, das „völlige Ausgestoßensein aus allen Bezirken des Menschlichen“.

Noch einmal schlimmer traf es die Repräsentanten der jüdischen Gemeinde in Wien, Desider Friedmann, Jakob Ehrlich und Robert Stricker, und die zahlreichen Angehörigen der jüdischen Kaufmannsfamilien Burstyn und Schiffman. Die meisten überlebten die NS-Zeit nicht. Aus ihren Reihen kam auch das erste österreichische Opfer in Dachau, der Gewürzhändler Johann Kotanyi, der drei Wochen nach seiner Einlieferung in den Selbstmord getrieben wurde. Gerade heute, am achten Tag des Pessach, an dem das Jiskor, das Totengedenken gesprochen wird, denken wir an sie und erschrecken auch über den Mord an der Holocaust-Überlebenden Mireille Knoll in Paris vor wenigen Tagen (23. März 2018) und den mitten unter uns wieder zunehmenden Antisemitismus heute. Beinahe wöchentlich wird in Deutschland eine Synagoge angegriffen oder ein jüdischer Friedhof geschändet. Im Jiskor für die Märtyrer aller Generationen heißt es: Für alle, die getötet wurden, nur weil sie Juden waren, verspreche ich Zedaka, Gerechtigkeit zu geben. Jesus Christus spricht (Matthäus 5,6): Selig sind, die da hungert und dürstet nach der Gerechtigkeit; denn sie sollen satt werden.

Ein anderer Österreicher, der wenig später nach Dachau kam, war Jura Soyfer. Von ihm stammt der Text des Dachau-Liedes „Stacheldraht mit Tod geladen", in dem es trotzig, ja beschwörend im Refrain wieder und wieder heißt: Bleib ein Mensch, Kamerad!

Aber wie geht das, wie macht man das, ein Mensch zu bleiben, wenn einem alles Menschliche genommen wird, bis hin zum Namen, und jede menschliche Regung, wie gegenseitige Hilfe, verboten ist? Wie kann es Menschlichkeit geben, wenn einem jedes Recht genommen ist, wenn völlige Willkür herrschen, reiner Terror und pure Gewalt?

Ecce homo! Sehet, welch ein Mensch! Mit diesen Worten präsentiert Pontius Pilatus den geschundenen, gequälten und dem Tod verfallenen Menschen Jesus, ohne zu wissen – wie sollte es ein Pilatus auch wissen! –, dass er ihnen den menschgewordenen Gott präsentiert. Die Liebe Gottes setzt sich der Unmenschlichkeit aus. Er lässt sich selbst aus allen Bezirken des Menschlichen hinausstoßen. Am Leibe Jesu Christi – so schreibt Dietrich Bonhoeffer – tobt sich die Welt aus, wie sich die SS-Schergen an den Leibern der Häftlinge hier ausgetobt haben. Bleib ein

Mensch, Kamerad, stell dich auf die Seite der Menschlichkeit, der Humanität, der Menschenwürde und der Menschenrechte. Gott hat sich auf diese Seite gestellt. Er hörte das Schreien seines Volkes, das unter der Knechtschaft in Ägypten litt und sich nach Freiheit sehnte. Er nimmt das bittere Los des Menschen, das erlittene Unrecht, die erlittene Gewalt, auf sich und trägt sie durch den Kreuzestod hindurch in ein neues Leben. So kann es dann auch Umkehr geben für die, die Unrecht und Gewalt verübten. Gerechtigkeit wächst aber nur von denen her, denen sie versagt bleibt, die nach ihr hungern und dürsten. Sie sollen satt werden. Sie sollen aufgehoben werden aus dem Staub, in den sie die Stiefel der Unterdrückung stoßen. Sie sind „selig", weil sie darauf vertrauen dürfen, dass Gott an ihrer Seite steht und sie nicht verlässt.

In der letzten Zeit wird wieder diskutiert, ob mit der Bergpredigt Politik gemacht werden kann oder nicht. Ich bin davon überzeugt, dass sie zumindest eine Grundrichtung angibt, an der sich auch diejenigen orientieren können, die Tag für Tag politische Sachentscheidungen zu treffen haben.

Bleib ein Mensch, Kamerad. Selig, die hungert und dürstet nach Gerechtigkeit. Hier haben Menschen massives Unrecht erlitten und grausame Unmenschlichkeit erfahren. Ihr Blut schreit zum Himmel wie das Blut Abels. Und doch ist nach der Befreiung aus Blut und Tränen Neues entstanden: für Österreich nach 1945 die Einsicht, dass sich nie wieder politische Parteien in unversöhnlichen, gewaltbereiten Lagern gegenüberstehen dürfen. Demokratie braucht den Respekt, die Achtung und Toleranz der Andersdenkenden, sie darf dem Extremismus, der Intoleranz, der Herabwürdigung und dem Hass keinen Platz geben. Aus Blut und Tränen kamen auch wichtige Impulse für die Ökumene. Kardinal Koch nennt Dachau einen der Orte, an dem die moderne Ökumene entstanden ist, und erinnert daran, dass hier Tausende von Geistlichen der verschiedenen Konfessionen inhaftiert waren. Ihr Erbe ist ein Erbe aller Kirchen und spricht lauter und deutlicher als alles Trennende. Aus Blut und Tränen kam auch die Umkehr der Kirchen in ihrem Verhältnis zum Judentum. Die Mitverantwortung der Kirchen am nationalsozialistischen Menschheitsverbrechen der Shoa durch ihren jahrhundertealten Antijudaismus und ihre antisemitische Vergiftung führten zur Einsicht der Schuld. 1998 formuliert es die Synode der Evangelischen Kirche in Österreich so: „Mit Scham stellen wir fest, dass sich unsere Kirche für das Schicksal der Juden und ungezählter anderer Verfolgter unempfindlich zeigte. Die Kirchen haben gegen sichtbares Unrecht nicht protestiert, sie haben geschwiegen und weggeschaut, sie sind ‚dem Rad nicht in die Speichen gefallen' (Bonhoeffer)".

Aus diesem Blut und diesen Tränen wurde Europa geboren, das sich der Einheit in Vielfalt verschrieben hat. Aus Blut und Tränen sind 1948 die Menschenrechte erwachsen, die uns heute ein friedliches Zusammenleben für alle ermöglichen. Hier hat es begonnen, in Dachau, in Auschwitz, in Mauthausen. Deshalb kann es auch keinen Schlussstrich geben, weil wir wachsam sein müssen, wenn heute die Menschenwürde bedroht wird, wenn Rassismus, Fremdenfeindlichkeit und Antisemitismus wieder gehäuft auftreten, wenn Hass und Verachtung geschürt werden. Es braucht unseren mutigen Einsatz, wenn die Gesellschaften wieder auseinanderdividiert werden in die, die dazugehören, und die, die gefälligst draußen bleiben sollen, wenn neuerlich Sündenböcke gesucht werden, die an allem Unglück schuld sein sollen.

Diese Kräfte zerstören unser Miteinander, sie vergiften die Herzen. An ihre Stelle setzen wir den Frieden, der die Frucht der Gerechtigkeit ist.

Predigt zum Gedenken an den ersten Österreicher-Transport nach Dachau, Evangelische Versöhnungskirche – KZ-Gedenkstätte Dachau am 8. April 2018.

KIRCHE UND KRIEG

Seit dem Sommer 2014 steht die Öffentlichkeit weltweit erschrocken vor den grässlichen Gewalttaten, die die islamistische Terrormiliz „Islamischer Staat“ in Syrien, dem Irak und anderen Ländern begeht. Dabei stellen sich – neben den sicherheitspolitischen – zwei Fragen, die aus Sicht der Religion zu klären sind:

Zuerst geht es darum zu fragen, ob die offenkundige Berufung des IS auf den Islam einen Missbrauch der Religion darstellt und der ausgeübte Terror nichts mit dem recht verstandenen Islam zu tun habe oder ob dem Islam, wie vielleicht überhaupt den monotheistischen Religionen, der Trend zur Legitimation von Gewalt inhärent ist?

Die zweite Frage ist, ob sich aus christlicher Sicht angesichts des Elends, den der Terror für die Zivilbevölkerung mit sich bringt, der Einsatz militärischer Mittel rechtfertigen lässt – oder ob auch in dieser Situation das Gebot der gewaltfreien Konfliktlösung aufrechtbleibt?

Im Folgenden möchte ich versuchen, auf beide Fragen einzugehen. Dabei soll ein Rückblick auf das Verhältnis von Kirche und Krieg im Europa des 20. und beginnenden 21. Jahrhunderts den Gang der Überlegungen bilden. Dies legt sich angesichts der in der letzten Zeit begangenen Erinnerungen zu 100 Jahre Erster Weltkrieg und 70 Jahre Ende des Zweiten Weltkrieges nahe.

Der Erste Weltkrieg und der „Heilige Krieg“

You don’t count the dead
When God’s on your side.
(Bob Dylan, 1963)

Der Erste Weltkrieg wird oft mit den Worten George F. Kennans als „Urkatastrophe Europas“ bezeichnet. Mit derselben Berechtigung kann er – etwa vom evangelischen Theologen und Publizisten Martin Rade bereits 1915 – als „Katastrophe“, ja als „Bankrotterklärung“ des Christentums in Europa bezeichnet werden. Die oft zitierte Kriegsbegeisterung, die allerdings nur einen Teil der Bevölkerung erfasst hatte und außerdem sehr bald abgeklungen war, war nicht zuletzt durch die Kirchen unterstützt und maßgeblich angefeuert worden. Dabei spielten konfessionelle Gegensätze keine Rolle: Die evangelischen und katholischen Kirchen in Deutschland, Frankreich und Österreich-Ungarn waren sich einig mit der „Kirche von England“ und der Orthodoxie in Russland in der festen Überzeugung, dass Gott ganz sicher auf der eigenen Seite stehe. Weil alle davon überzeugt waren, in einen „gerechten Krieg“ zu ziehen, waren alle gleichermaßen davon überzeugt, dass Gott die Waffen der eigenen Heere segnen und letztlich den Sieg schenken würde. Nicht nur „gerecht“ war der Krieg, sondern „heilig“, ja ein „Kreuzzug“.

Die Rede von „Heiligen Kriegen“ ist notabene am Ende des 19. Jahrhunderts von christlichen Kreisen in Europa begonnen worden. Der Soldatendienst wurde 1914 zum Gottesdienst hochstilisiert, der Kampf in der Schlacht als eine „zweite Taufe“, ein „Sakrament“ verstanden. Wer in diesem Krieg stirbt, so hieß es, wird automatisch zum Helden, wenn nicht gleich zum Märtyrer. Derart religiös aufgeladen konnte es für den Feind keinen Verhandlungsfrieden geben. Er musste vernichtet und deshalb der Krieg bis zur Erringung des Siegfriedens fortgesetzt werden.

Solche Töne finden sich zahlreich in den „Kriegspredigten" der damaligen Zeit, aber auch bei den angesehensten Theologen wie dem Berliner Reinhold Seeberg. Auch der erste „Kriegshirtenbrief" des Wiener Erzbischofs Kardinal Piffl vom 28. Juli 1914 schlägt diesen Ton an. Wenige Wochen später sagte Piffl in einer Predigt im Stephansdom: „Wir kämpfen für Wahrheit und Recht, wir kämpfen für Gott und unseren heiligen Glauben, wir kämpfen für unseren Kaiser und unsere heimatliche Scholle. In diesem Kampfe für unsere heiligsten Güter ist Gott mit uns!" Auch im Aufruf des Evangelischen Oberkirchenrates in Wien vom 14. August ist die Rede vom „aufgezwungenen Krieg", von der „großen und gerechten Sache" und vom „Wetteifer in der opferfreudigen Hingebung für den geliebten, gütigen Kaiser und das teure Vaterland".

Die Friedensappelle von einsamen Rufern wie dem reformierten Pfarrer Charles Babut in Frankreich, dem lutherischen Erzbischof von Uppsala, Nathan Söderblom, oder Papst Benedikt XV. verhallten ungehört.

„Die letzten Tage der Menschheit" lässt Karl Kraus mit einer Stimme von oben enden: „Ich habe es nicht gewollt!" Theologie und Kirchen hatten weithin das genaue Gegenteil gesagt.

Zweiter Weltkrieg und Naziterror

And you never ask questions
When God's on your side.
(Bob Dylan, 1963)

Als 1939 mit dem Überfall des nationalsozialistischen Deutschland auf Polen der Zweite Weltkrieg begann, hatten die Kirchen im Deutschen Reich schon mehrere Jahre in heftigen Auseinandersetzungen mit der NS-Ideologie und der kirchenfeindlichen Politik des Staates gestanden. In Österreich war dies komprimiert zwischen März 1938 und dem Kriegsbeginn und in verschärfter Form (Stichwort: „Entkonfessionalisierung des öffentlichen Lebens") geschehen.

Gerade die, die in den Kirchen dem Nationalsozialismus kritisch bis ablehnend gegenüberstanden, fanden sich in einem Dilemma zwischen der weithin selbstverständlichen Vaterlandstreue und den Vorbehalten gegenüber dem Nationalsozialismus, die – etwa in der „Bekennenden Kirche" durch die „Barmer Theologische Erklärung" vom Mai 1934 – auch theologisch begründet wurden. Dieser Zwiespalt trat in der „Bekennenden Kirche" bereits während der Sudetenkrise im Herbst 1938 deutlich zu Tage. Europa stand damals bereits am Rande des Krieges. In den liturgischen Vorschlägen der „Bekennenden Kirche" für einen Gebetsgottesdienst wurde jede Verherrlichung des Krieges und der soldatischen Tugenden vermieden und vom Krieg ausschließlich als „Gericht Gottes" gesprochen. Das galt den Vertretern des Nationalsozialismus als „Verrat" und als willkommener Anlass, endlich gegen die „Volksschädlinge" der „Bekenntnisfront" (so der Reichskirchenminister Kerrl) vorzugehen. Aber dazu kam es nicht mehr, denn mit Kriegsbeginn verordnete Hitler intern, dass das „Kirchenproblem" erst nach dem Ende des Krieges angegangen werden sollte. Bis dahin sollten Staat und Partei alles vermeiden, was das Verhältnis zu den Kirchen verschlechtern könnte.

Der Zwiespalt stellte sich ein Jahr später verschärft. Dietrich Bonhoeffer schreibt vorausahnend im Juli 1939 an Reinhold

Niebuhr: „Die Christen in Deutschland stehen vor der fürchterlichen Alternative, entweder in die Niederlage ihrer Nation einzuwilligen, damit die christliche Zivilisation weiterleben könne, oder in den Sieg und dabei unsere Zivilisation zu zerstören."

Noch 1934 hatte sich Dietrich Bonhoeffer auf einer internationalen Konferenz in Dänemark für ein alle christlichen Kirchen einschließendes „Konzil des Friedens" ausgesprochen, aber dazu ist es nicht gekommen.

Insgesamt setzte sich dennoch weithin das traditionelle, auch theologisch begründete Obrigkeitsdenken (Römer 13) durch. Die Kirchen riefen zur Pflichterfüllung im Krieg auf, der nach dem Überfall auf die Sowjetunion von namhaften Vertretern der Kirche – wie etwa 1943 vom Salzburger Erzbischof Rohracher im ersten Jahr seines Episkopats – mit dem vermeintlich auch im Interesse des Christentums liegenden Kampf gegen den Bolschewismus legitimiert wurde. Einige wenige widersetzten sich und schlossen sich dem aktiven Widerstand gegen Adolf Hitler an. Wieder kann beispielhaft an Dietrich Bonhoeffer erinnert werden, der seine internationalen Verbindungen in die Widerstandsgruppe um Admiral Wilhelm Canaris einbrachte und dafür nach langer Haft noch in den letzten Kriegstagen im KZ Flossenbürg ermordet wurde.

Dennoch gab es keine „Kriegstheologie", wie im Jahr 1914, selbst wenn die Parole „Gott mit uns" auch im Zweiten Weltkrieg wie schon im Kaiserreich auf den Koppelschlössern der deutschen Soldaten stand.

Einige wenige in der katholischen und evangelischen Kirche verweigerten aus Glaubensgründen – wie die Zeugen Jehovas – den Wehrdienst. Stellvertretend seien die Namen von Franz Jägerstätter und von Hermann Stöhr genannt.

Die Situation heute: Umdenken und Neuorientierung

If God's on our side
He'll stop the next war.
(Bob Dylan, 1963)

Als im Jahr 1948 der „Ökumenische Rat der Kirchen" in Amsterdam gegründet wurde, hieß es: „Krieg soll um Gottes Willen nicht sein." Damit wurde der bis dahin unangefochten geltenden Lehre vom „gerechten Krieg" theologisch der Boden unter den Füßen weggezogen. Diese Entwicklung beschleunigte sich durch das seit den 1950er Jahren einsetzende Wettrüsten mit atomaren Massenvernichtungsmitteln. Spätestens in den 1980er Jahren hat sich in der Ökumene die Überzeugung durchgesetzt, dass die Herstellung, Stationierung und der Einsatz von Atomwaffen ein Verbrechen gegen die Menschheit darstellt. Dennoch sind Atomwaffen bis heute nicht geächtet, sondern fester Bestandteil militärischer Strategien. 4000 Atomwaffen sind jederzeit abschussbereit, mehr als vier Mal so viele sind weltweit stationiert.

Zudem hat sich die Realität des Krieges grundlegend geändert. Wie die Konflikte in der Ukraine, in Syrien, im Südsudan und im Irak zeigen, ist aus dem „Krieg" weithin der „war" geworden, in dem nicht mehr Staaten gegeneinander stehen und Kombattanten von Nicht-Kombattanten unterschieden werden können. Das Versagen der UNO bei der Verhinderung des Völkermords in Ruanda 1994 führte zur Entwicklung des Konzepts der Schutzverantwortung (Responsibility to Protect), dem 2005 die Mitgliedstaaten der UNO zustimmten. Dieses Konzept sieht als letztes Mittel auch das militärische Eingreifen von außen vor.

Die Frage, ob eine Politik, die die grundsätzliche Möglichkeit solcher Interventionen bewusst einschließt, auch aus christlicher

Sicht vertretbar sein kann, führte jüngst zu heftigen Auseinandersetzungen in Deutschland rund um die divergierenden Positionen von Joachim Gauck und Margot Käßmann. Im Blick auf den Schutz der bedrohten Minderheiten im Irak vor der Gewalt der Terrororganisation „Islamischer Staat" stellt sich die Frage verschärft. Der Ratsvorsitzende der Evangelischen Kirche in Deutschland (EKD), Landesbischof Heinrich Bedford-Strohm, hat sich für ein militärisches Eingreifen ausgesprochen und die katholischen Bischofskonferenzen Europas sprechen in einem Brief an den Sicherheitsrat der Vereinten Nationen von „allen möglichen legitimen Mitteln", mit denen die internationale Gemeinschaft der Tragödie ein Ende setzen muss. Selbst Papst Franziskus wurde als – vorsichtiger – Befürworter eines militärischen Eingreifens unter UN-Mandat zitiert. Die Kirchen schließen den Einsatz rechterhaltender militärischer Gewalt nicht völlig aus, auch wenn militärische Mittel keinen Frieden gewinnen können. Unerlässliche Bedingung dafür ist die Autorisierung durch die kollektiven Sicherheitssysteme, in erster Linie der UN, weil das Vorgehen einzelner Staaten ohne kollektives Mandat die Rückkehr zum freien Kriegsführungsrecht bedeuten könnte. Im „Aufruf zum gerechten Frieden", den der Ökumenische Rat der Kirchen zum Abschluss der „Dekade zur Überwindung von Gewalt" im Jahr 2011 in Jamaika beschloss, heißt es dazu: „Es gibt Extremsituationen, in denen der rechtmäßige Einsatz von Waffengewalt als letzter Ausweg und kleineres Übel notwendig werden kann, um gefährdete Bevölkerungsgruppen zu schützen, die unmittelbaren tödlichen Gefahren ausgesetzt sind. Doch selbst dann sehen wir den Einsatz von Waffengewalt in Konfliktsituationen sowohl als Zeichen schwerwiegenden Versagens wie auch als zusätzliches Hindernis auf dem Weg zu einem gerechten Frieden an." Die Friedensdenkschrift der Evangelischen Kirche in Deutschland (EKD) von 2007 betont, dass es aus der Sicht der christlichen Ethik im Blick auf solche Einsätze problematisch und missverständlich ist, von einer „Rechtfertigung“ des Gewaltgebrauchs zu sprechen. Das Risiko des Schuldigwerdens bleibt bestehen. In der Tat wecken die Erfahrungen mit solchen vermeintlich „humanitären“ Interventionen (Kosovo, Irak, Afghanistan, Libyen usw.) große Zweifel. Wenn es dennoch nicht ausgeschlossen sein mag, dass der Einsatz von militärischer Gewalt zum Schutz bedrohter Menschen notwendig ist, steht er unter diesen Vorzeichen. Die primären Aufgaben der Kirchen sind die wirksame humanitäre Hilfe für die Opfer der Gewalt und die Stärkung jener Kräfte politischer Vernunft, die sich für eine gewaltfreie Lösung der Konflikte und eine Zukunft in Gerechtigkeit und Frieden einsetzen.

Zusammenfassend lässt sich nach diesem Durchgang durch mehr als hundert Jahre der (Kirchen-)Geschichte sagen, dass die Kirchen nach den Erfahrungen des 20. Jahrhunderts von der „Lehre des gerechten Krieges“ Abschied genommen haben und stattdessen das Leitbild des „Gerechten Friedens“ verfolgen. Dabei sehen manche Kirchen in der gewaltfreien Konfliktlösung das einzige Mittel, das Christus seiner Kirche bei ihrem Wirken für Frieden und Gerechtigkeit zugebilligt hat, und lehnen daher den Einsatz militärischer Gewalt generell ab. Sie können dabei auf die starke pazifistische Tradition des Christentums zurückgreifen. Andere Kirchen kommen nicht zu dem Schluss, die Anwendung militärischer Gewalt vollständig auszuschließen. Trotz dieser Differenz gibt es eine Reihe von Überzeugungen, die von beiden kirchlichen Traditionen gemeinsam vertreten werden: Für beide ist die Botschaft von der Versöhnung ein starker Impuls, alle Mittel auszuschöpfen, um Konflikte durch andere Maßnahmen als durch Gewaltanwendung einzudämmen. Für beide ist auch evident, dass die Anwendung militärischer Gewalt allein niemals in der Lage ist, Frieden zu schaffen. Frieden braucht ein ganzes Bündel von Maßnahmen, die das politische, soziale und wirtschaftliche Leben ebenso betreffen wie die Dimension der Versöhnung. Daher setzen sich Kirchen immer wieder für solche heilende Versöhnungsprozesse („Healing of Memories") ein. Beide sind sich schließlich darin einig, dass es keinen denkbaren Anlass gibt, militärische Gewalt religiös zu rechtfertigen. Im Gegenteil: Für beide bedeutet die Anwendung militärischer Gewalt nicht die Fortsetzung der Politik mit anderen Mitteln, sondern schlicht das Versagen der Politik und damit ein offenkundiges Schuldigwerden.

Religionen – Brandstifter oder Friedensstifter?

Es besteht kein Zweifel, dass Religionen zu beidem fähig sind: Sie können Menschen radikalisieren und zur Gewalt aufstacheln; sie können aber genauso (wenn nicht besser) gegenseitiges Verständnis, Versöhnung und Frieden fördern und bewirken. Dabei zeigen neuere Untersuchungen, dass vermeintliche Religionskriege so gut wie immer andere Ursachen haben. Die Religion wird nachträglich oder zusätzlich als Legitimationsmittel missbräuchlich benutzt. Die amerikanische Religionswissenschafterin Karen Armstrong spricht daher vom „myth of religious violence". Schon ein genauer Blick auf die sogenannten „Religionskriege" Europas im 16. und 17. Jahrhundert zeigt, dass eine einfache Gegenüberstellung von Katholiken und Protestanten so nicht zutrifft. Diese historische Analyse kann dazu ermutigen, Religionen nicht im Sinne einer unabwendbaren Natur als gewaltfördernd anzusehen, sondern ihre friedensstiftenden Kräfte stärker in den Blick zu nehmen. Berühmte Friedensstifter wie

Mahatma Gandhi, Dag Hammarskjöld oder Martin Luther King waren religiös tief verwurzelte politische Akteure. Sie stehen für den Zusammenhang von Religion und Friedenspolitik. Oft sind es von den Medien wenig beachtete Initiativen, die sich aus religiöser Motivation in politisch wirksamer Weise für den Frieden einsetzen. Beispielhaft seien genannt:

- Im Zenit des Bürgerkrieges, in scheinbar hoffnungsloser Situation, vermittelt die katholische Bewegung Sant'Egidio in Mosambik 1992 ein dauerhaft stabiles Friedensabkommen.
- Die „Friedliche Revolution" in der ehemaligen DDR 1989 ist ohne die aktive Mitwirkung vor allem der evangelischen Kirche nicht denkbar.
- Während des Genozids in Ruanda 1994 verweigerten sich die Muslime des Landes der Gewalt und setzten sich – oft unter Gefahr des eigenen Lebens – für die Verfolgten gleich welcher ethnischen Zugehörigkeit ein.
- Im vom Terrorregime der Roten Khmer gezeichneten Kambodscha begann der buddhistische Mönch Maha Ghosananda 1979 eine Versöhnungs- und Friedensbewegung, die zur unüberhörbaren Stimme in Politik und Gesellschaft geworden ist.
- Im ehemaligen Jugoslawien und in Westafrika (Liberia) trugen interreligiöse Gemeinschaften, initiiert von der „World Conference on Religion and Peace" (WCRP), zur friedlichen und konstruktiven Bearbeitung der politischen Konflikte bei.

Diese Beispielreihe ließe sich leicht fortsetzen. Gesammelt werden diese ermutigenden Initiativen von der „Stiftung Weltethos" in Tübingen.

Konflikte und Kriege brauchen keine religiöse Begründung. Dazu dienen zumeist säkulare Ideologien wie Nationalismus,

Ethnizismus, Imperialismus und andere. Alle Weltanschauungen, die eine scharfe Abgrenzung und Gegenüberstellung eines wie auch immer konstruierten „Wir" gegen „die Anderen" beinhalten und letztlich zu einem Gegensatz von „Gut" und „Böse" steigern, können dies auch ohne religiöse Begründung tun – und haben es immer wieder getan. Erst wenn die ideologische Aufladung und Konfliktanheizung ihren Höhepunkt erreicht, bieten sich Religionen als zusätzliche „Brandbeschleuniger" an und werden dazu missbraucht. Die Vorstellung, dass die Welt ohne Religionen friedlicher wäre, entpuppt sich so als unfrommer Wunsch und als Illusion.

Im Gegenzug verfügen alle Religionen über ein starkes Potential friedensfördernder und friedensstiftender Kräfte. Das Streben nach Frieden und die Verneinung bzw. Überwindung von Gewalt ist in den Religionen präsent. Religiös begründete Friedensarbeit genießt oft mehr Vertrauen, da sie nicht von politischen oder wirtschaftlichen oder anderen Interessen geleitet ist. Schließlich findet sich in allen Religionen die Grundüberzeugung vom Wert des menschlichen Lebens, die in der sogenannten „Goldenen Regel" ihren Ausdruck findet. In der christlichen Tradition ist diese Regel von Jesus selbst in der Bergpredigt (Mt 7,12) überliefert: „Alles, was ihr wollt, dass euch die Leute tun sollen, das tut ihnen auch!"

Beitrag, veröffentlicht in: Thomas Roithner / Ursula Gamauf-Eberhardt (Hg.): Am Anfang war die Vision vom Frieden. Festschrift für Gerald Mader zum 90. Geburtstag, Wien 2016, 105–113.

V.

NICHT NUR SCHALL UND RAUCH – GLAUBE KLINGT

DER KLANG

Von Dietrich Bonhoeffer haben wir das wunderbare Gedicht „Von guten Mächten". Er hat es im Gefängnis für seine Familie geschrieben, zur Jahreswende von 1943 auf 1944. Wir wissen, wie sich diese Geborgenheit auch und gerade in seinem Leben bewahrheitet hat. Im April 1945 wird er hingerichtet, ermordet, und ist nach Berichten derer, die damals mit ihm waren, getrost und gefasst seinen letzten Weg gegangen. Als hätte er die dritte Strophe seines Gedichtes am eigenen Leib erfahren wollen:

Und reichst du uns den schweren Kelch, den bittern,
des Leids, gefüllt bis an den höchsten Rand,
so nehmen wir ihn dankbar ohne Zittern
aus deiner guten und geliebten Hand.

Die sechste und letzte Strophe aber will ich heute in den Mittelpunkt meiner Gedanken stellen:

Wenn sich die Stille nun tief um uns breitet,
so lass uns hören jenen vollen Klang
der Welt, die unsichtbar sich um uns weitet,
all deiner Kinder hohen Lobgesang.

Zuerst einmal: Auch wo es nichts mehr zu sehen gibt, oder noch nichts zu sehen ist, gibt es doch immer etwas zu hören. Einen vollen Klang.

Der menschliche Embryo ist eine Woche nach der Befruchtung gerade einmal rund einen Zentimeter groß, und doch kann man schon erste Ansätze zur Bildung des Gehörs erkennen. Viereinhalb Monate später ist das Hörorgan – das Labyrinth und die Cochlea – fertig und ausgewachsen, es muss nicht mehr wachsen. Nichts will das Kind im Mutterleib mehr als hören. So schnell wie möglich! In allem ist es völlig von der Mutter abhängig, nichts kann es schon selbst tun, außer hören.

Was will das Kind hören? Zuerst bestimmt die Mutter. Alles, was da im Bauch zu hören ist und mittendrin natürlich ihren Herzschlag. Den Urrhythmus. Das will das Kind hören. Dass es geliebt ist, gewollt ist, erwartet wird und dass es eine Freude ist, ein Geschenk, dass es da ist und wächst. Wer wollte das nicht hören?

Aber diese Antwort, so sehr wir sie nachvollziehen können und verstehen, reicht dennoch nicht aus. Denn das Ohr ist von Anfang an um ein Vielfaches empfindlicher, als notwendig wäre, um den Herzschlag der Mutter zu hören. Will das Kind vielleicht das Rauschen hören, das die lebendigen Zellen erzeugen? Wie wir eine Muschel ans Ohr legen und das große weite Meer hören können? Ich lebe, ich bin – das höre ich von Anfang an.

Aber unsere Hörfähigkeiten sind um vieles empfindlicher, als wir für das Leben dann brauchen. Wenn wir das ganze Potential ausschöpfen, hören wir uns bis an die Grenze von Stille und Schweigen heran. John Cage hat einmal gesagt: Aller Klang ist fast wie Stille – eine Blase auf der Oberfläche, die sogleich zerplatzt. Jeder Ton zielt auf die Stille, in der er vergeht. In ihr liegen seine eigentliche Schönheit und sein Reiz. Die Musik, der Klang ist wie eine Schale, eine Klangschale, die das Wertvollste enthält, nämlich die Stille. Die Biene summt nur, solange sie sich nicht auf die Blüte gesetzt hat. Sobald sie anfängt, den Honig zu trinken, ist sie still (Ramakrishna).

Vielleicht ist es das, was das Kind im Mutterleib hören will, nach dem Herzschlag der Mutter und dem Rauschen der Zellen, die Stille? Für uns ist Stille etwas Bedrohliches oder Unangenehmes. Im Radio darf es überhaupt keine Stille mehr geben, weil dann alle an eine Störung denken.

Aber ist die Stille überhaupt zu hören? Was hören wir, wenn es still ist? Wir hören – ich erinnere noch einmal an Bonhoeffers Gedicht – den Klang der unsichtbaren Welt. Auch wenn unser Auge nichts aufnimmt, unser Ohr vernimmt diesen Klang.

Als Moses den brennenden Dornbusch sieht, geht er hin, um sich die Sache anzusehen. Aber Gott gebietet ihm einzuhalten. Da gibt es nichts zu sehen. Moses verhüllt sein Haupt und hört, wie Gott spricht. Er ist ganz Ohr.

Als Elia nach seiner Flucht auf dem Berg Horeb steht und Gott sich ihm zeigt, gibt es Erdbeben, Feuer und Sturm. Aber in keiner dieser mächtigen, furchteinflößenden und tosend lauten Erscheinungen ist Gott. Dann – so heißt es – vernimmt er ein stilles sanftes Sausen. Er verhüllt sein Haupt und tritt aus seiner Höhle, denn er weiß: Jetzt ist Gott da. Und er ist ganz Ohr für das, was Gott ihm sagt.

Wer glaubt, ist ganz Ohr. Ganz ge-hor-sam. Der Glaube kommt aus dem Hören.

So hören wir in der Stille den Lobgesang aller Geschöpfe, den Lobgesang der Schöpfung selbst. Dass das Universum voller Musik ist, voller Klänge, von den entferntesten Galaxien bis zu den kleinsten Zellen, ist eine alte Überzeugung der Menschen. Die ganze Welt ist umgeben von den Klangschalen der Sphären mit ihrer besonderen Stimmung. Dass diese Klangfülle zum Lob Gottes, des Schöpfers, erklingt, erkennt der Glaube. Erst im Lob

Gottes kommt die Welt zu sich selbst, findet sie ihre Bestimmung, ihren Sinn und eine Antwort auf das Warum. Die Vollendung der Schöpfung ist das Lob alles Geschaffenen vor dem Thron Gottes, ihres Schöpfers. Er will im Lob seiner Geschöpfe sein. Die ganze Schöpfung lobsingt dir, heißt es in der orthodoxen Osterliturgie zum Fest der Auferstehung Christi. In der Auferstehung ist die Welt schon so, wie sie sein wird.

Das können wir nicht sehen. Aber wir hören es! Und stimmen ein durch unsere Klänge, durch unsere Musik und durch unser Schweigen.

Predigt, gehalten im Rahmen des „WeG-Kongresses 2017“ in Schloss Puchberg bei Wels am 17. April 2016.

HAMMERSCHLAG UND GLOCKENKLANG

Schlaginstrumente aller Art sind in ihren verschiedensten Spielarten in allen Musikkulturen weit verbreitet. Sie waren wohl die ersten Instrumente, die der Mensch gebaut hat. Von der einfachen Trommel bis zu hoch entwickelten Stabspielen reicht das Spektrum an Klangfarben und Klangmöglichkeiten.

Das Spiel mit Rhythmus und Klangfarbe, die unendlichen Möglichkeiten von heftiger Aktion bis zur meditativen Ruhe üben in ihrer Unmittelbarkeit ungebrochene Faszination auf Hörer und Hörerinnen sowie Spieler und Spielerinnen aus. Im Ensemblespiel wird diese Multidimensionalität noch greifbarer, direkter und eindrucksvoller.

Komponierende unserer Zeit lieben dieses Spiel mit Rhythmus, Melodie und Farbe, trifft es doch bei uns ein ganz ursprüngliches Gefühl, das wohl schon unsere Vorfahren dazu bewegt hat, Schlaginstrumente zu bauen und immer weiter zu verfeinern. Diese Gefühlswelt ist wohl zutiefst menschlich, das macht den besonderen Reiz aus in der Konfrontation mit den Texten der „sieben letzten Worte Jesu am Kreuz“.

Kein Nachempfinden der Gefühlswelt des Gekreuzigten, kein Trost in der Sprache der Kirchenmusik, sondern unmittelbare menschliche Emotion angesichts von Gewalt und Tod, ausgedrückt von Instrumenten, die uns von unserer Geschichte her wohl am nächsten stehen. Eine Tonsprache, die im besten Sinn als universell zu bezeichnen ist und keine Grenzen der Zeit oder der Kulturen kennt.

Vibraphon, diverse Becken, Congas, Snaredrums, Drumset, Triangel, Tamtam, Tamburin, Marimbaphone, Glockenspiel, Donnerblech, Shaker, Guiro, div. Percussion-Instrumente, große Trommel …

Meditation I

Da überantwortete ihn Pilatus, dass er gekreuzigt werde. Und sie führten ihn hinaus, dass sie ihn kreuzigten. Für die römischen Soldaten einer von vielen. Gewohnt an das grausige Tun, brauchte es nur wenige Schläge mit dem Hammer. Der Nagel singt mit jedem Schlag, der ihn tiefer ins Holz treibt, höher.

Zuvor hat es andere Schläge gegeben, Schläge mit der flachen Hand, mit den Fäusten, mit dem Stock und mit der Geißel. Bis heute sind sie zu hören. Schnelle Schläge, klatschend, wuchtige und dumpfe. Nach den Hammerschlägen war es ruhig. Und er? „Vater, vergib ihnen, denn sie wissen nicht, was sie tun."

Wir dachten, Gott selbst hätte ihn geschlagen, schreibt der Prophet Jesaja vom Gottesknecht, aber es war nicht Gott. Wir und unsere Missetaten sind es, so der Prophet. „Wer hat dich so geschlagen?", fragt ein altes Kirchenlied und gibt zur Antwort: „Ich, ich und meine Sünden." Der Karfreitag verbietet es, unbeteiligter Zuschauer, unbeteiligte Zuschauerin zu bleiben. Er lenkt unseren Blick auf die Geschlagenen, die Zerschlagenen. Heute akustisch durch Stücke für Schlagwerk, per percussionem, durch Schläge auf Trommeln, Stäbe, Metall. Percussio vom lateinischen Verb für „prägen" meint die Erschütterung und das Beben. Als Jesus, der so Geschlagene, starb, erbebte die Erde. Als hätten alle Schläge, die ihn getroffen haben, bis in die Grundfesten ihr selbst gegolten. Und der Himmel verfinsterte sich. Als wäre auf Himmel und Erde eingeschlagen worden, in vernichtender, tödlicher Entschlossenheit. Dass Menschen dazu in der Lage sind? Nein, sie wissen wirklich nicht, was sie tun.

Meditation II

In Stanley Kubricks „2001 – Odyssee im Weltraum" wird gleich zu Beginn ein entscheidender Entwicklungsschritt des Menschen gezeigt. Nachdenklich klopft einer unserer Vorfahren mit einem Knochen auf die Erde. Langsam, ohne Absicht, wie nebenbei werden die Schläge wuchtiger und fester. Dazu ertönt die Musik „Also sprach Zarathustra" von Richard Strauss. Bis unser Vorfahre am Schluss einen Schädel mit einem Schlag zertrümmert.

Das sollte seine – unsere – Zukunft sein! Triumphierend wirft er den Knochen, der zur Waffe geworden war, in den Himmel. Dass der Mensch den aufrechten Gang lernte und seine Hände frei bekam, gab ihm auch die Möglichkeit zu schlagen. Dennoch ist das Unbehagen geblieben und der Abscheu vor Prügelstrafen und Auspeitschungen, vor Züchtigungen und Spießrutenläufen, vor Ohrfeigen und Gummiknüppeln. Sie sind erniedrigend und stehen im Widerspruch zur Würde des Menschen. Mit prügelnden Vätern und Staaten, die die freie Meinungsäußerung mit tausend Stockhieben unterdrücken, dürfen wir uns nie abfinden. Vielleicht auch nicht damit, dass wir uns bemühen müssen, unser eigenes Leben zu einem Hit zu machen, denn auch das ist nichts als ein Schlag.

Auch wenn es Schläge gibt, die nicht mit der Hand ausgeteilt werden: Jesus am Kreuz wird nach den Hammerschlägen weiter geschlagen. Er wird verschmäht, ausgespottet und verlacht. Nur einer der beiden Mitgekreuzigten, Schicksalsgenosse, spielt da nicht mit: Denke an mich, wenn du in deinem Reich bist, bittet er. Und Jesus: „Heute noch wirst du mit mir im Paradies sein."

Meditation III

Mit einem Schlag ist alles anders. Mit einem Schicksalsschlag. Ein Flugzeug prallt mit 800 Stundenkilometern gegen einen Berg und 150 Menschenleben sind ausgelöscht. Ein unvorstellbar schlimmes Ende für die Opfer und ein grausamer Schlag für alle Angehörigen. 155 Menschen sind am 11. November 2000 in Kaprun verbrannt, dabei hatte der Tag doch so sonnig und schön begonnen. Mit einem Schlag bebte die Erde und verfinsterte sich der Himmel. Wie am 11. September 2001 und wie bei den anderen großen Katastrophen.

Über den großen Katastrophen geraten die kleinen, die persönlichen und individuellen in den Hintergrund. Karfreitag hat viele Namen: Die schlimme Diagnose. Der befürchtete Verlust der Arbeit. Der Hungertod eines Kindes. Das Ertrinken der Namenlosen im Mittelmeer. Der Selbstmord eines geliebten Menschen. Schlag auf Schlag. Wenn wir sie alle hören müssten, wer weiß, was wir täten. Hiob, die bekannte Figur aus der Bibel, treffen mit jeder Hiobsbotschaft, die hereinkommt, die Schicksalsschläge unerbittlich. Seine Freunde kommen und bleiben bei ihm. Zuerst sagen sie mehrere Tage nichts. Es hat ihnen die Sprache ver-schlagen. Füreinander da sein muss einmal genügen. Die Worte werden später wiederkommen. Der ans Kreuz geschlagene, sterbende Jesus stiftet diese Gemeinschaft des Füreinander-Daseins: „Frau, siehe, das ist dein Sohn", sagt er zu Maria und zu seinem Jünger: „Siehe, das ist deine Mutter".

Meditation IV

Warum? Auch wenn alle Ursachen, menschlich, technisch oder sonst irgendwie erklärbar gemacht wurden, es bleibt das ungeheure Warum.

Ein allmächtiger, liebender und barmherziger Gott, der alles so „herrlich regieret“, wie es im Choral heißt? Der soll das verursacht haben? Und wenn er es schon nicht verursacht hat, wieso ist er dann nicht dagegen eingeschritten? Wenn Gott gut ist, woher kommt dann das Böse? Diese alte Frage bleibt unbeantwortet. „Mein Gott, mein Gott, warum hast du mich verlassen?“, ruft Jesus mit den Worten des alten Psalms aus der Bibel (Psalm 22). Sein Schrei verliert sich. Antwort kommt keine. Aber hier zeigt er sich als Mensch wie wir, als unser Bruder. Wir können diese Frage nicht lassen.

Gleich darauf: „Mich dürstet!“ Wie aus dem dürren Land, der vertrockneten Seele, dem hart gewordenen Herzen dürstet es Menschen nach Gott, dem Tau vom Himmel. Arvo Pärt hat einmal gemeint, viel braucht es für ihn nicht, diesen Durst zu stillen: Ein einzelner Ton, ein Moment der Stille, ein Dreiklang wie von Glöckchen, „tintinnabuli“, wie Glöckchen vom Himmel.

Meditation V

„Es ist vollbracht!“ Gottes Weg der Hingebung ist am Ziel. Damit er der Gott der Dahingegebenen ist. Gott nimmt die Schläge auf sich, damit er der Gott der Geschlagenen ist. Es ist kein ehernes Schicksal, dass es für immer so bleiben muss. Es ist kein Gesetz, begründet in der Wolfsnatur des Menschen. Wenn dich einer auf die rechte Backe schlägt, dem halte noch die andere hin. Besser, Gewalt erleiden, als Gewalt ausüben. Damit sich die Spirale nicht ewig weiterdrehen muss. Einmal muss einer aussteigen. Gott selbst durchbricht den Dauerrhythmus und öffnet einen anderen Weg: „Es ist vollbracht!"

Am Abend des Karfreitags kam ein reicher Mann aus Arimathäa, der hieß Josef, und ging zu Pilatus und bat ihn um den Leichnam Jesu. Am Abend. Der Tag ist ruhig geworden. Am Abend ist die Taube zu Noah in die Arche zurückgekommen und trug einen Olivenzweig im Schnabel. Am Abend blüht die Hoffnung auf. Wir legen uns in die Zukunft Gottes, wenn wir den Tag zurückgeben in seine Hände.

Im Jahr 1999 bat Julia Armstrong den jungen Komponisten Eric Whitacre, ihr eine Komposition zu schreiben zur Erinnerung an ihre kurz davor verstorbenen Eltern. Julia bat um die Vertonung ihres Lieblingsgedichts, das bekannte „Stopping by Woods on a Snowy Evening" von Robert Frost. Die Komposition war fertig, aber Eric Whitacre bekam von den Nachlassverwaltern des Robert Frost keine Genehmigung zur Verwendung des Gedichts. Da bat er in seiner Verzweiflung seinen Freund Charles Silvestri, ihm zur fertigen Komposition einen neuen Text zu schreiben. So entstand im Jahr 2000 „Sleep", ein Abendlied. Wir hören es auf dem Marimbaphon:

„The evening hangs beneath the moon
A silver thread on darkened dune
With closing eyes and resting head
I know that sleep is coming soon.
What dreams may come both dark and deep
Of flying wings and soaring leap
As I surrender unto sleep."

Als wollte Silvestri mit den „flying wings“ und dem „soaring leap“ an Joseph von Eichendorffs „Mondnacht“ erinnern:

„Und meine Seele spannte weit ihre Flügel aus,
flog durch die stillen Lande,
als flöge sie nach Haus.“

Meditation VI

In diesem Frühjahr gedenken wir der Befreiung vom Nationalsozialismus und des Endes des Zweiten Weltkrieges vor 70 Jahren. Noch in den letzten Wochen, im April und Mai 1945, lief die Mordmaschinerie weiter. Obwohl sonst nichts mehr funktionierte und alles am Zusammenbrechen war, das funktionierte noch. Ein SS-Richter musste sich ein Fahrrad ausleihen, um seinem letzten Auftrag nachzukommen und den Mitgliedern der Widerstandsgruppe in der Abwehr den Prozess zu machen. Einer davon war Dietrich Bonhoeffer. Am 9. April 1945 wurde er ermordet. Auf dem letzten Weg sagte er zu einem Mithäftling: Das ist das Ende. Für mich der Beginn eines neuen Lebens.

1941, mitten im Krieg, schrieb Arno Pötzsch ein kleines Gedicht, das als Lied in unseren Kirchen gesungen wird:

„Du kannst nicht tiefer fallen,
als nur in Gottes Hand,
die er zum Heil uns allen
barmherzig ausgespannt.
Es münden alle Pfade
durch Schicksal, Schuld und Tod
doch ein in Gottes Gnade
trotz aller unsrer Not.

Wir sind von Gott umgeben
auch hier in Raum und Zeit
und werden in ihm leben
und sein in Ewigkeit."

Dass letztlich alles Leben, auch das zerschlagene und abgerissene, dorthin zurückkehrt, wo es seinen Ursprung, seinen Ausgang und Anfang genommen hat – in Gottes Hände. Das siebente, das letzte der Worte Jesu am Kreuz ist: „Vater, in deine Hände befehle ich meinen Geist!"

Meditationen für die Karfreitags-Konzertreihe „Kreuzklang" in der Lutherischen Stadtkirche Wien am 3. April 2015. „Kreuzklang" war eine Veranstaltungsreihe der Evangelischen Kirche A. B. in Österreich und der Johann Sebastian Bach-Musikschule Wien. Zwischen 2010 und 2019 trafen jeweils am Karfreitagabend zeitgenössische Kompositionen – von jungen Musikerinnen und Musikern aufgeführt – auf Meditationen des evangelischen Bischofs zum Karfreitag. 2015 waren Kompositionen für ein Schlagwerkensemble von Oliver Madas, Arvo Pärt, Eric Whitacre und Yo Goto sowie Saxophon-Improvisationen zu hören.

MUSIK IST EINE GABE GOTTES

Ökumene ist Leben in versöhnter Verschiedenheit. Wir sind heute hier, um zu hören. Keine Diskussionen oder Streitgespräche, nur wenige Worte, aber viel Musik. Ich höre, also bin ich. Der Glaube, schreibt der Apostel Paulus, kommt aus dem Hören. Wer glaubt, ist ganz Ohr und wird der Stimme, die ihn und sie da erreicht, ge-hor-sam.

Was euch gesagt wird in das Ohr, das verkündigt auf den Dächern! In seinem letzten Lebensjahr sagt Martin Luther in einer Predigt: „Auch wenn man Christi Reich nicht sieht, wie man ein weltliches Reich sieht, so hört man es dennoch. Denn Christi Reich ist ein Hör-Reich, nicht ein Sehe-Reich. Die Augen leiten und führen uns nicht, sondern die Ohren müssen das tun. Das Reich Christi steht allein im Gehör."

2017 – 500 Jahre Reformation. Neben vielem anderem, Wichtigem, Umstrittenem steht doch eines fest: Die Reformation war auch eine Revolution der Musik. Plötzlich beginnen alle zu singen! Martin Luther war ein begeisterter Sänger und gerne dabei, wenn vierstimmig gesungen wurde. Er verstand auch einiges von den Instrumenten, die Laute soll er gerne und oft zur Hand genommen und auf ihr gespielt haben. Hören wir, was er zur Musik zu sagen wusste:

„So höret nun, was wir in Gottes Namen zu Euch sagen, nämlich, dass Ihr fröhlich sein sollt in Christus, der Euer gnädiger Herr ist. Lasst ihn für Euch sorgen; er sorgt für Euch, wenn Ihr auch noch nicht habt, was Ihr gerne hättet. Er lebt noch, und erwartet das Beste von ihm, das gefällt ihm, wie die Schrift sagt, als das beste Opfer. Denn es gibt kein lieblicheres Opfer als ein fröhliches Herz!

Darum, wenn Ihr traurig seid, und es will überhand nehmen, so sprecht: ‚Auf! Ich muss meinem Herrn Christus ein Lied machen auf der Orgel – es sei *Te Deum laudamus* –, denn die Schrift lehrt mich, er höre gerne fröhlichen Gesang und Saitenspiel.' Und greift frisch in die Saiten und singet darein, bis die Gedanken vergehen. Kommt selbst der Teufel und gibt Euch Eure Sorgen oder Gedanken ein, so wehrt Euch und sprecht: ‚Aus, Teufel, ich muss jetzt meinem Herrn Christus singen und spielen.' Die Erfahrung zeigt, dass nach dem heiligen Wort Gottes nichts so sehr und hoch zu rühmen ist wie die Musik. Aus dem Grund nämlich, dass sie die Königin aller Bewegungen des menschlichen Herzens ist, mächtig und gewaltig. Nichts auf Erden ist wirksamer, sie macht die Traurigen fröhlich und die Fröhlichen traurig, die Verzagten herzhaft, reizt die Hochmütigen zur Demut, stillt und dämpft die hitzige und übermäßige Liebe, mindert Hass und Neid. Nichts ist wirksamer als die Musik. Sie schenkt ein ruhiges und fröhliches Herz." Soweit Martin Luther.

In Eisenach, am Fuße der Wartburg, kreuzen sich die Fußspuren Johann Sebastian Bachs und Martin Luthers: Hier ging Luther zur Schule und übersetzte später das Neue Testament, hier wurde Bach geboren und besuchte die gleiche Schule wie zuvor Luther. Beide erhielten hier den ersten Musikunterricht und sangen im Chor der Georgenkirche. 35 Kirchenlieder schuf Luther später – viele von ihnen verwendete Bach in seinen Chorälen, Kantaten und Oratorien, insbesondere in seinen 14 sogenannten „Luther-Kantaten", in denen er Luthers Gemeindelieder in Eingangs- und Schlusschöre mit prächtiger instrumentaler Besetzung verwandelte, ja einige dieser Kantaten bestehen sogar nur aus Luther-Texten, etwa „Ein feste Burg ist unser Gott“ (BWV 80) oder „Christ lag in Todes Banden“ (BWV 4). Bach brachte Luthers Musikverständnis auf die Formel: alles zur Ehre Gottes und zur Rekreation des Gemütes. Luther und Bach gehören also eng zusammen, obwohl zweihundert Jahre zwischen ihnen liegen.

Die Musik ist eine Gabe Gottes, die wir teilen. Wir geben sie weiter, erfreuen uns gemeinsam an ihr und hören auf die musikalischen Traditionen und Schätze der jeweils anderen Tradition.

„In jüngerer Zeit haben sich trotz der offenen Fragen in der Sinnbestimmung der Ökumene und auch angesichts des damit verbundenen Streits über die rechten Wege, an ein noch unbestimmtes Ziel zu gelangen, neue Perspektiven eröffnet: Die konfessionelle Vielfalt wird (auch) als ein Reichtum wahrgenommen. Manche christlichen Gemeinschaften haben ein Gut bewahrt, das Anderen verloren ging und an dem sie nun als Gabe teilhaben. Insbesondere die Entdeckung des großen Schatzes an unterschiedlichen Weisen, die eine christliche Spiritualität zu leben, ist ein Gewinn für die Gesamtheit der Kirchen. Zur Wahrnehmung und Aufnahme von Erfahrungen in anderen christlichen Traditionen als der eigenen bereit zu sein, aufeinander zu hören, miteinander zu leben und füreinander da zu sein, sind Grundanliegen der Ökumene heute.“

Aufeinander hören – miteinander leben – füreinander da sein. Das beschreibt die Ökumene heute.

„Dienet einander, ein jeder mit der Gabe, die er empfangen hat, als die guten Haushalter der mancherlei Gnade Gottes“ – so mahnt der Apostel Petrus seine Gemeinde (1. Petrus 4,10), die auserwählten Fremdlinge in der Diaspora (1,1), angesichts des nahe herbeigekommenen Endes aller Dinge (4,7). Als besondere Gaben nennt der Apostel die Liebe, die Gastfreundschaft und das Gebet – ein Gabenaustausch, „damit in allen Dingen Gott gepriesen werde durch Jesus Christus" (4,11). Unter dieses biblische Leitwort stellt die Kirchenkonstitution des Zweiten Vatikanischen Konzils, *Lumen gentium*, die Gemeinschaft des Gottesvolkes (LG 13). Es ist Kennzeichen und Ausdruck der Katholizität, dass die einzelnen Teile ihre eigenen Gaben den übrigen Teilen und der ganzen Kirche einbringen. Kirche verwirklicht sich als Gütergemeinschaft. „Zu dieser katholischen Einheit des Gottesvolkes, die den allumfassenden Frieden bezeichnet und fördert, sind alle Menschen berufen. Auf verschiedene Weise gehören ihr zu oder sind ihr zugeordnet die katholischen Gläubigen, die anderen an Christus Glaubenden und schließlich alle Menschen überhaupt, die durch die Gnade Gottes zum Heil berufen sind."

Was hier noch eher angedeutet ist und hinsichtlich seiner ekklesiologischen Bedeutung noch zu klären wäre, hat Papst Johannes Paul II. in seiner Ökumene-Enzyklika *Ut unum sint* von 1995 aufgegriffen und explizit auf den ökumenischen Dialog bezogen: „Der Dialog ist nicht nur ein Gedankenaustausch. Er ist gewissermaßen immer ‚ein Austausch von Gaben und Bescherungen'." Die wunderbaren Goldberg-Variationen sind ein herausragendes Beispiel für versöhnte Verschiedenheit. Wir müssen gar nicht erklären, was mit diesen Worten gemeint sein könnte, das übernimmt die Musik. Verschiedene Stimmen, zwölf Saiten auf drei Instrumenten, also das schon lauter heilige Zahlen des Göttlichen und des Menschlichen. Kunstvolle Variationen eines ebenso kunstvollen, feinen, luftigen Themas – einer Aria, wie ein zarter Windhauch am Abend. In aller Verschiedenheit aber ein Ganzes, ganz nicht trotz, sondern wegen der unterschiedlichen Stimmungen und Stimmführungen. Können wir nicht sagen, die unterschiedlichen Kirchen sind auch nichts anderes als die Variationen des einen, ewigen Themas, nämlich der bedingungslosen Zuwendung Gottes zu den Menschen in Liebe und der bedingungslosen Annahme des Menschen durch Jesus Christus?[1]

Ausdrücklich aufgegriffen wurde die Rede von der „Ökumene der Gaben" vom früheren Ratsvorsitzenden der Evangelischen Kirche in Deutschland (EKD), dem Präses der Evangelischen Kirche im Rheinland Nikolaus Schneider rund um den Besuch von Papst Benedikt XVI. in Erfurt im Jahr 2011. Es ist damit eine neue Perspektive eröffnet worden, die den Gegensatz von Konsens- und Differenzökumene und auch die Formulierung einer „Ökumene der Profile" um einen wichtigen Aspekt ergänzt.

In der theologischen Arbeit greift die Ökumene der Gaben auf Überlegungen zurück, die von einem „ecumenical gift exchange", einem kommunalen, dialogisch-prozessualen Begriff des Gebens und Empfangens sprechen. *Koinonia* ist Gabe Gottes und wird zur Auf-Gabe der Kirchen, *Koinonia* zu suchen, zu bewahren und zu gestalten. Der Austausch der Gaben wird also zu einem Kreislauf, der angestoßen wird durch die aktivierende Kraft, die aktivierende Eigenschaft der Gabe. Gott handelt als ein vielfältiger Geber. Alle guten Gaben … In der Schöpfung, in deren Bewahrung und Erneuerung, in der Gabe von Zuwendung, Liebe und Lebensmöglichkeit in Jesus Christus und von der Kraft, der Hoffnung und dem Trost, die Gottes Heiliger Geist schenkt. Gott gibt uns, was wir nicht haben, und wir würdigen diese Gabe, indem wir uns gegenüber unseren Mitmenschen und Mitkirchen entsprechend verhalten. Dabei ist die Grundasymmetrie im Verhältnis der Gabe Gottes und des menschlichen Empfangens zu wahren. Gott gibt uns nicht, weil wir es verdienten oder so liebenswürdig wären, sondern weil er uns gibt, werden wir seiner Liebe entsprechend und seiner Zuwendung würdig. Es ist die Liebesgabe, die freie Gabe, denn erst die Gabe der göttlichen Zuwendung schafft die Würdigkeit des Menschen. Heilvolles Leben und damit auch Vergebung gibt es nur durch die bleibende Differenz von Schöpfer und Geschöpf und unter Wahrung der Freiheit, in der Gottes Liebe gibt, was der Mensch braucht.

Es gehört zu den für dieses Verständnis von Gabe typischen Geheimnissen, dass an einem bestimmten Punkt die Komplexität von Geber und Empfangendem nicht mehr auflösbar ist. Jesus Christus ist der Empfangende, er ist zugleich der Gebende und die Gabe selbst. Daher ist das Gabe-Geschehen im Letzten unerklärlich. Bei Wahrung der Grunddifferenz von Schöpfer und Geschöpf wird der Mensch auf Gottes Gabe antworten durch eine Haltung und durch seine Handlungen. Die Haltung bezieht sich auf Gott, den Geber aller guten Gabe, und besteht aus Dank und Lob. Zwischenmenschlich und zwischenkirchlich vollzieht sich das Empfangen der göttlichen Gabe aber in Handlungen der Versöhnung.

Eine zweite wichtige Anregung, die auch für uns von Bedeutung sein kann, betrifft den Umstand, dass im Gabegeschehen die Empfangenden im Fokus der Aufmerksamkeit stehen müssen. Wenn man beim Schenken an die Empfangenden denkt, wird man nicht zuerst und ausschließlich die eigenen Lieblingsstücke anbieten, sondern genau und einfühlsam überlegen, was die anderen brauchen bzw. was ihnen Freude macht. „Ecumenical gift exchange" ist kein kumulativer Austausch. Nicht jeder braucht alles. Und die Gütergemeinschaft unter den an Christus Glaubenden, von der das Konzil spricht, ist nicht dann vollendet, wenn alle alles haben. Es geht also um ein ökumenisches Teilen, ein „ecumenical sharing“, das schon weit unterhalb aller institutionellen Lösungen – welche Einheit wollen wir? – möglich ist. Die eigene Tradition zu entfalten, aber in dem Bewusstsein, dass es auch plausible Alternativen gibt, und in der Bereitschaft, mit diesen gemeinsam auf die Suche nach neuer Gotteserkenntnis zu gehen. Insofern dient die Ökumene der Gaben der Katholizität der Kirche.

Die wunderbare Musik ist eine Himmelsgabe und ein Beispiel für versöhnte Verschiedenheit. Wir müssen gar nicht erklären, was mit diesen Worten gemeint sein könnte, das übernimmt die Musik. So sind die wunderbaren Goldberg-Variationen von Johann Sebastian Bach ein herausragendes Beispiel für versöhnte Verschiedenheit. Wir müssen gar nicht erklären, was mit diesen Worten gemeint sein könnte, das übernimmt die Musik. Verschiedene Stimmen, zwölf Saiten auf drei Instrumenten, also das schon lauter heilige Zahlen des Göttlichen und des Menschlichen. Kunstvolle Variationen eines ebenso kunstvollen, feinen, luftigen Themas – einer Aria, wie ein zarter Windhauch am Abend. In aller Verschiedenheit aber ein Ganzes, ganz nicht trotz, sondern wegen der unterschiedlichen Stimmungen und Stimmführungen.

Können wir nicht sagen, die unterschiedlichen Kirchen sind auch nichts anderes als die Variationen des einen, ewigen Themas, nämlich der bedingungslosen Zuwendung Gottes zu den Menschen in Liebe und der bedingungslosen Annahme des Menschen durch Jesus Christus? Ist nicht die Ökumene dann sichtbar und hörbar, wenn wir miteinander dieses Lied singen?

Ich mache einen großen Sprung in unsere Zeit. Gidon Kremer schreibt in seinen Briefen an eine junge Pianistin im Jänner 2011 Folgendes: „Heute früh hatte ich die Freude, den Tag wieder einmal mit Bach zu beginnen. Gibt es überhaupt ein besseres

Heilmittel als diese Klänge? Mit Bach fühlt man sich nie einsam. Als ich mich vor einigen Jahren entschloss, nochmals die sechs Solo-Sonaten und Partiten aufzunehmen, kam die Idee nicht von einem Label. Das Gespräch mit der Ewigkeit festzuhalten, war mir selbst ein Bedürfnis."

Ja, wir haben richtig gehört. Wer Bach hört, hört mit an einem Gespräch mit der Ewigkeit. Und wer Bach spielt, nimmt an diesem Gespräch teil, führt es, mit Rede und Gegenrede, Frage und Antwort. Wer Ohren hat, der höre! Für einen, dem der Glaube geschenkt ist, ist diese Ewigkeit nichts als die Stimme Gottes. Gott selbst spricht. Deshalb ist die Aufzeichnung dieses Gesprächs, dieser Anrede, nur möglich, wenn man – wie es Bach ja getan hat – drauf schreibt: *SDG – soli Deo gloria!* Allein Gott zur Ehre. Das kann die Musik – und sie schenkt ein fröhliches Herz. Wer wollte dafür nicht dankbar sein?

Geistlicher Impuls, gehalten in einer ökumenischen Feierstunde der katholischen Stadtpfarrkirche Salzburg-Aigen am 29. Oktober 2017.

Anmerkung

1 Johannes Paul II.: Ut unum sint. Über den Einsatz für die Ökumene, Rom 1995, 28.

EIN NEUES LIED WIR HEBEN AN …

Nicht immer ist es eine frohe oder heiter gelassene Stimmung, die uns singen lässt. Manche singen im Finsteren, um ihre Angst zu bewältigen, andere tun es aus Hass und Aggression. Es gibt viele Motive, warum ein Lied angestimmt wird.

Martin Luther, der Musikant und Sänger, Liederdichter und hier und da auch Melodienkomponist, macht da keine Ausnahme. Seine Hochachtung der Musik, die ihm bekanntlich eine Himmelsmacht gewesen ist, ist uns gut bekannt. Aber auch er dichtete und sang nicht nur aus Freude und Glaubensstärke, sondern auch in tiefer Verzweiflung; in Anfechtung, Angst, Sorge, ja in abgründiger Depression. Aus tiefer Not schrei ich zu dir!

Sein erstes Lied schrieb er 1523. Zwei seiner Ordensbrüder wurden in Brüssel als Ketzer verbrannt. Die Nachricht davon löst Entsetzen aus, Luther ist zutiefst erschüttert. In zwölf Strophe besingt er das schreckliche Geschick der beiden, Johannes und Hendrik, die für ihren Glauben mit dem Leben bezahlen mussten. Das Lied – es steht nicht in unserem Gesangbuch – bekam den Titel „Ein neues Lied wir heben an“. Aus Verfolgung, Feindschaft und Tod erklingt das neue Lied. Das Lied des befreienden Evangeliums und der Stärke des Glaubens.

Auch Luthers letztes Lied, geschrieben zwanzig Jahre später 1543, also wenige Jahre vor seinem Tod, greift die Situation der Bedrohung auf. Das neue Lied von 1523 ist ja erklungen, es hat sich vielstimmig in ganz Europa hören lassen, aber es ist gefährdet. Wer es singt, riskiert Leib und Leben. Deshalb heißt es jetzt, am Ende des Schaffensbogens, „Erhalt uns Herr, bei deinem Wort". Im Original werden die Feinde genannt, die das Evangelium bedrohen und die Jesus Christus von seinem Thron stürzen wollen mit ihrem Morden: Es sind der Papst und die Türken, also ganz konkrete Gegner aus Sicht des Reformators. Doch so konkret durfte es nicht bleiben: Das Lied wurde an vielen Orten verboten und ist uns letztlich erst in einer korrigierten Fassung überliefert geblieben. Unter der Nummer 193 lesen wir heute im Gesangbuch die entschärfte Fassung: „und steure deiner Feinde Mord". Aus dem Konkreten ist etwas Allgemeines geworden. Dennoch bleibt der Eindruck: Anfang und Ende des Liedschaffens Luthers sind von Kampf und Feindschaft gekennzeichnet. Luther lässt gegen eine Realität ansingen, das Singen wird zu einer Form des Widerstands.

So sind seine Lieder immer auch verstanden und verwendet worden. Wollenweber und einfache Handwerker singen sie laut auf den Straßen, die Menschen stimmen sie spontan an in den Kirchen, wenn ihnen die Predigten der Pfarrer zu wenig „evangelisch" waren. Es sind Lieder wie Hilfeschreie. „Aus tiefer Not schrei ich zu dir", „Es wolle Gott uns gnädig sein" oder „Ach Gott, vom Himmel sieh darein". Ihre ganze Not, Armut, Hilflosigkeit und Ohnmacht legten die einfachen Leute in diese Lieder, die ihnen aus den Herzen sprachen. Das gemeinsame Singen verband sie untereinander und gab ihnen Zusammenhalt und Stärke. Die Obrigkeiten bedrohten dieses aufsässige Singen mit schweren Strafen, aber ganz unterdrücken ließ es sich nie.

Nur langsam, schrittweise und ziemlich mühevoll zog das gemeinsame Singen der Gemeinde auch in die Gottesdienste ein. Jetzt brauchte es Lieder zum Katechismus, zu den Zehn Geboten, zum Glaubensbekenntnis und zum Vaterunser, und es brauchte Lieder für das Kirchenjahr. „Nun komm, der Heiden Heiland", „Vom Himmel hoch, da komm ich her" und zu Ostern „Christ lag in Todesbanden". Für Pfingsten sind es gleich drei Lieder Martin Luthers, die im EG hintereinander stehen: 124 „Nun bitten wir den Heil'gen Geist"; 125 „Komm, Heiliger Geist, Herre Gott" und 126 „Komm, Gott Schöpfer, Heiliger Geist".

Luther nimmt alte Hymnen, die den Menschen vom Hören wohl vertraut gewesen sein dürften, die von den Chören in der Kirche gesungen wurden. Aber er übersetzte die Texte aus dem Lateinischen ins Deutsche und schreibt selbst noch weitere Strophen dazu. Die alten Melodien wurden jetzt von der Gemeinde gesungen. Der Chor unterstützte sie dabei, später dann die Orgel.

Die drei Pfingstlieder entstanden alle im Jahr 1524, also gerade ein Jahr nach dem neuen Lied, zum Tod der Märtyrer in Brüssel. In diesem Jahr machte sich Luther daran, den Gottesdienst neu zu gestalten. Die Gemeinde sollte nicht länger passiv bleiben, zuhören und zuschauen und nichts verstehen, von dem, was gesagt und gesungen wurde. Die Gemeinde sollte zu Beteiligten werden, gemeinsam feiern, beten, loben und danken. Die Predigt, die *viva vox evangelii*, die lebendige Stimme des Evangeliums, soll verständlich sein und im Herzen des Gottesdiensts stehen.

Gesangbücher für die Gemeinde gab es in diesen frühen Jahren der Reformation noch nicht. Nur der Chor hatte Texte und Noten vor sich und musste so lange und so oft singen, bis alle einstimmen konnten. Das war wohl noch nicht ideal, kann man sich vorstellen. Mit den Gesangbüchern wurde es dann anders und das Singen der Gemeinde wurde zum Kennzeichen des evangelischen Gottesdienstes.

Nun sind die drei Pfingstlieder auch von der angespannten Stimmung erfüllt, die Luthers Lieder von Anfang an kennzeichnen. Da ist die Rede von Trübsal und Ängstlichkeit, von fremder Lehre und Schaden der Seele, von Unfrieden und Feindschaft. Aber stärker als all das ist ein anderer Ton: Der Glaube und der Trost, der Mut und die Beständigkeit, die Erleuchtung durch das Wort, Licht und Erkenntnis, Herz und Sinne und vor allem das Brennen der Liebe, die Inbrunst des inneren Feuers, das der Geist in uns entzündet. Und immer wieder in der Mitte: Gib uns deinen Schein, lehr uns Jesus Christ kennen allein. Solus Christus – Christus allein.

Aber: „Ich glaube, dass ich nicht aus eigener Vernunft noch Kraft zu Jesus Christus, meinem Herrn, glauben oder zu ihm kommen kann", so Luther in der Erklärung zum dritten Artikel des Glaubensbekenntnisses im Kleinen Katechismus. Der Heilige Geist tut es: Innerlich durch den Glauben, durch sein „heimliches Einraunen" in unseren Herzen: „Dir sind deine Sünden vergeben". Und äußerlich durch das Wort und das Sakrament. So sammelt er die Glaubenden und bildet die Gemeinde. Daher folgen im Glaubensbekenntnis gleich nach dem Satz „Ich glaube an den Heiligen Geist" die Kirche und die Gemeinschaft der Heiligen. Das gehört zusammen. Der Geist ist es, der sie beruft und sammelt und zu Liebe und Gerechtigkeit fähig macht.

Dass unsere Zeit des offenkundigen Ungeists solche Menschen braucht, die nicht von allen guten Geistern verlassen sind, sondern als Kinder des göttlichen Lebensgeistes leben, das steht für mich ganz außer Frage.

Ein Letztes: Vernunft und Verstand, Wille und Gefühl sind ganz wichtig. Alles erleuchtet der Geist Gottes und bringt damit uns zum Leuchten und zum Strahlen!

Aber entscheidend ist das Herz. Der Glaube ist Herzenssache! Das spricht Luther an, wenn er in einer lateinischen Schrift sagt, das Wirken des Geistes geschieht *dulcissimo raptu*; in großer Süße werde ich „hingerissen“ vom Geist. Wir sind hingerissen von ihm. So können wir glauben und leben – einfach hinreißend und hingerissen. Und so singen wir auch.

Predigt, gehalten in der Evangelischen Christuskirche in Salzburg am 11. Juni 2017.

MIT BACH BIST DU NIE EINSAM

Gedanken zu Johann Sebastian Bachs Weihnachtsoratorium BWV 248

„Heute früh hatte ich die Freude, den Tag wieder einmal mit Bach zu beginnen. Gibt es überhaupt ein besseres Heilmittel als diese Klänge?“[1]

Zwei Jahre, bevor das Weihnachtsoratorium zum ersten Mal zu hören war, geschah in Johann Sebastian Bachs Heimatstadt Leipzig etwas Außergewöhnliches. Große Gruppen von Vertriebenen kamen durch die Stadt. Es waren Salzburger. Wie an den anderen Orten, durch die sie gekommen waren, wurden sie auch in Leipzig herzlich und gastfreundlich aufgenommen und großzügig beschenkt. Als sie Leipzig wieder verließen, gaben sie von dem, was ihnen geschenkt worden war, an zwei blinde Bettler, die am Stadttor standen.

„Man nahm aber dabey zugleich wahr, dass einige Saltzburger das geschencke, so man ihnen reichte, mit vieler Dancksagung zwar annahmen, aber auch sogleich unter diejenigen wieder austheileten, die nothdürftige und arme Leute waren. Diß konnten die dasigen Einwohner nicht ohne die äusserste Bewegung ihres Hertzens, und ohne die grösseste Verwunderung ansehen.“

Schon wenige Tage später trifft der nächste Zug mit mehr als neunhundert Menschen in Leipzig ein. Die Hilfeleistungen sind nicht geringer. Bach wird das miterlebt haben, vielleicht auch die

Gottesdienste, die mit den Vertriebenen gefeiert wurden, musikalisch gestaltet haben. Den gedemütigten und arm gewordenen Salzburgern wurde mit Güte, mit Menschlichkeit begegnet. Als sollte dieses historische Ereignis seinen Niederschlag im Weihnachtsoratorium gefunden haben, so klingt in meinen Ohren der Schlusschoral: „Nun seid ihr wohl gerochen an eurer Feinde Schar. Denn Jesus hat zerbrochen, was euch zuwider war. Tod, Teufel, Sünd und Hölle sind ganz und gar geschwächt. Bei Gott hat seine Stelle das menschliche Geschlecht."

Für diese universale Menschlichkeit, die Humanität, stehen die drei Weisen aus dem Morgenland, um die es in den Teilen V und VI des Oratoriums vor allem geht. Das Licht, das allen Menschen aufgegangen ist in der Geburt Jesu, ist das Hauptmotiv im fünften Teil: „Mein Heiland, du, du bist das Licht!"

Aber die Weisen werden mit der Machtpolitik des Herodes konfrontiert. Herodes war völlig skrupellos, wenn es darum ging, mögliche Konkurrenten auszuschalten. Er schreckte nicht vor Mord in der eigenen Familie zurück, darum ist ihm auch der Kindermord in Bethlehem ohne weiteres zuzutrauen, auch wenn diese Schandtat in außerbiblischen Quellen nicht belegt ist. Der Kindermord und die Flucht nach Ägypten kommen aber bei Bach gar nicht mehr vor. Es genügt, dass Jesus im Herzen des glaubenden Menschen wohnt und dass die Glaubenden in Jesu Händen ruhen.

Dennoch begegnet dem Neugeborenen sogleich die Feindschaft der Welt. Wir dürfen ruhig und mit gutem Grund daran denken, dass Christen und Christinnen heute weltweit massiv verfolgt werden. Kein Weihnachten, an dem nicht Kirchen überfallen und Gläubige zu Opfern terroristischer Anschläge werden, sei es in Pakistan, in Ägypten oder Nigeria. Was für ein Geschenk, dass es dann doch auch wieder Zeichen der Hoffnung gibt! Im befreiten Mossul konnte die christliche Gemeinde heuer erstmals wieder Weihnachten feiern. Mit dem Schnauben der stolzen Feinde setzt der Chor im sechsten Teil ein.

Bach wurde in Leipzig auf eine besonders strenge Version der lutherischen Lehre verpflichtet. Aber er ist aufgeschlossen für das Neue. Vor allem die freie Dichtung der Arien belegt den Geist des Pietismus, der die persönliche Herzensfrömmigkeit betont und die Glaubensbeziehung zu Jesus als Liebesbeziehung besingt: „Ich will ihm Brust und Herz verschreiben. Ich weiß gewiss, er liebet mich, mein Herz liebt ihn auch inniglich und wird ihn ewig ehren." Jesus, der Bräutigam der Seele.

Ganz verhalten kündigen sich aber auch die Zweifel der beginnenden Aufklärung an. Wenn das Herz ergriffen ist, dann können die Gedanken nicht unbetroffen bleiben. Gottes Geschichte gibt nicht nur nachzuempfinden, sondern auch nachzudenken auf. Aber die menschlichen Gedanken wenden sich. Das Motiv der Bekehrung, der Konversion, der Umkehr zum Glauben klingt an. In der Arie „Nur ein Wink von seinen Händen" wird Gottes Macht in seinem Wort besungen. Wenn Gott spricht, müssen sich die Gedanken der Sterblichen wenden, und das sofort. Sofort – sofort – sofort – sofort, viermal wird es wiederholt und uns dadurch besonders eingeprägt. Aber Bekehrung der Gedanken, die Umkehr des Denkens, das Umdenken braucht seine Zeit. Auch wenn das Plötzliche im vierfachen Sofort betont wird, lässt Bach dem Umdenken Zeit. Keine andere Arie hat ein derart langes instrumentales Nachspiel!

So bekehrt, bewegt und zum neuen Denken gebracht, muss das Schnauben der stolzen Feinde nicht schrecken. Oder doch? Auch da, im Eingangschor zum sechsten Teil, begegnet uns eine Spur des Zweifels, der Unsicherheit. Die mit den strahlenden Trompeten so siegesgewiss daherkommende Musik bricht an mehreren Stellen beinahe schockartig, immer nur wenige Takte lang, in ein zitterndes Tremolo im Piano zusammen. Als würde man der eigenen Siegesgewissheit gar nicht so recht trauen. Diese Passagen der Ungewissheit, wie sie die Instrumente ausdrücken, stehen neben der gesungenen Bitte: „Gib, dass wir im festen Glauben nach deiner Macht und Hülfe sehn." Aber erst ganz am Schluss, zu guter Letzt fügt sich beides zusammen und die Bitte um die Festigkeit des Glaubens überwindet den Zweifel. Aber wie! Die Worte „nach deiner Macht" werden nämlich genau über diesem Zittertremolo, über dem dünnen Eis unserer Glaubensgewissheit gesungen. Gottes Kraft ist in den Schwachen mächtig. Dietrich Bonhoeffer schreibt im Gefängnis zur Jahreswende 1943: „Ich glaube, dass Gott uns in jeder Notlage so viel Widerstandskraft geben will, wie wir brauchen. Aber er gibt sie nicht im Voraus, damit wir uns nicht auf uns selbst, sondern allein auf ihn verlassen. In solchem Glauben müsste alle Angst vor der Zukunft überwunden sein."

Und eine letzte Beobachtung, die ich mit Ihnen teilen möchte. Jeder Teil des Weihnachtsoratoriums endet mit einem Choral und das begleitende Orchester nimmt dabei die Motive des Eingangschors wieder auf. So rundet sich jeder Teil auch musikalisch. Das ist auch beim sechsten Teil und damit dem Abschluss des ganzen Oratoriums so. Aber ein wesentlicher Unterschied besteht. Die Schlusschoräle der Teile eins bis fünf singen vom „Ich" oder vom „Wir" aus. „Ach, mein herzliebes Jesulein", ein Text von Martin Luther 1535 am Ende von Teil eins, „Wir singen dir in deinem Heer" geschrieben von Paul Gerhardt 1656 am Ende von Teil zwei und so weiter. Aber der Schlusschoral von Teil sechs nach einem Text von Georg Werner 1648 ist anders. Er spricht uns an. „Nun seid ihr wohl gerochen an eurer Feinde Schar. Denn Christus hat zerbrochen, was euch zuwider war."

Zu guter Letzt werden wir direkt angesprochen. Denn alles, was uns zugesungen und zugespielt wurde, sechs Teile lang, über alle Feiertage, ursprünglich vom 25. Dezember bis zum 6. Jänner hingestreckt, läuft auf das Eine und Entscheidende hinaus: deine Bedeutung für Gott. Das menschliche Geschlecht, das bist ja du, das bin doch auch ich, das ist ganz bestimmt der Mensch neben uns. Mit Bach bist du nie einsam. Wir sollen heimgehen können mit der Botschaft: All das ist für dich geschehen. Es ist deine Geschichte, die erzählt wird, die Geschichte von Liebe und Lieblosigkeit, von Glauben und Zweifel und von der Treue, die Gott dir hält – gekleidet in wunderbare Musik.

Vortrag, gehalten im Rahmen des Konzerts von BachWerkVokal: „BWV 248 Weihnachtsoratorium, Kantaten IV und VI, mit Gedanken zum Weihnachtsoratorium von Erika Pluhar und Michael Bünker" in der Evangelischen Christuskirche in Salzburg am 6. Jänner 2018.

Anmerkung

1 Gidon Kremer in einem Brief an eine Pianistin, 2011.

DIE REFORMATION TANZT!

Liebe Ballgäste! Im Namen der Evangelischen Kirchen in Österreich begrüße ich Sie alle: Ich begrüße die Evangelischen aus Wien und ganz Österreich, ich freue mich über die Gäste aus den Nachbarländern, aus Italien und Deutschland, aus der Schweiz und Frankreich und woher immer sie gekommen sind, aus Diakonie und Kirche, die Vertreter und Vertreterinnen aus Politik, Kultur, öffentlichem Leben und alle, die unseren Kirchen verbunden sind. Schön, dass sie alle da sind! Ich wünsche Ihnen eine rauschende Ballnacht!

Dieser Ball setzt einen sehr österreichischen, sehr wienerischen Akzent im Gesamtkonzert der Veranstaltungen zum Reformationsjubiläum. Da gibt es allerorten viel Gewichtiges, viel Inhaltsschweres zu bedenken und gehaltvoll zu feiern. Doch die Freude über Gottes Gnade kann auch erstrahlen im Widerschein einer festlichen Ballgesellschaft in schönen Räumen, sie kann die Schwere nehmen und Menschen im wahrsten Sinn leichtfüßig über dem Parkett der Verhältnisse schweben lassen. Zumindest eine Nacht lang!

Das hätten sich die Erbauer und früheren Bewohner dieser Gebäude auch nicht träumen lassen, dass da einmal die Reformation tanzen würde! Aber tanzt die Reformation? Und wenn ja, warum und wie? Das Tanzen war im Zeitalter der Reformation weit verbreitet und sehr beliebt unter allen sozialen Ständen der damaligen Zeit. Man tanzte zu Hause, im Gasthaus, auf öffentlichen Plätzen, auf der Straße und sogar in den Kirchen. Es müssen wilde Tänze gewesen sein, es war – so heißt es in den Quellen – „ein Pochen, Boldern, Springen hoch in die Höhe, Schreyen, Jauchzen und Krähen“, die Tanzenden haben sich „verdrehet, verkörpert, und verkwirgelt, ein wildes Getrippel und Gepöhl mit lautem Geschnäuff“. Kein Wunder, dass manche einen regelrechten „Tantzteuffel“ am Werke sahen und da und dort ein Tanzverbot forderten.

Die wilden Tänze kamen allgemein aus der Mode und mussten den sittsamen höfischen Tänzen der vornehmen Herrschaften weichen. Statt Volten zu schlagen, regierte bald das ehrbare Menuett. Wie geordnet wir diesem höfischen Etikett entsprechen, werden wir zur Mitternacht ja bei der Quadrille unter Beweis stellen können! Normalerweise bricht dort die blanke Anarchie aus, trotz aller Bemühungen des Tanzmeisters; und manche sagen sogar, das wäre die geheime Absicht, durch festes Zeremoniell alle Ordnungen auf den Kopf zu stellen.

Der typische Wiener Walzer ist auch so ein Eindringling aus der wilden Welt des Tanzens, besonders der Linkswalzer, gegen den Uhrzeigersinn, also verjüngend mit jeder Drehung. Da gibt es ein Schieberl und ein Eierl und das berühmte Fleckerl, und ich habe keine Ahnung, was das ist, aber die Eingeweihten wissen, was das bedeutet. Vor allem aber viel zu enger Körperkontakt und viel zu viele Drehungen, bis sich alles dreht, weil es „Alles Walzer“ geheißen hat.

Auf die Reformation können sich die Tanzmuffel nicht berufen! Er will das Tanzen nicht verdammen, sagt Luther in einer Predigt. Aber es soll ohne Sünde geschehen! „Die jungen Kinder tanzen ja ohne Sünde, so tu du es auch und werde ein Kind, so schadet dir der Tanz nicht.“

Bei seinem Lehrer Augustinus hat Luther gelesen: Ich lobe den Tanz, denn er befreit den Menschen von der Schwere der Dinge, bindet den Vereinzelten zu Gemeinschaft. Ich lobe den Tanz, der alles fordert und fördert, Gesundheit und klaren Geist und eine beschwingte Seele.

O Mensch lerne tanzen, sonst wissen die Engel im Himmel mit dir nichts anzufangen.

Gleich kommt der Eröffnungswalzer, dessen erste Drehungen ich mit der Ballorganisatorin wagen darf. Ich will mir dabei eine Mahnung Martin Luthers fest vornehmen, die bitte alle heute Abend beherzigen sollen: Eine jede / ein jeder tanze auf den eigenen Füßen!

Begrüßung zum Europäischen Reformationsball in der Wiener Hofburg am 10. Februar 2017.

„GÖTTLICHE EISENBAHN" – JOHANN NESTROY UND DAS LEBEN AUF SCHIENE

In Johann Nestroys Stück „Eisenbahnheirathen" aus dem Jahr 1844 kommt es nicht nur zu mancherlei Verwechslungen der Personen, sondern auch zu solchen, die mit der Eisenbahn und dem durch sie ermöglichten raschen Ortswechsel einhergehen. In der 11. Szene des Zweiten Aktes spitzt sich das zu. Der Porträt- und Zimmermaler Patzmann, bei dem die Fäden der reichlich verwirrenden Handlung zusammenlaufen, der aus Brünn stammende Bäckermeister Zopak und der aus Krems mit der Kutsche nach Wien gekommene Peter Stimmstock sind gemeinsam mit der Bahn von Wien nach Wiener Neustadt gefahren. Allerdings meint Peter Stimmstock, die Reise hätte nach Brünn geführt. Das führt zu weiteren Verwechslungen, wie der folgende Ausschnitt belegt:[1]

PATZMANN: Sie wünschen?
ZOPAK: Wir haben Streit –
PATZMANN: 's is zum Fraiskriegen!
PETER: Der Herr Zopak glaubt, er is in Neustadt.
PATZMANN (lachend): In Brünn? In Neustadt?
ZOPAK (in der Meinung, dass PATZMANN ihm Recht gebe): Ich muss lachen. – (Lacht.)
PETER (in der Meinung, dass PATZMANN ihm Recht gebe): 's is zu dumm! – (Lacht.)

PATZMANN: 's is merckwürdig.
ZOPAK (zu PATZMANN): Jetzt reden Sie, dass Sie –
PETER (zu PATZMANN): Sagn S' ihm's doch, denn –
PATZMANN: Da kann man sehen, was die Phantasie macht. Die Einbildung versetzt uns in alle Weltteile, in die Sterne, ins Himmelreich! Übrigens, sag ich, bild't sich einer ein, er is in Brünn, so lass man ihn in Brünn, und bild't sich einer ein, er is in Neustadt, so lasst man ihn in Neustadt; is das nicht das G'scheidteste, meine Herrn?
ZOPAK (zu PATZMANN): Ja, wohl, wenn einer verrückt is –
PETER (zu PATZMANN): Sie haben Recht, mit ein' B'soffenen is schwer – aber das Unbegreifliche is nur –

Offenkundig war es den ersten Reisenden auf der Eisenbahn zuzutrauen, dass sie nicht genau wussten, wohin sie gefahren waren und wo sie sich nun aufhielten. Die Beschleunigung, die mit der neuen Art des Transportes verbunden war und die ihren ungemein großen Reiz ausmachte, brachte die Möglichkeit mit sich, dass mit ihr auch eine grundsätzliche Orientierungslosigkeit einhergehen konnte. Nicht nur das Zeitgefühl der Menschen änderte sich in dramatischer Weise, auch der Raum wurde plötzlich verwechsel- und damit austauschbar.

Dieses Phänomen, das Nestroy gekonnt für die Dramaturgie seiner Komödie einsetzte, betrifft aber ganz fundamental das Welt- und Selbstverständnis des Menschen. So wird durch eine mit den neuen Reisemöglichkeiten einhergehende Kuriosität zugleich eine auch religiös bedeutsame Frage aufgeworfen.[2] Diese umstürzende Veränderung wurde von hellsichtigen Zeitgenossen, wie etwa Heinrich Heine, genau gesehen. Anlässlich der Eröffnung der Bahnlinie von Paris nach Orléans bzw. nach Rouen schrieb er: „Wir merken bloß, daß unsere ganze Existenz in neue

Gleise fortgerissen, fortgeschleudert wird, daß neue Verhältnisse, Freuden und Drangsale uns erwarten."

Johann Nestroys „Eisenbahnheirathen" hatten am 3. Januar 1844 im Theater an der Wien Premiere. Im Untertitel stand: „Wien, Neustadt, Brünn". Die Nennung der drei Orte verrät zugleich, dass sich Nestroy einer französischen Vorlage bedient hatte. 1843 erschien die Vaudeville-Komödie „Paris, Orléans et Rouen" von Jean Bayard und Charles Varin[3], die anlässlich der Eröffnung der Bahnlinien von Paris nach Orléans bzw. Rouen entstanden war. Nestroy benutzte die von Gustav Zerffi erstellte Übersetzung als Vorlage für den ersten und zweiten Akt seiner Posse. Die Eisenbahn als revolutionäre Neuerung fand allgemein einen vielfältigen Niederschlag in Medien und Kultur.

Nestroy folgte hier ganz einer Mode seiner Zeit. Joseph Lanner etwa komponierte seinen „Ankunfts-Walzer" (op. 34) bereits 1829, als es im damaligen Österreich noch gar keine Eisenbahn gab. Gleich verhielt es sich mit seinem „Dampfwalzer" (op. 94) von 1835. Als der von Johann Strauß 1836 veröffentlichte „Eisenbahn-Lust-Walzer" (op. 89) uraufgeführt wurde, bekamen die Menschen beim Konzert vorerst nur das Bild einer Lokomotive zu sehen.

Erst im November 1837 fuhr die erste Bahn von Floridsdorf nach Deutsch-Wagram. Die Dampflokomotive „Austria" legte die 13 Kilometer lange Strecke in für damalige Verhältnisse unglaublichen 21 Minuten zurück. Neben den Eisenbahnkritikern unter den Dichtern wie Heinrich Heine und Joseph von Eichendorff (die beide dennoch Eisenbahnaktien kauften), gab es auch die positiven Stimmen. Anastasius Grün schrieb 1837 sein Gedicht „Poesie des Dampfes"[4], in dem die Eisenbahn, die „dampfgetriebnen Wagenburgen", in beinahe religiöser Verklärung als „des Geistes wandelnder Altar" beschrieben wird.

Besondere und unmittelbare Auswirkungen hatte die Verbreitung der Eisenbahn aber auf das Theater. Der Grund dafür lag wohl auch darin, dass die von der neuen Mobilität begeisterten Menschen nur zum Vergnügen und aus Reiz am Neuen Eisenbahnfahrten unternahmen. Dabei kostete eine Fahrkarte in etwa gleich viel wie eine Eintrittskarte im Theater. Zeitgenossen berichten, dass die „Eisenbahn-Lustfahrten" zu wahren Flauten an den Theaterkassen führten. Vor allem die Wiener Vorstadttheater bekamen die Konkurrenz zu spüren und reagierten darauf, indem sie ihrerseits die Eisenbahn auf die Bühne holten. Von Louis Grois wurde im März 1838 im Theater an der Wien ein Stück mit dem Titel „Die Fahrt auf der Eisenbahn nach Wagram oder: Der Bräutigam von Oedenburg" aufgeführt, in dem Nestroy die Rolle eines Friseurs übernommen hatte. Beinahe jedes Jahr kamen neue Stücke, zumeist Lokalpossen, auf die Bühne, die das Fahren mit der Eisenbahn thematisierten.

Insofern war Nestroy mit seinen „Eisenbahnheirathen" ganz auf der Höhe der Zeit. Der Erfolg seiner Posse und ihre überwiegend positive Aufnahme in den Feuilletons sprechen dafür.

Die Handlung ist rasch erzählt: Zwei Instrumentenbauern, Ignaz Stimmstock und seinem aus Krems stammenden Neffen Peter Stimmstock, werden von der Wiener Neustädter Tandlerin namens Zaschelhuberin für eine künftige Heirat zwei junge Frauen vermittelt. Beide sind die Töchter von Bäckermeistern, die eine die Theres Kipfl aus Wiener Neustadt und die andere Babette Zopak aus Brünn/Brno. Weil sich die künftigen Eheleute aber noch nicht persönlich begegnet sind, kommt es vor allem auf Betreiben des Malers Patzmann zu allerlei Verwechslungen zwischen allen Personen und den drei Orten der Handlung, Wien, Brünn/Brno und Wiener Neustadt. Am Schluss bekommen sich die wahrhaft Liebenden, allerdings wenig überraschend natürlich anders als ursprünglich geplant. Aber – wie Patzmann sagt: „Mit Liebe und Dampf geht Alles“[5].

Nestroys Posse spielt auf zwei Eisenbahnlinien: Die eine von Wien über Lundenburg (Břeclav) nach Brünn (Brno) war Teil der Kaiser-Ferdinands-Nordbahn, die Wien mit Krakau verbinden sollte. Der Abschnitt von Wien nach Brünn/Brno ging am 7. Juli 1839 in Betrieb. Die andere war Teil des Projekts der „Raaber Bahn“ (Wien–Györ), die auf zwei Trassen über Bruck/Leitha und über Wiener Neustadt gebaut wurde. Eine Zweiglinie endete 1842 vorerst – vor dem Bau der Semmeringbahn – in Gloggnitz. Hinter beiden Bahnlinien standen miteinander konkurrierende Bankhäuser. Die Kaiser-Ferdinands-Nordbahn wurde von Salomon Rothschild finanziert, die Raaber Bahn hingegen von Georg Simon Freiherr von Sina.

Aber nun zurück zum eingangs geschilderten Problem der mit der Eisenbahn einhergehenden Gefahr des Ortsverlustes und der Orientierungslosigkeit des Menschen. Darauf hatte bereits Heinrich Heine hingewiesen. Anlässlich der Eröffnung der beiden Bahnlinien von Paris nach Orléans bzw. Rouen schrieb er im Jahr 1843: „Die Eröffnung der beiden neuen Eisenbahnlinien, wovon die eine nach Orléans, die andere nach Rouen führt, verursacht hier eine Erschütterung, die jeder mitempfindet, wenn er nicht etwa auf einem sozialen Isolierschemel steht.“ Während die überwiegende Menge der Menschen höchstens verdutzt oder staunend vor der ungeheuren technischen Neuerung stehe, erfasse den Denker – so Heine – „ein unheimliches Grauen, wie wir es immer empfinden, wenn das Ungeheuerste, das Unerhörteste geschieht, dessen Folgen unabsehbar und unberechenbar sind“.

Der Grund für dieses Grauen liegt nicht nur in den technischen Folgen, sondern in einem existenziellen Problem. Durch die Eisenbahn wird „der Raum getötet“. Heine wörtlich: „Welche Veränderungen müssen jetzt eintreten in unseren Anschauungen und Vorstellungen! Sogar die Elementarbegriffe von Raum und Zeit sind schwankend geworden. Durch die Eisenbahn wird der Raum getötet und es bleibt uns nur noch die Zeit übrig. Hätten wir Geld genug, um auch letztere anständig zu töten!“[6] Die Beschleunigung brachte eine deutliche Verringerung der Fahrtzeiten mit sich. Während die Kutsche von Wien nach Brünn/Brno noch zwölf Stunden unterwegs war, benötigte die neue Dampflokomotive für dieselbe Strecke zur Zeit Nestroys nur noch vier Stunden. Heute gibt die Fahrplanauskunft für die Bahnfahrt von Wien nach Brünn/Brno eine Fahrtzeit von knapp eineinhalb Stunden an.

Mit der fortschreitenden Beschleunigung werden die Räume, die etwa durch eine Tagesreise „er-fahren“ werden können, immer größer. Längst werden die Distanzen zwischen den Städten nicht mehr in Kilometern, sondern in Zeitmaßen angegeben. Von Wien nach Salzburg sind es im Bewusstsein der Reisenden nicht 329 Kilometer, sondern mit der Bahn gerade einmal zwei Stunden und zwanzig Minuten. Die Behauptung Heines, dass durch die Eisenbahn, also durch die mit ihr einhergehende Beschleunigung, der Raum „getötet“ werde, trifft also zu. Dabei ist der Raum für den Menschen von entscheidender Bedeutung.[7] Denn der Raum ist nicht bloß ein dem Menschen Äußerliches, nicht bloß seine „Umwelt“, sondern er gehört zum Menschen „wie sein Leib“, der Mensch verschmilzt mit seinem Raum, ja er „inkarniert“ in ihm. „Der Mensch ist Teil des Raums und insofern getragen vom großen umfassenden Raum. Der Mensch wohnt in dieser Weise im Raum.“[8]

Marianne Gronemeyer widmet in ihrer Analyse der Beschleunigung des Lebens auch der „Tilgung der Entfernung“, die auf dem Programm der Geschwindigkeitsexperten steht, einen eigenen Abschnitt.[9] War die Landstraße noch an den Raum, also die konkrete Landschaft gebunden und angepasst, so setzt sich bereits die Autobahn darüber hinweg. Sie folgt konsequent der Einsicht, dass die kürzeste und damit schnellste Verbindung zweier Orte die gerade Linie ist. Konkrete räumliche Gegebenheiten der Landschaft dürfen keine Rolle mehr spielen. Die modernen Bahnausbaupläne des heutigen Europa setzen das folgerichtig fort. Sie untergraben im wörtlichsten Sinn durch Anlegen unterirdischer Bahntrassen zunehmend die räumlichen Gegebenheiten, während die Fortbewegung durch Flugzeuge hingegen den Raum einfach überfliegt oder überspringt. Raum ist der „Belanglosigkeit" preisgegeben. Entfernung zu überwinden benötigt Zeit und Zeit ist knapp. Daher wirkt das Versprechen, durch die Beschleunigung Zeit „einsparen", ja „gewinnen" zu können, ein Versprechen, das sich allerdings nach Marianne Gronemeyer als illusionär erweist. Die Kehrseite dieses Versprechens aber ist der Weltschwund, der durch das Verschwinden des Raumes notwendigerweise einhergeht.

Wenn also in Nestroys Posse die Gewissheit der Räume durch die Unsicherheit der Örtlichkeiten ins Schwanken gerät, hängt dies mit der beschleunigten Fortbewegung zusammen. Der mögliche Verlust des Raumes durch Beschleunigung hat seine Auswirkungen auf den Menschen. Vertraute Gewissheiten, ja Geborgenheiten, gehen verloren. „Die einstmalige Selbstverständlichkeit räumlicher Bezüge machte den Raum zu einer Art Kontingenzbewältiger. Die derzeitige Unruhe rührt genau daher, dass räumliche Bezüge nun selbst flexibel, kontingent und fragil geworden sind und damit nicht mehr länger als Antidot gegen den Tausch der Geschwindigkeit taugen, der die gegenwärtige Gesellschaft erfasst hat."[10] Von solchen schweren Gedanken ist allerdings Nestroys Posse unbelastet. In ihr überwiegt noch die Faszination der schnellen Überwindung des Raumes. Dass an einem Tag in Wien gefasste Pläne in Wiener Neustadt bereits umgesetzt werden können, verzückt den heiratstollen Instrumentenbauer Ignaz Stimmstock:

ZASCHELHUBERIN: Mit ein Wort, Sie putzen sich schön zusamm und fahren heut noch mit mir zu Kipflischen Theres nach Neustadt.
IGNAZ (entzückt): Heut noch –!? Göttliche Eisenbahn, du hast das Sprichwort – „Das geht auf der Extrapost" – zu Schanden g'macht!
ZASCHELHUBERIN: Ich glaub's! Die sechzehn Stationen bis Neustadt fahrt man in dreiviertel Stund; 's Anhalten dauert in Allen zusamm höchstens anderthalb Stund – ah so eine Reis is wirklich ein Genuss.[11]

Für den christlichen Glauben sind Raum und Zeit Gegebenheiten, die dem schöpferischen Handeln Gottes verdankt werden. „Meine Zeit steht in deinen Händen", heißt es im Psalm (31,16) und an anderer Stelle: „Du stellst meine Füße auf weiten Raum" (Psalm 31,9). Der erste Schöpfungsbericht im Buch Genesis setzt damit ein, dass Gott Zeit und Raum erschafft, um damit die Bedingungen zu geben, unter denen das Leben in der Schöpfung möglich ist.

Allem, was lebt – auch dem Menschen – wird die je eigene Zeit zugemessen und der je eigene Raum eröffnet. Gott lässt der Schöpfung Zeit und nimmt sich selbst zurück, um ihr Raum zu geben.[12] Erst am Ende der Zeiten wird auch der Raum zu Ende sein. Im letzten Buch der Bibel, in der Offenbarung des Johannes, steht: Vor dem Thron Gottes „flohen die Erde und der Himmel, und es wurde keine Stätte für sie gefunden" (Offenbarung 20,11). Dann ist Gott „alles in allem" (1. Korinther 15,28).

Auf dieser Grundlinie von der Schöpfung bis zur Vollendung weiß der Mensch, dass ihm Zeit und Raum von Gott gegeben sind. Darauf vertrauend können Abraham und die Seinen voll Vertrauen aufbrechen in ein Land, das Gott ihnen erst zeigen will. In diesem Vertrauen brechen die versklavten Israeliten aus Ägypten auf und ziehen in die Freiheit. Im Neuen Testament entsteht das Christentum als eine Bewegung der „Verrandeten"[13]. In der Nachfolge Jesu verlassen die Jünger ihre vertrauten Orte. Sie leben wie Jesus selbst ohne feste Räume. Jesus sagt von sich selbst: „Die Füchse haben Gruben und die Vögel unter dem Himmel haben Nester; aber der Menschensohn hat nichts, wo er sein Haupt hinlege" (Lukas 9,58).

Dieses Gefühl der Ungebundenheit an irdische Räume durchzieht das frühe Christentum. Christinnen und Christen leben hier wie „Fremdlinge und Pilger" (1. Petrus 2,11). Sie wissen: „Wir haben hier keine bleibende Stadt, sondern die zukünftige suchen wir" (Hebräer 13,14). Der Apostel Paulus schreibt: Unser Bürgerrecht, unsere Heimat ist im Himmel (Philipper 3,20) und der frühchristliche Brief des Diognet fasst dieses Selbstverständnis lapidar zusammen, indem er von den Christen behauptet: „Sie bewohnen jeder sein Vaterland, aber wie Nichtbürger; sie haben an allem Anteil wie Bürger, und alles erdulden sie wie Fremde. Jede Fremde ist für sie Vaterland, und jedes Vaterland Fremde" (Diognet 5,5). Das bedeutet für die Glaubenden nun nicht Ungeborgenheit oder Orientierungslosigkeit, sie sind nicht verloren in Raum und Zeit. Sie vertrauen ja darauf, dass sie bei Gott geborgen sind und dass ihre Zeit in seinen Händen liegt. So sind sie „nicht mehr Gäste und Fremdlinge, sondern Mitbürger der Heiligen und Gottes Hausgenossen" (Epheser 2,19).

Aus dieser Grundüberzeugung wissen Christinnen und Christen um die Vorläufigkeit ihres irdischen Lebens und darum auch um die Vorläufigkeit der Zeit und des Raumes, in dem sie hier und jetzt existieren. Das ihnen durch Gottes Schöpfertat geschenkte Leben, die ihnen eingeräumte Zeit nehmen sie als Geschenk entgegen, das sie in Freiheit und Verantwortung zu gestalten haben. Um zwei Begriffe von Dietrich Bonhoeffer aufzunehmen: Weil sie das „Vorletzte" vom „Letzten" zu unterscheiden wissen, sind sie zum verantwortungsvollen Umgang mit technischen Neuerungen befreit und nicht an natürliche Gegebenheiten gebunden. Aber weil ihnen auch die natürlichen Gegebenheiten nicht austauschbar oder für irgendwelche Interessen vernutzbar sind, sondern Gottes gute Schöpfungsgaben, schließt ihr verantwortungsvoller Umgang auch stets die Kritik und die Sorge um die Bewahrung der Schöpfung für die kommenden Generationen mit ein.

Nestroy schwankt zwischen der religiösen Überhöhung der Technik, wenn er Ignaz Stimmstock von der „göttlichen Eisenbahn" sprechen lässt, und ihrer Verdammung, wenn Peter Stimmstock ganz am Ende der Posse die Eisenbahn zum Teufel wünscht. Vor beiden Möglichkeiten, technische Mittel zu bewerten – vor der religiösen Überhöhung wie der dämonisierenden Verdammung – wird sich christlicher Glaube gefeit wissen. Technik hat nicht nur einen Zweck, einen Nutzen, all das hat sie auch, aber darüber hinaus auch einen tiefen Sinn in der Bestimmung des Menschen und der Welt zur guten Schöpfung Gottes. Diese Sinndimension verlangt nach Ethik in der Forschung, Ethik in der Lehre, Ethik im Umgang mit den technischen Mitteln und Ethik der Unternehmen, die auf technischen Fortschritt angewiesen sind. Alle Funktionalität, Innovation und Machbarkeit haben sich an dieser ethischen Grundausrichtung zu orientieren. Sofern es angemessen ist, diesen Maßstab auch an eine Posse anzulegen, schneidet Nestroy gar nicht schlecht ab. Ihm dient ja die technische Neuerung der Eisenbahn dazu, Liebesbeziehungen zu stiften, die ohne die Bahn so nicht zustande gekommen wären.

Zurück zu den „Eisenbahnheirathen"! Sie sollen das letzte Wort haben. Nachdem nach allen Verwicklungen und Verwechslungen die füreinander bestimmten Paare einander gefunden haben, sieht sich Ignaz Stimmstock allerdings um seine Heiratspläne gebracht. Doch kurz vor der Rückfahrt von Brünn nach Wien findet der gerissene Patzmann auch dafür eine Lösung:[14]

(Man hört das erste Glockenzeichen zur Abfahrt.)
PATZMANN (mit noch größerer Eilfertigkeit als früher): 's Zeichen zur Abfahrt – Vorwärts! Aber halt, ein Paar könn'n wir noch z'sammbringen in der G'schwindigkeit (zu IGNAZ). Herr v[on] Stimmstock, Sie hab'n die Erfahrung g'macht, ein g'setzter Mann ist ang'setzt, wenn er seine Speculation auf ein jung's Mädl setzt, suchen S' Ihnen lieber was G'setzt's aus, (führt ihm ZASCHELHUBERIN zu) da setzen sie sich an.
ZASCHELHUBERIN (geziert): Aber, was fallt Ihnen ein –
IGNAZ (zu PATZMANN unschlüssig): Sie überrumpeln eim – die Frau Zaschelhuberin – allerdings – aber überlegen muss man doch –
PATZMANN: Ihnen zu Lieb können wir nicht in Brünn bleiben, bis Lundenburg geb ich Ihnen Bedenkzeit. Also vorwärts, eing'stiegen!
ZOPAK: Da geht's zu, über Hals und Kopf –
PATZMANN: Dafür sind's Mariagen auf der Eisenbahn; die G'schwindigkeit und folglich die Eisenbahn soll leben! (Es wird

das zweite Zeichen gegeben.) 's zweite Zeichen – jetzt im Sturmschritt!

(Alle bis auf PETER laufen eiligst ab.)

PETER (verblüfft zurückbleibend): Ja, was is denn das? – In Wien und in Neustadt haben s' mich für eine Narren g'halten, und mir scheint, in Brünn auch – (Man sieht den Train abfahren.) He! Erlaub'n Sie – ich fahr auch mit! Aufhalten sag ich! (Wirft grimmig den Hut nach.) Der Teufel soll die Eisenbahn hohl'n.

Beitrag, veröffentlicht in: Christoph Schönborn / Gerhard H. Gürtlich (Hg.): Kirche und Eisenbahn. Weg – Wahrheit – Leben, 2., erweiterte Auflage, Wien 2016, 531–538.

Anmerkung

1 Johann Nestroy: Eisenbahnheirathen (Zweiter Akt, 11. Szene), zitiert nach: Johann Nestroy: Historisch-kritische Ausgabe. Stücke 20, hg. von Jürgen Hein, Wien-München 1986, 135f.

2 Zu Nestroy und die Religion siehe: Peter Karner: Nestroy oder die Faszination des Protestantischen, in: Karl Schwarz / Michael Bünker (Hg.): Protestantismus und Literatur, Wien 2007, 429–446.

3 Abgedruckt in: Johann Nestroy (Anm. 1), 365–392.

4 Zitiert nach: Markus Krause (Hg.): Poesie & Maschine. Die Technik in der deutschsprachigen Literatur, Köln 1989, 30–32.

5 Erster Akt, 10. Szene (Anm. 1), 111.

6 Heinrich Heine, Lutetia, in: Walzel, Oskar (Hg.): Heines Werke in 10 Bänden, Leipzig 1910, Bd. 6, 291ff.

7 Otto Friedrich Bollnow: Der Mensch und der Raum, in: Universitas 18 (1963) 499–514.

8 Bollnow (Anm. 7), 512.

9 Marianne Gronemeyer: Das Leben als letzte Gelegenheit. Sicherheitsbedürfnisse und Zeitknappheit, Darmstadt 1993, 107–110.

10 Markus Schroer: Räume, Orte, Grenzen. Auf dem Weg zu einer Soziologie des Raums, Frankfurt am Main 2006, 12f.

11 Erster Akt, 2. Szene (Anm. 1), 94f.

12 Jürgen Moltmann: Das Kommen Gottes. Christliche Eschatologie, München 1995, 325ff.

13 Eduardo Hoornaert: Die Anfänge der Kirche in der Erinnerung des christlichen Volkes, Düsseldorf 1987, 33–64.

14 Dritter Akt, 16. Szene (Anm. 1), 159f.

VI.
BIBLIOGRAPHIE VON BISCHOF Hon.-Prof. Dr. MICHAEL BÜNKER (von 1981 bis 2018)

Zusammengestellt von
Mario Fischer und Karl W. Schwarz

Die folgende Bibliographie erfasst die bisherigen Veröffentlichungen Michael Bünkers bis zum Jahr 2018. Online-Publikationen und geistliche Texte in Gemeindebriefen wurden nicht aufgenommen. Zeitungsartikel, abgedruckte Interviews und Rezensionen werden nur exemplarisch aufgelistet.

Die Bibliographie gliedert sich in 1. selbstständige Veröffentlichungen (Monographien), 2. Herausgeberschaften, 3. Beiträge zu Zeitschriften und Sammelwerken und 4. abgedruckte Interviews. Innerhalb der einzelnen Abschnitte sind die Veröffentlichungen chronologisch angeordnet. Nachdrucke, Übersetzungen und Neuauflagen einer Publikation werden unter der Nummer der ursprünglichen Erstveröffentlichung aufgeführt und später nicht mehr eigens aufgelistet.

Die Zeitschrift „Amt und Gemeinde" wird mit AuG abgekürzt und die Zeitschrift „Kritisches Christentum" mit KC. Alle anderen Zeitschriften und Reihen werden ausgeschrieben.

1. Selbstständige Veröffentlichungen

1. Briefformular und rhetorische Disposition im 1. Korintherbrief (= Göttinger Theologische Arbeiten 28), Göttingen 1983, 169 pp.
2. Jesus Christus (= Bausteine. Ein theologischer Kurs für Evangelische in Österreich 1), Wien 1993, 47 pp.
3. (gemeinsam mit Michael Bubik) Kirche und Geld (= Bausteine. Ein theologischer Kurs für Evangelische in Österreich 7), Wien 1993, 32 pp.
4. (gemeinsam mit Alfred Garcia Sobreira Majer) Evangelisch – Katholisch (= Bausteine. Ein theologischer Kurs für Evangelische in Österreich 8), Wien 1993, 43 pp.
5. (gemeinsam mit Helene Miklas und Karl Schiefermair) Unter einem Himmel. Biblische Geschichten für den Religionsunterricht, Wien 1998, 114 pp.
6. (gemeinsam mit Ulrich H. J. Körtner) Verantwortung für das Leben. Eine evangelische Denkschrift zu Fragen der Biomedizin, Wien 2001, 40 pp.
7. (gemeinsam mit Sepp Lagger) Es wead ana kemmen. Das Markusevangelium auf Kärntnerisch, Klagenfurt 2007, 80 pp.
8. Mit weitem Herzen. Glaube kreuz- und quergedacht, Wien-Innsbruck 2008, 383 pp.
9. (gemeinsam mit Peter Karner) Der Gestank des Todes und der Duft der Auferstehung. Zehn Visionen zur Osternacht, Wien 2009, 180 pp.
10. Auf der Alm is guat sein – Bd. 1: Das liebe Vieh, Klagenfurt 2009, 64 pp.
11. Bischofsbrot & Mozartkugel. Von irdischen Süßigkeiten und himmlischen

Wahrheiten. 20 spirituelle Betrachtungen, Wien-Graz-Klagenfurt 2010, 134 pp.

12. (gemeinsam mit Robert Graimann) Wandern fürs Gmiat. Ein Wanderlesebuch für Körper und Seele – Bd. 1, Klagenfurt 2010, 240 pp. – Neuauflage 2016.
13. Auf der Alm is guat sein – Bd. 2: Milch und Honig, Klagenfurt 2010, 48 pp.
14. (gemeinsam mit Sepp Lagger) Umadum a liachta Schein. Das Kärntner Evangelium, Klagenfurt 2011, 72 pp.
15. Auf der Alm is guat sein – Bd. 3: Der Hirsch, Klagenfurt 2013, 47 pp.
16. Unruhe des Glaubens. Evangelische Beiträge zu Kirche und Gesellschaft, Wien 2014, 298 pp.
17. (gemeinsam mit Sepp Lagger) A Engl geaht mit. Biblische Texte auf Kärntnerisch, Klagenfurt 2015, 72 pp.

2. Herausgeberschaften

1. „... du hast einen weiten Weg vor dir!" (1. Könige 19,7). 80 Jahre Evangelisch soziale Frauenschule / Evangelische Frauenschule für kirchlichen und sozialen Dienst / Evangelische Religionspädagogische Akademie 1918–1998, Wien 1998, 32 pp.
2. (mit Thomas Krobath) Kirche: Lernfähig in die Zukunft? Festschrift für Johannes Dantine zum 60. Geburtstag, Innsbruck-Wien 1998, 407 pp.
3. Wilhelm Dantine. Protestantisches Abenteuer. Beiträge zur Standortbestimmung der evangelischen Kirche in der Diaspora Europas, Innsbruck-Wien-Göttingen 2001, 256 pp.
4. Kirche mit Kindern. Eine Arbeitshilfe, Wien 2002, 121 pp.
5. (mit Evelyn Martin) Der Himmel ist ein Stück von Wien. Eine Festschrift für Peter Karner, Innsbruck-Wien 2004, 262 pp.
6. (mit Bernhard C. Bünker) Otto Bünker: Es waren Hirten. Elf Erzählungen aus den Protokollen Asmodis, Weitra 2004, 299 pp.
7. Evangelische Kirchen und Europa, Wien 2006, ^{2}2006, 232 pp.
8. (mit Karl W. Schwarz) Protestantismus und Literatur. Ein kulturwissenschaftlicher Dialog (= Protestantische Beiträge zu Kultur und Gesellschaft 1), Wien 2007, 749 pp.
9. Evangelisch evangelisieren. Perspektiven für Kirchen in Europa, Wien 2007, 29 pp.
10. (mit Martin Friedrich) Gesetz und Evangelium (= Leuenberger Texte 10), Frankfurt am Main 2007, 297 pp.

11. (mit Margit Leuthold) Der Weg des Buches, Salzburg 2008, ^{2}2009, 288 pp.
12. (mit Ernst Hofhansl und Raoul Kneucker): Donauwellen. Zum Protestantismus in der Mitte Europas. Festschrift für Karl W. Schwarz, Wien 2012, 622 pp.
13. (mit Martin Friedrich) Die Kirche Jesu Christi / The Church of Jesus Christ (= Leuenberger Texte 1), Leipzig ^{2}2012, ^{5}2018, 152 pp.
14. (mit Bernd Jaeger) Frei für die Zukunft. Evangelische Kirchen in Europa (Texte der 7. Vollversammlung der Gemeinschaft Evangelischer Kirchen in Europa GEKE in Florenz, Italien, 20.–26. September 2012), Leipzig 2013, 456 pp.
15. (mit Martin Friedrich) Konkordie reformatorischer Kirchen in Europa (Leuenberger Konkordie), Leipzig 2013, 76 pp.
16. (mit Martin Friedrich) Amt, Ordination, Episkope und theologische Ausbildung (= Leuenberger Texte 13), Leipzig 2013, 256 pp.
17. (mit Martin Friedrich) Schrift – Bekenntnis – Kirche (= Leuenberger Texte 14), Leipzig 2013, 78 pp.
18. (mit Frank-Dieter Fischbach und Dieter Heidtmann) Evangelisch in Europa. Sozialethische Beiträge (= Leuenberger Texte 15), Leipzig 2013, 421 pp.
19. (mit Bernd Jaeger) 40 Jahre Leuenberger Konkordie, Wien 2014, 350 pp.

3. Beiträge

1981

1. Die rhetorische Disposition der Eleazarreden (Josephus, Bell. 7, 328–388), in: Kairos 23 (1981), 100–107.

1985

2. „Gebt dem Kaiser, was des Kaisers ist!" – Aber: was ist des Kaisers? – Biblische Meditation, in: Evangelische Akademie Wien (Hg.): Widerstehen. Die Kirche im politischen Spannungsfeld Barmen 1934–1984 (= Veröffentlichungen der Ev. Akademie Wien 3), Wien 1985, 103–117. – Nachdruck in: Luise und Willy Schottroff (Hg.): Wer ist unser Gott? Beiträge zu einer Befreiungstheologie im Kontext der „ersten" Welt, München 1986, 153–172 – Nachdruck in: Kairos 29 (1987), 85–98.

1986

3. Jesus – der Herr?, in: Thomas Krobath / Olaf Schmalstieg / Max J. Suda (Hg.): Befreiung in Zwängen. Festschrift für Kurt Lüthi, Wien 1986, 63–74.

1987

4. (gemeinsam mit Hansjörg Lein und Ruth Niederwimmer) Lebendigkeit durch Konzepte?, in: AuG 38 (1987), 106–110.

1988

5. Weinstock, Traube, Kelch – der Wein in der christlichen Tradition, in: Kulturjahrbuch (= Wiener Beiträge zu Kulturwissenschaft und Kulturpolitik 7), Wien 1988, 46–55.

1989

6. Sozialgeschichtliche Bibelauslegung. Predigttext für den 1. Weihnachtstag, 25. Dezember 1989. Für Kurt Niederwimmer zum 60. Geburtstag, in: Junge Kirche 50 (1989), 664–665.

1990

7. (gemeinsam mit Paul Wess) Modell der röm.-kath. Pfarrgemeinde Wien-Machstraße und der Evangelischen Pfarrgemeinde Wien-Floridsdorf, in: Evangelische Akademie Wien (Hg.): Sozio-kulturelle Erfahrungen mit dem Wohnbau der Stadt Wien (= Veröffentlichungen der Ev. Akademie Wien 8), Wien 1990, 85–88.
8. Eine Gemeinde gibt Raum, in: Evangelische Akademie Wien (Hg.): Sozio-kulturelle Erfahrungen mit dem Wohnbau der Stadt Wien (= Veröffentlichungen der Ev. Akademie Wien 8), Wien 1990, 89–91.

1991

9. Sozialgeschichtliche Bibelauslegung. Zum Predigttext für den 9. Sonntag nach Trinitatis, 28. Juli 1991, Matthäus 25,14–30, in: Junge Kirche 52 (1991), 348–349.

1992

10. Befreiender Glaube. Ansätze sozialgeschichtlicher Auslegung des Neuen Testaments, in: Schulfach Religion 11 (1992), 1–4, 103–119.

1993

11. Die Engel – biblisch und theologisch, in: Das Wort 1992–93/4, 3–8.
12. Batman, Superman und Co., in: Das Wort 1992–93/4, 21–23.
13. Engel in Religionsbüchern, in: Das Wort 1992–93/4, 24–25.

1994

14. Das Fernstudium an der ERPA, in: Das Wort 1994/4, 35.
15. Rez. zu: Pierre Bourgeat: Der lange Weg, München 1993, in: Das Wort 1994/4, 24.

1995

16. Die Zukunft des Religionsunterrichts am Beispiel des evangelischen Religionsunterrichts an Volksschulen in Wien, in: Das Wort 1995/1, 23–29.
17. (gemeinsam mit Josef Berger u. a.) Ein Beruf in der Krise? Zur Situation hauptamtlicher Mitarbeiterinnen und Mitarbeiter in der evangelischen Kirche in Österreich, in: AuG 46 (1995), 170–174.
18. Die Zukunft der evangelischen Pfarrgemeinde Mistelbach-Laa/Thaya, in: Evangelisches Hausbuch im Weinviertel, Mistelbach-Laa 1995, 1–10.

1996

19. „Seid niemand etwas schuldig!" (Röm 13,8) Ein Beitrag zu Theologie und Ökonomie bei Paulus, in: Ulrike Bail / Renate Jost (Hg.): Gott an den Rändern. Sozialgeschichtliche Perspektiven auf die Bibel. Festschrift für Willy Schottroff, Gütersloh 1996, 113–129.
20. Brot – Wein – Fisch in biblischer Zeit, in: Das Wort 1996/2, 8–11.
21. Die Geburt Jesu, in: Das Wort 1996/5, 6.
22. Ein WORT-reicher Abschied von Thilde Graffi, in: Das Wort 1996/4, 4.
23. Rez. zu: Hamburger Institut für Sozialforschung (Hg.): Vernichtungskrieg (Ausstellungskatalog), Hamburg 1996, in: Das Wort 1996/4, 9f.

1997

24. Das Wort und die Evangelische Unterweisung, in: Das Wort 1997/4, 11f.
25. (gemeinsam mit Gerhild Hergesell) „Ich glaube nur an Gott. Und der war's bestimmt nicht" (Inspektor Columbo), in: AuG 48 (1997), 191–194.
26. Rez. zu: Gottfried Adam / Rainer Lachmann (Hg.), Religionspädagogisches Kompendium, Göttingen ^{5}1997, in: Schulfach Religion 16 (1997), 177–180.

1998

27. Die Zukunft des evangelischen Religionsunterrichts in Österreich, in: Michael Bünker / Thomas Krobath (Hg.): Kirche: Lernfähig in die Zukunft? Festschrift für Johannes Dantine zum 60. Geburtstag, Innsbruck-Wien 1998, 330–353.

28. Die Zukunft der Evangelischen Kirche in Österreich – reflektiert am Beispiel der evangelischen Pfarrgemeinde Mistelbach-Laa/Thaya, in: Wiener Jahrbuch für Theologie 2 (1998) 15–38.
29. Die Entstehung des Buches „Unter einem Himmel", in: Das Wort 1998/3, 14.
30. Die Geschichten des Zweiten Testaments (NT), in: Das Wort 1998/3, 21–31.

1999

31. Der liebe Gott und der Computer. „Godgames" als Anregungen für den Religionsunterricht?, in: Ulrich Körtner / Robert Schelander (Hg.): Gottes-Vorstellungen. Die Frage nach Gott in religiösen Bildungsprozessen. Gottfried Adam zum 60. Geburtstag, Wien 1999, 93–103.
32. Kirche und Kabarett, in: Maria Halmer / Barbara Heyse-Schaefer / Barbara Rauchwarter (Hg.): Anspruch und Widerspruch. Festschrift für Evi Krobath, Klagenfurt-Ljubljana-Wien 1999, 133–142.
33. Die Krampusse von Suetschach, in: Das Wort 1999/4, 22.
34. In memoriam Oberkirchenrat Univ.-Prof. Dr. Johannes Dantine, in: Christlich-pädagogische Blätter 112 (1999), 253–254.
35. Rez. zu: Kurt Niederwimmer: Quaestiones theologicae. Gesammelte Aufsätze, Berlin 1998, in: AuG 50 (1999), 150f.

2000

36. Darf Kirche politisch sein? Die evangelische Kirche Österreichs im Jahr 2000, in: Offene Kirche 31 (2000), 24–26.
37. Himmlische Düfte und höllischer Gestank, in: Das Wort 2000/4, 8–12.
38. Unser Tempel ist ein Markt – Die Kirche und die Marktorientierung, in: AuG 51 (2000), 42–47.
39. Kirche als Lerngemeinschaft, in: KC Nr. 235 (Februar 2000), 12–14.
40. Ein neuer Lehrplan für die Hauptschule und die AHS-Unterstufe, in: Das Wort 2000/2, 5f.
41. In alles seine Nase stecken! in: Das Wort 2000/4, 16f.
42. Vorstellung als Oberkirchenrat, in: AuG 51 (2000), 20–22.
43. (gemeinsam mit Monika Salzer) Das Entwickeln entwickeln, in: AuG 51 (2000), 75–78.
44. Grenzgänger und Grenzenlosigkeit. Die Grenze als Herausforderung für den Glauben (Pernegg 2000) – Nachdruck in: Mit weitem Herzen, 203–215.

2001

45. Das Papstamt und die Ökumene. Entwicklungen und Perspektiven in den ökumenischen Dialogen, in: Walter Fleischmann-Bisten (Hg.): Papstamt – pro und contra (= Bensheimer Hefte 97), Göttingen 2001, 65–83.
46. Das Verhältnis von Kirche und Schule aus evangelischer Sicht am Beginn eines neuen Jahrhunderts, in: Mitteilungen des ev. Lehrervereines 2001/2, 19–21.
47. Zentrum für Ausbildung: Der Weg ist noch nicht das Ziel, in: AuG 52 (2001), 7–11.
48. Das Papsttum als ökumenisches Problem, in: AuG 52 (2001), 183–192.
49. (gemeinsam mit Johannes Dantine) Europa und die Evangelische Kirche in Österreich, in: Hans Jürgen Luibl / Christine-Ruth Müller / Helmut Zeddies (Hg.): Unterwegs nach Europa. Perspektiven evangelischer Kirchen, Frankfurt am Main 2001, 302–311.
50. „Glaube und Heimat“ am Wiener Burgtheater, in: Reformiertes Kirchenblatt 78 (2001/3), 5.
51. Kein Friede ohne Gerechtigkeit, in: Reformiertes Kirchenblatt 78 (2001/(10), 8.
52. Die Rechtfertigung des Gottlosen. Erinnerung an Martin Luther, in: Anzetteln 2001/2, 7–8.
53. Von der Religion als Schicksal zur Religion als Wahl, in: Anzetteln 2001/3, 8–10.
54. Wo Mensch und Welt verständlich werden. Gedanken zur Jahreslosung, in: Glaube und Heimat 55 (2001), 5.

2002

55. Der Geist des Rechnens in der Kirche. Bibelarbeiten für die gesamtösterreichische PfarrerInnentagung, Gallneukirchen 2001, in: Wiener Jahrbuch für Theologie 4 (2002), 245–266.
56. (gemeinsam mit Thomas Krobath / Monika Salzer) Projekte entwerfen – Kirche entwickeln, in: AuG 53 (2002), 14–22.
57. Christen und Juden. Die Seegasse – eine Insel der Humanität, in: AuG 53 (2002), 25–26.
58. Globalisierung im Zeichen Jesu: Leuenberg in Belfast, in: AuG 53 (2002), 28–30.
59. Ethik gefragt. Verantwortung für das Leben, in: AuG 53 (2002), 33–35.
60. Autorität – Staat – Obrigkeit, in: Eckhard Bieger u. a. (Hg.): Provokation Bibel, Stuttgart 2002, 146–147 – Nachdruck unter der Überschrift: „Gebt

dem Kaiser, was des Kaisers ist, und Gott, was Gottes ist". Überlegungen zu Autorität – Staat – Obrigkeit, in: Mit weitem Herzen, 239–242.

61. Überlegungen zum Verhältnis von Kirche und Politik aus evangelischer Perspektive, in: Severin J. Lederhilger (Hg.): Gottesstaat oder Staat ohne Gott. Politische Theologie in Judentum, Christentum und Islam (4. Ökumenische Sommerakademie Kremsmünster) (= Linzer Philosophisch-Theologische Beiträge 8), Frankfurt am Main 2002, 164–169.
62. Die Kirchen und Europa, in: Junge Kirche 63 (2002), 24–29.
63. Ein Kürbis im Religionsunterricht? Anmerkungen zu Halloween, in: Das Wort 2002/3, 26–27.
64. Die Opfer vom Spiegelgrund, KC Nr. 258 (Mai 2002), 15–16.
65. Christliche „Religions"-Kritik gefragt? In: KC Nr. 259 (Juni 2002), 17–18.
66. Ay, Caramba! Die Simpsons und der Glaube, in: Glaube und Heimat 56 (2002), 38–41.
67. Gewalt überwinden – der Auftrag an die Kirchen, in: Nachrichten der KSÖ 2002/2, 1–3.
68. Wie lässt sich Gewalt überwinden? In: Anzetteln 2002/1, 11–12.
69. Rez. zu: Christine Hubka / Tizia Hula-Reseterits: Jesus – ein Kind wie Lisa und Benjamin, Innsbruck 2001, in: AuG 53 (2002), 117f.
70. Rez. zu: Ulrich H. J. Körtner (Hg.): Kirche – Demokratie – Öffentlichkeit, Innsbruck-Wien 2002, in: AuG 53 (2002), 112–114.

2003

71. (gemeinsam mit Thomas Krobath und Monika Salzer) „Offen evangelisch" – Die Evangelische Kirche in Österreich findet zu ihrer Organisationsentwicklung, in: Andreas Heller / Thomas Krobath (Hg.): OrganisationsEthik. Organisationsentwicklung in Kirchen, Caritas und Diakonie (= Palliative Care und OrganisationsEthik 7), Heidelberg 2003, 47–77.
72. Die Dekade zur Überwindung von Gewalt, in: Peter Hämmerle / Thomas Roithner (Hg.): Dem Rad in die Speichen fallen. Stimmen von FriedensnobelpreisträgerInnen und das Österreichische Netzwerk für eine Kultur des Friedens und der Gewaltfreiheit. Ein Arbeitsbuch, Wien 2003, 19–30.
73. Die verborgene christliche Botschaft des Tarock, in: Igor Kišš (Hg.): Humor a teologia, Bratislava 2003, 130–133 – Nachdruck unter dem Titel: Mit offenen Karten. Die christliche Botschaft des Tarock, in: Mit weitem Herzen, 62–69.
74. Evangelische Bibelfrömmigkeit, in: Schulfach Religion 22 (2003), 3–4, 9–32.

75. Konfessionelle Kooperation. Religionsunterricht im Pluralismus, in: Das Wort 2003/4, 3.
76. Profile evangelischer Bildungsarbeit, in: Standpunkt Nr. 172/2003, 3–9.
77. In welcher Verfassung steht Gott? In: KC Nr. 268/69 (Mai–Juni 2003), 31–35 – Nachdruck in: Mit weitem Herzen, 267–273.
78. „Versöhnte Verschiedenheit". Dreißig Jahre Leuenberger Konkordie, in: AuG 54 (2003), 11–12, 212f.
79. Diagnosen – Hoffnungen – Therapien. Zur Zukunft der Kirche, in: Quart. Zeitschrift des Forums Kunst – Wissenschaft – Medien 2003/3, 8–9 – Nachdruck in: Mit weitem Herzen, 277–279.
80. Selig sind die Lesenden! Gedanken zum Bibellesen heute, in: Ökumenische Informationen Salzburg Nr. 18/2003, 3.
81. Erlösung gegen Verbrechen, in: Die Furche Nr. 26, 26. 6. 2003, 23.
82. Kurt Lüthis dialogische Theologie, in: Die Furche Nr. 44, 30. 10. 2003, 11.

2004

83. Lacht Gott? Überlegungen zur Heiterkeit in der Kirche, in: Michael Bünker / Evelyn Martin (Hg.): Der Himmel ist ein Stück von Wien. Eine Festschrift für Peter Karner, Innsbruck-Wien 2004, 137–147.
84. Der Mensch im Mittelpunkt. Kirche – Diakonie – Demokratie, in: Gottfried Adam (Hg.): Diakonie – Nächstenliebe in unserer Zeit. Festschrift für Gerhard Gäbler anlässlich seines 60. Geburtstages (= Studien zur Theologie 24), Würzburg 2004, 33–40.
85. Jugend zwischen Event und Advent, in: Sieglinde Pfänder (Hg.): Gespiegelte Lichter, Wien 2004, 12–13.
86. Maßnahmen gegen den schiefen Turm, in: Peter Pawlowsky (Hg.): 87 Impulse zur Aufrichtung der Kirche, Klagenfurt 2004, 32–35.
87. Religion und Gewalt – Ein Blick auf die dunkle Seite, in: Thomas Roithner (Hg.): Schurkenstaat und Staatsterrorismus. Die Konturen der militärischen Globalisierung, Münster 2004, 160–166.
88. Filmstar Jesus. Jesusfilme als Herausforderung für Theologie und Religionspädagogik, in: Wiener Jahrbuch für Theologie 5 (2004), 205–215.
89. Die Studie „Die Kirche Jesu Christi" aus evangelischer Sicht, in: Wilhelm Hüffmeier / Viorel Ionita (Hg.): Konsultation zwischen der Konferenz evangelischer Kirchen (KEK) und der Leuenberger Kirchengemeinschaft (LKG) zur Frage der Ekklesiologie (= Leuenberger Texte 8), Frankfurt am Main 2004, 56–72.

90. Wenn Mad Max fromm wird. „Passion Christi" – ein „Jesus-Schocker" in unseren Kinos, in: Reformiertes Kirchenblatt 81 (2004/4), 4–5.
91. No more Sex and the City. Sexualität in evangelischer Freiheit, in: Dialog Nr. 117 der Ev. Pfarrgemeinde Graz-Heilandskirche, Oktober 2004, 3–4 – Nachdruck in: Mit weitem Herzen, 280–283.
92. Konfessionelle Kooperation. Religionsunterricht im Pluralismus, in: Das Wort 2004/1, 3.
93. Rez. zu: Okko Herlyn: Weil da noch etwas aussteht. Widersprechende Predigten, Bielefeld 2003, in: AuG 55 (2004), 194 – Nachdruck in: Reformiertes Kirchenblatt 2004/9, 7.

2005

94. Ansätze einer evangelischen Sakramentendidaktik, in: Das Wort 2005/4, 7–9.
95. Erstes interkonfessionelles und interdisziplinäres Symposion „Healing of Memories" christlicher Kirchen in Rumänien, in: epd-dokumentation 40/2005, 15.
96. Evangelische Schulen als „Werkstätten der Menschlichkeit", in: AuG 56 (2005), 14–15.
97. „In der Dünung der Worte" – Spiritualität und Sprache, in: Karl W. Schwarz (Hg.): Neunkirchen – ein Ort zwischen Hermannstadt, Berneuchen und Jerusalem. Festschrift für Ernst Hofhansl (= Wiener Beiträge für Theologie und Gemeinde 5), Wien 2005, 149–162 – Nachdruck in: Mit weitem Herzen, 216–231.
98. Religion and Politics in Austria. The Protestant Churches as Example, in: Günter Bischof / Anton Pelinka / Hermann Denz (Hg.): Religion in Austria (= Contemporary Austrian Studies 13), Innsbruck 2005, 139–150.
99. Auf einem gemeinsamen Weg zu einer Koinonia von Kirchen des Ostens und des Westens, in: epd-dokumentation 40/2005, 69–72.
100. Neueste Entwicklungen im Religionsunterricht aus evangelischer Perspektive – zur Konfessionalität und konfessionellen Kooperation, in: Österreichisches Archiv für Recht und Religion 52 (2005), 177–193.
101. Das evangelische Priesterbild: Amt dient Gemeinde, in: superNews 2005/3, 14.
102. Die Rechtfertigung des gottlosen Menschen als Befreiung, das Richtige zu tun, in: Anzetteln 2005/3, 3–5.

2006

103. Evangelische Kirchen und Europa – einleitende Überlegungen, in: Michael Bünker (Hg.): Evangelische Kirchen und Europa, Wien 2006, ^{2}2006, 11–18.
104. Einfachheit, Halt und Bedeutung. Dietrich Bonhoeffer und Adalbert Stifter, in: Franz Eichinger / Johann Berger / Hansjörg Eichmeyer (Hg.): Glauben lernen in einer mündigen Welt. Linzer Bonhoeffer-Symposium 2006, Wien 2006, 73–91 – Nachdruck in: AuG 57 (2006), 62–72 – Nachdruck in: Unruhe des Glaubens, 20–43.
105. (gemeinsam mit Christine Mann) Gemeinsamkeiten und Unterschiede lernen. Zum Projekt des konfessionell-kooperativen Religionsunterrichts in Österreich, in: Heribert Bastel / Manfred Göllner / Martin Jäggle / Helene Miklas (Hg.): Das Gemeinsame entdecken – Das Unterscheidende anerkennen. Projekt eines konfessionell-kooperativen Religionsunterrichts. Einblicke – Hintergründe – Ansätze – Forschungsergebnisse, Wien 2006, 19–30.
106. Von der Lehrmeisterin zur Lerngemeinschaft, in: AuG 57 (2006), 11–15.
107. „Lasset die Kinder zu mir kommen". Bemerkungen zum Schwerpunktthema „Kinderfreundliche Kirche", in: AuG 57 (2006), 177–185.
108. Jona, der ausbleibende Untergang und die Karikatur eines Propheten. Eine Bibelarbeit, in: AuG 57 (2006), 133–141 – Nachdruck in: Mit weitem Herzen, 181–202.
109. Intellektuelle und ihre Kirche, in: Quart. Zeitschrift des Forums Kunst – Wissenschaft – Medien 2006, 3, 30 – Nachdruck unter der Überschrift: Des Kaisers neue Kleider. Intellektuelle und ihre Kirche, in: Mit weitem Herzen, 274–276 – Nachdruck in: Unruhe des Glaubens, 170–172.
110. „Beten und Tun des Gerechten". Zum 100. Geburtstag von Dietrich Bonhoeffer, in: KC Nr. 294/295 (2006), 3–8.
111. Am Tisch des Herrn. Das Abendmahl nach evangelischem Verständnis, in: superNews 2006 – Nachdruck in: Mit weitem Herzen, 232–238.
112. Gott – ohne „pfäffische Kniffe". Dietrich Bonhoeffers Denken und Reden, Leben und Handeln stellen bleibende (theologische) Herausforderungen dar, in: Die Furche Nr. 5, 2. 2. 2006, 21.24.
113. Die Aktion „Tau(f)tropfen". Aus der Taufe glauben und leben können, in: Anzetteln 2006/4, 13–14.

2007

114. „Himml und Ern in an Liad dafrågn". Gerhard Glawischnig, Pfarrer und Dichter, in: Michael Bünker / Karl W. Schwarz (Hg.): Protestantismus und

Literatur. Ein kulturwissenschaftlicher Dialog (= Protestantische Beiträge zu Kultur und Gesellschaft 1), Wien 2007, 585–607.

115. 60 Jahre Darmstädter Wort, in: KC Nr. 308/09 (2007), 18–22 – Nachdruck in: Reformiertes Kirchenblatt 84 (2007/6), 4f. – Nachdruck in: Mit weitem Herzen, 246–253.
116. Die ständige Herausforderung. Freiheit und Mündigkeit eines Christenmenschen als Wert und Auftrag, in: Pastoralamt der Erzdiözese Wien (Hg.): „geist.voll" 2007, 2, 4-9 – Nachdruck in: Mit weitem Herzen, 254–262.
117. „Versöhnte Verschiedenheit". Die Gemeinschaft Evangelischer Kirchen in Europa, in: Glaube und Heimat 61 (2007), 51–53 – Nachdruck in: Mit weitem Herzen, 263–266.
118. Ein T-Shirt für den Metropoliten, in: Materialdienst des Konfessionskundlichen Instituts Bensheim 58 (2007), 81–82 – Nachdruck in: Jürgen Henkel / Daniel Buda (Hg.): Neue Brücken oder neue Hürden? Eine Bilanz der Dritten Europäischen Ökumenischen Versammlung (EÖV3) in Hermannstadt (= Ökumenische Studien/Ecumenical Studies 33), Münster-Wien 2008, 153–158.
119. Aufeinander angewiesen. Grußwort zur Synode der EKD, in: GEKE focus 2007, 4, 6–7.
120. Die GEKE in Wien – von der Berliner Luft zum Lüfterl aus dem Wienerwald, in: AuG 58 (2007), 11–12.
121. Aus der Taufe glauben und leben lernen – die Aktion „tau(f)tropfen", in: AuG 58 (2007) 99–101.
122. Die Bibel in gerechter Sprache, Evangelischer Kirchenbote Linz, 55 (2007), 1, 6–7.
123. Optativ trifft Irrealis, oder: Was wäre, wenn? Überlegungen zur Ökumene anlässlich des Papstbesuches in Österreich im September 2007, in: Die Presse, 7. 9. 2007 – Nachdruck in: Mit weitem Herzen, 243–245.
124. Das Papstamt aus evangelischer Sicht, in: Pfarrblatt der Dompfarre St. Stephan 62 (2007) 2, 14–15 – Nachdruck in: Unruhe des Glaubens, 219–222.
125. Parametervergleich zu den Gemeindevertretungswahlen 2006 im oberen Ennstal, in: AuG 58 (2007), 106–110.
126. Gedanken zur Jahreslosung 2007, in: Glaube und Heimat 61 (2007), 5.

2008

127. Übereinstimmung beim Abendmahl und Trennung am Tisch des Herrn, in: Ökumenischer Rat der Kirchen in Österreich (Hg.): Begegnung und

Inspiration. Fünfzig Jahre Ökumene in Österreich, Wien-Graz-Klagenfurt 2008, 99–106.

128. Wegweiser in die Zukunft, in: Ökumenischer Rat der Kirchen in Österreich (Hg.): Begegnung und Inspiration. Fünfzig Jahre Ökumene in Österreich, Wien-Graz-Klagenfurt 2008, 268–274.
129. Eine Botschaft „an alles Volk". Der missionarische Auftrag evangelischer Kirchen in Europa – nach Barmen VI, in: epd-Dokumentation 25/2008, 16–20 – Nachdruck in: Ökumenische Rundschau 58 (2009), 74–81 – Englische Übersetzung: A message „to all people". The missionary task of Protestant churches in Europe – in the light of Barmen's sixth thesis, in: The ecumenical review 61 (2009), 24–31.
130. Evangelische Kirche und die Frage der Minderheiten. Eine Standortbestimmung aus christlicher Sicht, in: Wiener Jahrbuch für Theologie 7 (2008), 23–33.
131. Religiöse Sehnsucht und die Angebote der Kirchen. Eine Positionierung aus evangelisch-lutherischer Sicht, in: Severin J. Lederhilger (Hg.): Die Marke „Gott" zwischen Bedeutungslosigkeit und Lebensinhalt. 9. Ökumenische Sommerakademie Kremsmünster 2007 (= Linzer philosophisch-theologische Beiträge 16), Frankfurt 2008, 171–175.
132. Das Harren der Kreatur und die Sehnsucht des Grases (Predigt zur Amtseinführung als Bischof der Ev. Kirche A. B. in Österreich, Wien Austria-Center, 27. 1. 2008), in: AuG 59 (2008), 5–6.
133. Unterwegs zum christlich-jüdischen Dialog. Der Weg der Evangelischen Kirche A. B. von 1938 bis heute, in: AuG 59 (2008), 105–111.
134. 60 Jahre Staat Israel. Erklärung des Evangelischen Oberkirchenrates A. u. H. B., in: AuG 59 (2008), 137.
135. Überlegungen und Forderungen zum Thema „Integration von Zuwanderern in Österreich", in: AuG 59 (2008), 8–9.
136. Kirche – Volk – Staat – Nation. Eine Standortbestimmung aus christlicher Sicht, in: Peter Karpf / Werner Platzer / Udo Puschnig (Hg.): Volksgruppen und Religion – Identität und Bekenntnis (= Kärnten Dokumentation 24), Klagenfurt 2008, 7–17 – Slowenische Übersetzung: Cerkev – narod – država – nacija. Opredelitev s krščanskega vidika, in: ebd. 18–27.
137. Von Geschichten und Geschenken. Wie sich Kinder das Verhältnis von Jesus und dem Christkind vorstellen, in: „Sehen kann man ihn ja, aber anfassen ...?". Zugänge zur Christologie von Kindern, in: Jahrbuch für Kindertheologie 7 (2008), 36–47.
138. „Kommunikation über Grenzen", in: AuG 59 (2008), 157f.

139. Evangelisches Kirchenverständnis, in: Ökumenische Informationen Salzburg Nr. 23/2008, 4–5 – Nachdruck in: Unruhe des Glaubens, 216–218.
140. „Ich lebe und ihr sollt auch leben", in: KC Nr. 314/15 (2008) 3–7.
141. Der bethlehemitische Kindesmord, in: KC Nr. 314/15 (2008), 25–26.
142. Abschied von Ulrich Trinks, in: KC Nr. 320/21 (2008), 24–26.
143. Grußwort, in: Toleranz. Mitteilungen des Evangelischen Museums Oberösterreich, Nr. 10, März 2008, 2.

2009

144. Die ökumenische Lage und die Aufgabe der Bruderschaft, in: Quatember 73 (2009), 197–208.
145. Verschiedenheit zwischen Verurteilung und Versöhnung, in: Jahrbuch 2008 der Stiftung Pro Oriente Wien – Salzburg – Graz – Linz, Wien 2009, 62–69.
146. Wirtschaft im Dienst des Lebens – Biblische Grundlagen der Ökonomie, KSOe Nachrichten 09/2009, 1–3.
147. (gemeinsam mit Karl W. Schwarz) „Amt und Gemeinde" – eine Visitenkarte unserer Kirche, in: AuG 60 (2009), 5–8.
148. „Zeit zur Umkehr" – Entstehung einer Synodenerklärung, in: AuG 60 (2009), 9–14.
149. Die Wahrheit ist immer konkret. Ökumenisches Predigtwort, in: Severin J. Lederhilger (Hg.): Wozu Wahrheit? 10. Ökumenische Sommerakademie Kremsmünster 2008 (= Linzer philosophisch-theologische Beiträge 19), Frankfurt 2009, 196–200.
150. Unterwegs-Sein auf dem Weg des Buches. Auf den Spuren der Bibelschmuggler und Geheimprotestanten, in: Ulrike Swoboda / Alexander Gemeinhardt (Hg.): welt kultur erbe(n). Der Beitrag der Kirchen zum Erbe der Welt (Tagungsdokumentation Langenlois 5.–8. 3. 2009), Wien 2009 (= Standpunkt Nr. 196/2009), 49–62.
151. Protestantischer Protest, in: Der Standard 31. 10. 2009.
152. Nicht Gott und dem Mammon, inpuncto gloria, September 2009, 3.
153. Lass es genug sein, inpuncto gloria, September 2009, 7.

2010

154. Paul Grüninger und die Menschenrechte, in: Thomas Flügge / Martin Ernst Hirzel / Frank Mathwig / Peter Schmid (Hg.): Wo Gottes Wort ist. Die gesellschaftliche Relevanz von Kirche in der pluralen Welt. Festgabe

für Thomas Wipf (= Beiträge zu Theologie, Ethik und Kirche 6), Zürich 2010, 83–96.

155. Angekommen – Angenommen, in: AuG 61 (2010), 182–193.
156. Religion und Migration, in: AuG 61 (2010), 207–211.
157. Elisabeth – eine starke Tochter Gottes, in: Britta Hübener / Gottfried Orth / Jürgen Wehnert (Hg.): Gestalten des Lebens. 24 Männer und Frauen des Alten und Neuen Testaments, Stuttgart 2010, 129–135 – Nachdruck in: Unruhe des Glaubens, 48–58.
158. „Wir sind zum Reden geboren" – zum 450. Todestag von Philipp Melanchthon, in: Die Presse 10. 4. 2010.
159. Theologie im Dialog mit moderner Kunst, Die Furche Nr. 25, 24. 6. 2010.
160. Religion fördert Integration, Phönix Nr. 4, Dezember 2010, 23–24.
161. Die schwangere Madonna, Der Bote (Zeitschrift des „Hilfskomitees für die deutsche Evangelische Landeskirche aus dem ehemaligen Jugoslawien), 50 (2010/4), 1–2.
162. Die Krippe in der Ruine, Kultur und Bildung (Burgenländisches Volksbildungswerk) 4/2010, 4–7 – Nachdruck in: Mit weitem Herzen, 138–144.
163. Beten in der evangelischen Kirche, Pfarrblatt der Dompfarre St. Stephan 65 (2010) 2, 7 – Nachdruck in: Unruhe des Glaubens, 14f.
164. „Bridging Tools", in: Diakonische Information Nr. 156-3/10, 17.

2011

165. Gesetz und Evangelium – Die Evangelische Kirche und die Menschenrechte (Ringvorlesung Juridicum 7. 11. 2008), in: Anton Pelinka (Hg.): Weltethos und Recht, Wien 2011, 207–216.
166. Statement zu „Religions- und Ethikunterricht in der pluralistischen Gesellschaft", in: Österreichisches Archiv für Recht und Religion 58 (2011), 43–45.
167. 500 Jahre protestantisches Abenteuer, in: AuG 62 (2011), 19–22.
168. Das verhüllte Kreuz (Predigt Fresach 7. 5. 2011), in: AuG 62 (2011), 33–36.
169. Evangelische Kirche zwischen „Trachtenverein" und „Stadt auf dem Berge", in: AuG 62 (2011), 53–56.
170. „Suchet der Stadt Bestes!" (Jer 29,7) – Religion und Gesellschaft aus evangelischer Sicht, in: Das Jüdische Echo. Europäisches Forum für Kultur und Politik: Religion heute. Wozu? Glauben in einer Säkularisierten Welt 60 (2011) – Nachdruck in: Unruhe des Glaubens, 154–159.

171. 500 Jahre Reformation – auf dem Weg ins Jahr 2017, in: Standpunkt Nr. 203/2011, 3–16.
172. Befiehl du deine Wege. Gehen, Wandern und Aufbrechen bei Peter Rosei und in der Theologie, in: Clemens Stepina (Hg.): Advanced Rosei, Wien 2011, 96–106.
173. Ante scriptum. Warum eine Edition Primož Trubar?, in: Jože Javoršek: Primož Trubar. Aus dem Slowenischen übersetzt von Richard Götz und Metka Wakounig. Mit einer Einleitung von Karl W. Schwarz, Klagenfurt/ Celovec 2011, 5–7.
174. Grußwort auf der Fachtagung 150 Jahre Protestantenpatent – 50 Jahre Protestantengesetz (24. 11. 2011), in: Österreichisches Archiv für Recht und Religion 58 (2011), 225–227.
175. Grußwort, in: Kurt Schlieben: Evangelisch im Triestingtal. Geschichte der Protestanten vom 16. Jahrhundert bis zur Gegenwart, Berndorf 2011, 5.
176. Grußwort, in: 120 Jahre Christliche Soziallehre, Fraktion Christlicher Gewerkschafter und Gewerkschafterinnen im ÖGB, Wien 2011, 7.

2012

177. Wilhelm Dantines Beitrag zur Leuenberger Konkordie, in: Michael Bünker / Ernst Hofhansl / Raoul Kneucker (Hg.): Donauwellen. Zum Protestantismus in der Mitte Europas. Festschrift für Karl W. Schwarz, Wien 2012, 37–46 – Nachdruck in: Unruhe des Glaubens, 247–262.
178. Öffnung und Grenzen. Das Ökumenismusdekret aus evangelischer Sicht, in: Jan-Heiner Tück (Hg.): Erinnerung an die Zukunft. Das Zweite Vatikanische Konzil, Freiburg-Basel-Wien 2012, 369–382 – Nachdruck in: Ökumenische Informationen Salzburg Nr. 29/2014, 8–9 – Nachdruck in: Unruhe des Glaubens, 223–241.
179. Der europäische Protestantismus. Eine Lerngemeinschaft des Glaubens und das Entstehen einer europäischen Bildungsgesellschaft, in: Martin Friedrich / Hans Jürgen Luibl (Hg.): Glaubensbildung. Die Weitergabe des Glaubens im europäischen Protestantismus, Leipzig 2012, 19–33.
180. „Nicht ohn der Gemeinde Willen, Erwählen und Berufen". Synodales Prinzip als zentrales Gestaltungselement der evangelischen Kirche, in: Quart. Zeitschrift des Forums Kunst – Wissenschaft – Medien 2012/4, 15–18 – Nachdruck in: Unruhe des Glaubens, 160–169.
181. Möglichkeitssinn und Wirklichkeitssinn (Bericht des Generalsekretärs an die Vollversammlung der GEKE 20.–26. 9. 2012), in: epd-Dokumentation

Nr. 41/2012, 16–20 – Nachdruck in: Michael Bünker / Bernd Jaeger (Hg.): Frei für die Zukunft. Evangelische Kirchen in Europa (Texte der 7. Vollversammlung der Gemeinschaft Evangelischer Kirchen in Europa GEKE in Florenz, Italien, 20. – 26. September 2012), Leipzig 2013, 107–117 – Englische Übersetzung: A Sense of Possibility and a Sense of Reality. The General Secretary's Report, in: ebd., 334–344.

182. Cum Gaudio: mit Lust. Europas Protestanten wollen dazu beitragen, dass die Krise als Chance verstanden wird, in: Zeitzeichen 13 (2012/12), 52–53.
183. PfarrerInnentagung 2012 – Schlaglichter aus den Workshopgruppen. Liturgien bei unterschiedlichen Anlässen, in: AuG 63 (2012/2013), 403–415.
184. Gedanken zur Jahreslosung 2012, in: Glaube und Heimat 66 (2012), 5.
185. Ist die Demokratie in der Krise? In: Kontakt 23. Die ökumenische Quartalsschrift der Pfarren im 23. Bezirk 2012/1, 3.
186. Grußwort, in: Karl W. Schwarz (Hg.): Gustav Entz – ein Theologe in den Wirrnissen des 20. Jahrhunderts, Wien 2012, 7–8.
187. Geleitwort, in: Michael Bünker / Ernst Hofhansl / Raoul Kneucker (Hg.): Donauwellen. Zum Protestantismus in der Mitte Europas. Festschrift für Karl W. Schwarz, Wien 2012, 13–14.
188. Anas Schakfeh – Guter Nachbar. Geleitwort, in: Farid Hafez: Anas Schakfeh. Das österreichische Gesicht des Islam, Wien 2012, 7–10.
189. Grußwort, in: Alfred Mejstrik (Hg.): Evangelisch im Himmel und auf Erden, Berndorf 2012, 6.

2013

190. Evangelisch entlang der Donau. Das Profil evangelischer Kirchen in einer Region Europas, in: Hermann Schoenauer (Hg.): Sozialethische Dimensionen in Europa. Von einer Wirtschaftsunion zu einer Wertegemeinschaft, Stuttgart 2013, 113–126 – Nachdruck in: Unruhe des Glaubens, 263–284.
191. Orientierungshilfe in der Sorge um Sterbende. Evangelische Reflexionen zu ethischen Fragen am Lebensende, in: Severin J. Lederhilger (Hg.): Des Menschen Leben ist wie Gras. Tabu Lebensende (14. Ökumenische Sommerakademie = Linzer Philosophisch-Theologische Beiträge 27), Frankfurt am Main 2013, 163–168.
192. Migration und Glaube. Der Beitrag der evangelischen Kirchen zur Integration, in: Martin Rothgangel / Ednan Aslan / Martin Jäggle (Hg.): Re-

ligion und Gemeinschaft. Die Frage der Integration aus christlicher und muslimischer Perspektive, Göttingen 2013, 223–236.

193. Die Ökumene und der neue Papst, in: Gerda Schaffelhofer (Hg.): Du bist Petrus. Anforderungen und Erwartungen an den neuen Papst, Graz 2013, 42–51.
194. 40 Jahre Leuenberger Konkordie, Quatember 77 (2013), 67–77 – Kurzfassung in: Toleranz. Evangelisches Museum Oberösterreich, Nr. 15/2013, 12.
195. Von „armen Exulanten" und migrantischen Protestanten. Die evangelische Kirche in Österreich und ihre Migrationserfahrungen, in: Walter Krieger / Balthasar Sieberer (Hg.): Migration und Integration: Pastorale Herausforderungen und Chancen, Linz 2013, 85–115.
196. Evangelische Kirchen und Toleranz, in: Milan Krivda / Juraj Bándy / Rudolf Keller (Hg.): V Službe Evanjelia. Festschrift für Miloš Klátik, Liptovský Mikuláš 2013, 43–48 – Nachdruck in: Unruhe des Glaubens, 173–181.
197. Johannes Staupitz. Die Reformation und Salzburg, in: 150 Jahre Evangelische Pfarrgemeinde Salzburg. Festschrift, Salzburg-Wien 2013, 23–27.
198. Europa ist anstrengend, in: VELKD-Informationen Nr. 141/2013, 2–4.
199. Eine Begegnung von Kirche und Politik, Österreichisches Archiv für Recht und Religion 60 (2013), 239–242.
200. Die Evangelische Kirche in Österreich und das Gedenken, in: Alexander Hanisch-Wolfram (Hg.): Glaube. Gehorsam. Gewissen. Protestantismus und Nationalsozialismus in Kärnten, Klagenfurt 2013, 21–37 – Nachdruck in: Unruhe des Glaubens, 126–151.
201. Was der Tod am Kreuz bedeutet, in: Kurier, 29. März 2013 – Nachdruck in: Unruhe des Glaubens, 74–84.
202. Ein Kompass in der Krise. Zehn Jahre Ökumenisches Sozialwort der Kirchen, in: KSOe. Nachrichten und Stellungnahmen der Katholischen Sozialakademie Österreichs 2013/3, 6.
203. (gemeinsam mit Bernd Jaeger) Einleitung der Herausgeber, in: Frei für die Zukunft, 11–21.
204. Grußwort, in: Alexander Hanisch-Wolfram (Hg.): Glaube. Gehorsam. Gewissen. Protestantismus und Nationalsozialismus in Kärnten, Klagenfurt 2013, 6.
205. Grußwort, in: 150 Jahre Evangelische Pfarrgemeinde Salzburg, Festschrift Salzburg-Wien 2013, 8.
206. Haus in der Zeit – 100 Jahre Theologenheim / Wilhelm-Dantine-Haus, in: Stefan Schumann / Christoph Stübinger (Hg.): Festschrift 100 Jahre Wilhelm-Dantine-Haus, Wien 2013, 9–10.

207. „Leben hat seine Zeit, und Sterben hat seine Zeit“, in: supernews 2013/2, 4–6.
208. Ein Kompass in der Krise. 10 Jahre Ökumenisches Sozialwort, Forum Glaube und Gerechtigkeit. Freundeskreis der Jesuiten Nr. 1/2013, 1.

2014

209. Die Leuenberger Konkordie – ein Dienst an der ökumenischen Gemeinschaft? in: Modelle kirchlicher Einheit, hg. von der Arbeitsgemeinschaft Christlicher Kirchen in Deutschland, Frankfurt am Main 2014, 5–24.
210. Protestantische Vielstimmigkeit: Zwischen Appenzeller „Zäuerli“ und gemeinsamer Ausrichtung; Kommentar zum Kongress „500 Jahre Reformation: Bedeutung und Herausforderungen“, in: Petra Bosse-Huber u. a. (Hg.): 500 Jahre Reformation: Bedeutung und Herausforderungen. Internationaler Kongress zum Reformationsjubiläum 2017, Zürich-Leipzig 2014, 359–361 – Englische Übersetzung: A Polyphony of Protestant Voices, in: Petra Bosse-Huber u. a. (Hg.): Reformation. Legacy and Future, Genf 2015, 309–311 – Französische Übersetzung: Polyphonie protestante: entre «Zäuerli» d'Appenzell et orientation commune, in: Petra Bosse-Huber u. a. (Hg.): Célébrer Luther ou la Réforme? 1517–2017, Genf 2014, 355–356 – Kurzfassung in: Zeitzeichen 15 (2014/1), 20.
211. Gemeinde, Diakonie und Nachbarschaft. Überlegungen zur Diakonie in der Stadt, in: Sehen – Erkennen – Handeln. Festschrift zum 100-jährigen Jubiläum der Stadtdiakonie Wien, Wien 2014, 14–19 – Nachdruck in: Unruhe des Glaubens, 206–214.
212. Mit Werten Verantwortung übernehmen, in: Wert(e)voll Führen. Kongress christlicher Führungskräfte, Wien 2014, 32–41.
213. Kirche als Diaspora – Perspektiven aus österreichischer Sicht, in: Hans-Joachim Eckstein / Evelina Volkmann / Gabriele Wulz (Hg.): Wege der Weisheit – Perspektiven kirchenleitenden Handelns und gesellschaftlicher Verantwortung (= Festschrift zu Ehren von Landesbischof Frank Otfried July anlässlich seines 60. Geburtstages), Stuttgart 2014, 17–35.
214. „Die ungebornen Enkel“ – Georg Trakl und 1914, in: AuG 64 (2014), 158–162.
215. Im Namen der Ratte, in: AuG 64 (2014), 163–164.
216. Kirchen und Weltkriege, in: AuG 64 (2014), 165–168.
217. Die Evangelischen Kirchen auf dem Weg zum Jahr 2017, in: AuG 64 (2014), 332–334.

218. Predigt in der Roten Kirche in Brno am 16. Juni 2013, in: Michael Bünker / Bernd Jaeger (Hg.): 40 Jahre Leuenberger Konkordie, Wien 2014, 45–50.
219. Festrede im Tagungszentrum Leuenberg am 29. November 2013, in: Michael Bünker / Bernd Jaeger (Hg.): 40 Jahre Leuenberger Konkordie, Wien 2014, 109–112.
220. Kirchen und Weltkriege, in: Die Furche Nr. 35, 28. August 2014, 4–5 – Nachdruck in: KC Nr. 380/381 September/Oktober 2014, 3–7.
221. Reformationskongress in Zürich, Zeitzeichen 15 (2014), 20.
222. Die Situation der Evangelischen Kirche im Ständestaat und Nationalsozialismus und die Rolle von Bischof Dr. Hans Eder, Evangelisch im Salzkammergut Nr. 159, 2014, 4–5.

2015

223. Ich kann das alles. Predigt über Philipper 4,13, in: Michael Beintker u. a. (Hg.): Uns zu dem Leben führen, Festschrift für Peter Bukowski, Neukirchen-Vluyn 2015, 117–120.
224. Kirche als Diaspora. Perspektiven aus europäischer Sicht, in: Evangelisch glauben – nüchtern hoffen. Beiträge zu einer Theologie der Diaspora, Festschrift für Wilhelm Hüffmeier (= Evangelische Diaspora. Beihefte 11), Leipzig 2015, 86–98.
225. Ekklesiologisches Selbstverständnis der Evangelischen Kirchen. „Die Kirche Jesu Christi“ von 1994, in: Ioan Moga / Renate Augustin (Hg.) Wesen und Grenzen der Kirche. Beiträge des Zweiten Ekklesiologischen Kolloquiums (= Pro Oriente 39), Innsbruck 2015, 236–244.
226. Einheit in versöhnter Verschiedenheit. Evangelische Erfahrungen mit Migration und Diaspora als Aufgabe der Kirche, in: Regina Polak / Wolfram Reiss (Hg.): Religion im Wandel, Göttingen 2015, 205–228.
227. Laudatio zum 85. Geburtstag von Prof. Kurt Niederwimmer, in: AuG 65 (2015), 24–28.
228. Dietrich Bonhoeffer – ein evangelischer Heiliger? In: AuG 65 (2015), 108–110.
229. Dankesrede anlässlich der Verleihung des Großen Goldenen Ehrenzeichens für Verdienste um das Land Wien am 4. 5. 2015 mit dem Hinweis auf Wien als „Stadt der Reformation“, in: AuG 65 (2015), 112–115.
230. Annehmen oder ablehnen? Jahreslosung 2015, die Bibel aktuell, Heft 2, 2015, 11.
231. Ein evangelischer Heiliger? Dietrich Bonhoeffer zum 100. Geburtstag, in: Die Furche, 9. 4. 2015, 13.

232. Ganze Arbeit – ganzer Mensch, Pfarrblatt der Dompfarre St. Stephan 70 (2015), Heft 2, 7.
233. Gott urteilt anders als Menschen. Auslegung zu 1. Kor. 4,1–5, Saat 2015/12, 18.

2016

234. Predigt anlässlich der 650-Jahr-Feier der Universität Wien, gehalten am 12. März 2015 im Wiener Stephansdom, in: Wiener Jahrbuch für Theologie 11 (2016), 303–307.
235. „Göttliche Eisenbahn" – Johann Nestroy und das Leben auf Schienen, in: Christoph Schönborn / Gerhard Gürtlich (Hg.): Kirche und Eisenbahn, Wien ²2016, 531–538.
236. Kirche in Europa als Minderheiten- und Missionskirche, in: Christiane Moldenhauer / Jens Monsees (Hg.): Die Zukunft der Kirche in Europa, Neukirchen-Vluyn 2016, 168–182.
237. Herausforderungen und Problemstellungen zu Bibel und Bild heute in den GEKE-Kirchen, Lutherische Kirchen in der Welt. Jahrbuch des Martin-Luther-Bundes 63 (2016), 106–119.
238. Evangelisches Brauchtum in Österreich. Anmerkungen zur religiösen Dimension ritueller Aspekte alltäglichen Menschseins, in: Wilfried Engemann (Hg.): Menschsein und Religion, (= Wiener Forum für Theologie und Religionswissenschaft 11), Göttingen 2016, 211–216.
239. Kirche und Krieg, in: Thomas Roithner / Ursula Gamauf-Eberhardt (Hg.): Am Anfang war die Vision vom Frieden. Wegweiser in eine Zukunft jenseits von Krieg und Gewalt. Festschrift zum 90. Geburtstag von Gerald Mader, Wien 2016, 105–113.
240. Die Südosteuropagruppe der GEKE. Eine Regionalgruppe stärkt und verbindet Minderheitskirchen, in: Die Evangelische Diaspora. Jahrbuch des Gustav-Adolf-Werks 85 (2016), 120–125.
241. 500 Jahre Reformation, in: Reimichls Volkskalender für das Jahr 2017, Innsbruck 2016, 121–126.
242. Human Rights, Human Dignity: Protestant Theological Foundation, in: Elizabeta Kitanovic / Aimilianos Bogiannou (Hg.): Advancing Freedom of Religion or Belief for All, Globethics.net CEC No. 3, Geneva 2016, 149–156.
243. Predigt zu Welt.Religionen (Joh. 4,1–26), in: Welt.Wert. Predigtreihe zum Themenjahr Reformation und die Eine Welt, Berlin 2016, 28–33.
244. Verantwortung und Freiheit, in: Die Furche, 20. 10. 2016, 3–4.

2017

245. Evangelisch an der Donau, in: Ulrich A. Wien u. a. (Hg.): Exportgut Reformation, Göttingen 2017, 369–381.
246. Der Kirchenwechsel – eine Chance für die Ökumene?, in: Maria Moser / Matthias Geist (Hg.): Meine persönliche Reformation, Wien-Graz 2017, 13–21.
247. Die Reformation und die Eine Welt aus der Sicht einer Minderheitskirche, in: Die Evangelische Diaspora. Jahrbuch des Gustav-Adolf-Werks 86 (2017), 89–100.
248. Stadtkirchen auf dem Weg zum Reformationsjubiläum, in: Die Evangelische Diaspora. Jahrbuch des Gustav-Adolf-Werks 86 (2017), 109–120.
249. That's how the light gets in. Predigt beim Styria-Neujahrsgottesdienst am 9. 1. 2017, Styria Nr. 7. Sommer 2017, 34–37.
250. Die Thesen Martin Luthers – Bedeutung für heute, in: Dein Wort – Mein Weg. Zeitschrift für Bibel im Alltag 1 (2017/4), 7–8.
251. Die Reformation und Salzburg, in: Hannes Wartbichler / Volker Heerdegen (Hg.): Anders glauben – heimatvertrieben. Protestanten im Oberpinzgau damals und heute, Mittersiller Stadtgeschichte(n) Nr. 4, Mittersill 2017, 13–24.
252. Ökumene der Gaben: vom Miteinander zum Füreinander – Was wir voneinander lernen, in: Protokolle zur Liturgie (= Veröffentlichungen der Liturgiewissenschaftlichen Gesellschaft Klosterneuburg, hg. vom Pius Parsch Institut 7), Würzburg 2017, 157–167.
253. Reformation bewegt – der Europäische Stationenweg, in: Margot Käßmann (Hg.): Die Welt hinterfragen. Dokumente eines Aufbruchs, Leipzig 2017, 18–24.
254. Bibel und Bild, in: Margot Käßmann (Hg.): Die Welt hinterfragen. Dokumente eines Aufbruchs, Leipzig 2017, 104–109.
255. Allein durch den Glauben, in: AuG 67 (2017), 191–197.
256. Jeden Sonntag Pfingsten? Evangelische Kirche – Vielfalt durch Migration, in: Interdisciplinary journal for religion and transformation in contemporary society 3 (2017), 183–190.
257. Mut zur Veränderung, in: Wiener Zeitung, 28./29. 1. 2017, 33–34.
258. Wo bleibt der Anstand?, in: News 41/2017, 29.
259. Die Reformation und die Herausforderung des Friedens heute, in: Christ/in und Sozialist/in, 2017/2–3, 27–31; 2017/4, 46–51.
260. Luther 2017, in: Die Presse Spectrum, 30. 9. 2017, II.

261. Wegkreuzungen: Evangelisch-katholische Begegnungen, in: Pfarrblatt der Dompfarre St. Stephan Nr. 2/2017, 26–27.
262. Luther und der öffentliche Dienst, in: GÖD-Magazin 8/2017, 46–48.

2018

263. Impulse der Reformation für Kirche und Gesellschaft heute, in: Gertraud Diem-Wille / Ludwig Nagl / Anton Pelinka / Friedrich Stadler (Hg.): Europa, Demokratie, Ökumene, Kultur. Festschrift für Raoul Kneucker zum 80. Geburtstag, Wien-Köln-Weimar 2018, 61–71.
264. Die Reformation als Transformation der einen Kirche, in: Claudia Schmidt-Hahn (Hg.): Transfigurationen – Glauben.Staunen.Denken. Hoffen, Innsbruck 2018, 35–42.
265. Die Bedeutung der Evangelischen Kirchen für Europa, in: Steffen Merle (Hg.): zusammen in Vielfalt glauben. Festschrift „200 Jahre Hanauer Union", Berlin 2018, 57–73.
266. (mit Charlotte Matthias) 2017 – 500 Jahre Reformation. Rückblick und Ausblick, in: AuG 68 (2018), 12–26.
267. Ansprache beim Empfang im Bundeskanzleramt, in: AuG 68 (2018), 27–29.

4. Interviews

1. Interview mit Bischof Herwig Sturm, in: Das Wort 1996/ 2, 4.
2. Profil für den evangelischen Religionsunterricht, in: Das Wort 1998/ 3, 4f.
3. „Der Glaube fordert Menschen heraus, dass sie sich selbst zu freien und kritischen Individuen bilden", in: Das Wort 2000/1, 4f.
4. Neues Verständnis von Ökumene, in: junge gemeinde 160, 2001, 17–18.
5. „Marktkritisch am religiösen Markt", in: Die Presse, 24. Februar 2004, 32.
6. Integration als theologische Aufgabe, in: Diakonische Information Nr. 132, 2004/4, 3–5.
7. Die Ökumene nach Sibiu, in: GEKE focus 2007/3, 1f.
8. „Der Glaube kann nicht nur im Herzen sein", in: Wiener Zeitung, 22. Dezember 2007, 6–7.
9. „Keine Scheu vor Konflikten", in: Der Standard, 4. Juni 2007, 5.
10. Was mich bewegt, in: Der Standard, 8. Juni 2007, 18.
11. „Werde auch unbequemer Bischof sein", in: Kleine Zeitung, 27. Dezember 2007, 4f.

12. Der Weitblick (Mitteilungsblatt der Lutherischen Missionsgesellschaft in Österreich), 2007/4, 14–21.
13. „Konfrontation um des Evangeliums willen", in: Der Standard, 31. Dezember 2007, 7.
14. „Wir brauchen keine Anerkennung aus Rom", in: superNews Nr. 3/2007, 7–10.
15. ACP (Arbeitskreis Christlicher Publizisten) 26 (2007/4), 12.
16. „Vernunft existiert nicht nur im Vatikan", in: Die Presse, 16. Jänner 2007, 29.
17. Face to Face, in: Crossways. News and views from Christ Church Vienna, Nr. 19, November 2007, 6–8.
18. „Ich bin ja auch katholisch", in: Die Furche, 3. Jänner 2008, 9–10.
19. „Beratung soll nicht Pflicht sein", in: Kurier, 25. Jänner 2008, 2.
20. „Eine einladende und kantige Kirche", in: Tiroler Sonntag, 6. Jänner 2008, 12–13.
21. „Ich verstehe das Zölibat nicht", in: Die ganze Woche Nr. 12/2008, 20–21.
22. „Brandstifter als Feuerwehrhauptleute", in: Der Standard, 1. August 2009, 13.
23. „Das Feuer des Anfangs". Schüler/innen bitten den Bischof vor das Mikrofon, in: Schule leben. Das Evangelische Gymnasium Wien, hg. vom Elternverein des Evangelischen Gymnasiums, Wien 2009, 18–22.
24. „Es ist eine Grenze überschritten", in: Kleine Zeitung, 22. Mai 2009, 5.
25. „Pfarrer ist immer noch mein Traumberuf", in: Tiroler Tageszeitung, 26. Oktober 2009, 16–17.
26. Protestantischer Protest, in: Der Standard, 31. Oktober 2009, 34.
27. „Das ist Religions-Missbrauch", in: Kurier, 9. Dezember 2009, 2.
28. „Es geht auch ohne Papst ganz gut", in: Der Standard, 24. Dezember 2009, 3.
29. „Moscheenbau ist eine Frage der Religionsfreiheit", in: Der Standard, 28./29. August 2010, 10.
30. „Ich weiß sowieso, ich bin Bischof der besten Kirche", in: Der Standard, 24./25./26. Dezember 2010, 3.
31. Das Gespräch, in: KircheIn 24. Jg. Nr. 11, November 2010, 10–11.
32. „Ich habe selber ein Gipfelkreuz aufgestellt", in: Der Standard, 19./20. Februar 2011, 8.
33. „Es ist bei uns sicher nicht leichter", in: Profil, 8. September 2011.
34. „Wir sind nicht die Insel der Seligen", in: Der Standard, 8. September 2011.
35. Miteinander am Tisch, in: Sonntags-Zeitung der Evangelischen Kirche in Kurhessen-Waldeck, 27. Februar 2011, 5.

36. „Für mich war Pfarrer immer Traumberuf“, in: Kärntner Tageszeitung, 26. Mai 2012, 15.
37. „Für Soziale Marktwirtschaft. Mit großem S.“, in: Die Presse, 18. September 2012, 8.
38. „Der liebe Gott hört jeden Tag etwas anderes“ (gemeinsam mit Oberrabbiner Paul Chaim Eisenberg), in: Die Presse Kultur Spezial, 26. Mai 2012, 36–38.
39. „Sie haben uns Unwahrheit zugemutet“, in: Kleine Zeitung, 6. Oktober 2012, 24f.
40. „Evangelisch unter dem Papst? Nein“, in: Salzburger Nachrichten, 13. März 2013, 9.
41. „Wir brauchen nicht die Anerkennung des Papstes“, in: Der Standard, 18. Februar 2013, 6.
42. Halbzeit: Bischof Bünker im Gespräch, Saat 2014/1.
43. „Negativer Wahlkampf macht mir Kreuzweh“, in: Kleine Zeitung, 27. April 2014,14.
44. „Hard Rock ist schon etwas sehr Feines“, in: Der Standard, 4./5./6. April 2015, 14.
45. „Er muss nach Himmel schmecken“, in: Bio-Fibel 2 (2016), 3–7.
46. „Die Stille der Nockberge rührt mich“, in: Kleine Zeitung, 10. Juli 2016, 34–35.
47. „Luther ist kein Heiliger“, in: Der Standard, 22./23. Oktober 2016, 8.
48. „Der Himmel ist süß, nicht bitter“, in: Kleine Zeitung, 25. Dezember 2016, 4–7.
49. „Luther wollte keine Kirche gründen“ (gemeinsam mit Bischof Manfred Scheuer), in: Der Sonntag Nr. 40, 9. Oktober 2016, 15–16.
50. Ordination statt Priesterweihe, in: Quart. Zeitschrift des Forums Kunst – Wissenschaft – Medien 3/2017, 7–10.
51. „Leben ist eine Übung im Loslassen“, in: Datum 2017/07–08, 82.
52. „Luther war uns als Medienmann voraus“, in: Salzburger Nachrichten, 31. Oktober 2017, 21.

VERÖFFENTLICHUNGSNACHWEISE

1. „Reformation bewegt – auch Österreich heute" erschienen unter dem Titel „Luther 2017" in: „Die Presse" am 29. September 2017.
2. Impulse der Reformation für Kirche und Gesellschaft heute, in: Gertraud Diem-Wille / Ludwig Nagl / Anton Pelinka / Friedrich Stadler (Hg.): Europa, Demokratie, Ökumene, Kultur. Festschrift für Raoul Kneucker zum 80. Geburtstag, Wien-Köln-Weimar 2018, 61–71.
3. Martin Luther und der öffentliche Dienst, in: GÖD-Magazin 2017/8, 46–48.
4. Allein durch den Glauben?, in: Amt und Gemeinde 67 (2017), 191–197.
5. „Bilder zur Europäischen Union und zur Kirche. Herausforderungen und Problemstellungen zum Thema Bibel und Bild in der Gemeinschaft Evangelischer Kirchen in Europa" erschienen unter dem Titel: Herausforderungen und Problemstellungen zu Bibel und Bild heute in den GEKE-Kirchen, in: Lutherische Kirchen in der Welt. Jahrbuch des Martin-Luther-Bundes 63 (2016), 106–119.
6. „Bleib ein Mensch, Kamerad!" erschienen unter dem Titel: »Selig sind, die da hungert und dürstet nach der Gerechtigkeit; denn sie sollen satt werden.« (Mt 5,6), in: Uta Heil / Antje Klein / Annette Schellenberg (Hg.): Autor und Autorität. Historische, systematische und praktische Perspektiven (= Wiener Jahrbuch für Theologie 12 (2019), Göttingen 2019, 323–326.
7. Kirche und Krieg, in: Thomas Roithner / Ursula Gamauf-Eberhardt (Hg.), Am Anfang war die Vision vom Frieden. Wegweiser in eine Zukunft jenseits von Krieg und Gewalt. Festschrift zum 90. Geburtstag von Gerald Mader, Wien 2016, 105–113.
8. „Göttliche Eisenbahn" – Johann Nestroy und das Leben auf Schienen, in: Christoph Schönborn / Gerhard H. Gürtlich (Hg.): Kirche und Eisenbahn. Weg – Wahrheit – Leben, 2. erweiterte Auflage, Wien 2016, 531–538.

Der Nachdruck erfolgt mit freundlicher Genehmigung der folgenden Verlage: 1. „Die Presse" Verlags-Gesellschaft, 2. Böhlau-Verlag, 5. Martin-Luther-Verlag, 6. Verlag Vandenhoeck & Ruprecht, 7. Verlag Kremayr & Scheriau und 8. Verlag Holzhausen.